法哲学学术译丛

理想国

ΠΟΛΙΤΕΙΑ

〔古希腊〕柏拉图 ◎ 著

李成贵 ◎ 译

人民出版社

目 录

中文版序言

　　《理想国》是柏拉图最重要的著作,也是世界文字书写史上的顶峰著作之一。正如书名《理想国》或者《关于正义》所指明的,在本书里雅典哲学家要探索的是关于正义、正义与完美城邦的基础——统一——的关系。对此尚有各类不同的观点,涉及一系列的问题,诸如伦理、政治、形而上学、本体论、修辞学、美学、教育学、语言等。总之,柏拉图建立了一个完整的系统并论证了它的价值。

　　《理想国》是一部巨大的综合著作,在不同的时代,依据占主导地位的思想和政治基础,对其不断有新的解读和不同的视角。尽管著作含义深邃、问题广泛,由于关于生与死、知识和伦理与政权的对话鲜活生动,阅读起来却非常愉悦。从本著作完成距今已经 2500 多年,但是仍然具有极大的现实意义,书中涉及的问题仍然是我们今天要关注的,仍然是我们今天要面对的。

　　《理想国》是中国人接近希腊和西方思想最好的著作,是中国人进入古希腊智库——西方文化的基础——的最好工具,向中国人揭示了一个完全不同的世界观,一个建立在寻求真理、客观为主的世界。在这个过程中,正如在苏格拉底的对话中显现的,提问和定义具有重要的意义。

　　另外,"正义是什么"的问题本身就把柏拉图思想提升到探索本体论的高度,为希腊、进而为西方思想指出了具体的方向,这正是与中国的不同点,中国并没有发展对本体论的认识。尽管中国思想在那个时代集中在伦理和政治上,却遵循了另外的发展方式,停留在客观上,而没有深入到"是"和"怎样"里,即一个人要成为正义的人,却没有探索什么是正义。

　　和柏拉图的其他著作(除了《申辩篇》和《书信》外)一样,《理想国》采用的也是对话形式,这对于他同时代的人是一种挑战,因为诗人一般都采用对话形式创作的。而散文是研究宇宙和自然存在的人使用的文体,先进的知识分子对伦理和政治文体(尽管间接地)并不感兴趣。柏拉图开创了一种新的文学体,鲜明地表明一种观点:那些构成诗人们的客体,现在已经不是诗人独家所有了,还从理论上论证了它。这种选择在当时使雅典人蒙羞。还有其他一些,诸如男女平等、远离家庭核心等这些今天对我们已经不再是不可理解的问题。

柏拉图采用对话和问答的方式是要引进对话者的怀疑。目的是让对话者感到突然、动摇,进而产生疑问并去追求真理。对话面对的不是一个被动的和懒惰的听众,而是有怀疑和有问题的人,正是他们最终发现并占有真理。况且,哲学的基本特点就是一方面怀疑、提问和赞叹,另一方面确定定义。

在这个范畴里,探寻真理,真理和知识的源头——善的理念,在柏拉图思想里占有核心位置。靠近真理意味着靠近善,意味着从黑暗走向光明,意味着找到了存在的本质。这关系到对善的各种见解和科学的基础,在善的领域是本体论真理的内涵。柏拉图在指明善的绝对理念的同时,把它列为理念的世界里,认为善的灵魂强大有力,这恰恰也是哲学家的灵魂。

哲学家比那些非哲学家无比优越,是唯一具有身体素质和伦理特质的人,有良好的教养,受过系统教育和各种考验,进而是最适合管理城邦的人。正是哲学家对知识的力量,对存在稳定的、永恒的和不耗损的原型坚定信念指引人类的行为表现,构成了其智慧发展和确定理论的两个重要元素:关于哲学王的思索和关于理念的思索。

根据第一点,哲学王以其伦理道德、知识和所受教育为基础,承担着掌管正确和完美的城邦的重任。柏拉图以此方式诠释知识进入公共事务的权利,排除了勇敢、财富和出身;同时也阐明了知识(哲学)和政治的完全吻合。根据第二点思索,理念是独立的和永恒的,是在我们生活的这个变化的和耗损的世界之外的,存在于超越天空的地方。在那个世界里有善,只有善的灵魂能够看到它,而这不是别的什么,只能是哲学家的灵魂。

柏拉图为了说明这一点,动用了神话,用这种方法来展现尚未被理论确定的问题,使对话者相信那些理性还不能说明的真理,既简单形象又确定。但是,这并不是古希腊宗教的传说,可能是根据俄尔菲和毕达哥拉斯的资料自己编撰的。这些神话有诗韵特点,讲述的是灵魂、世界的诞生和另一世界的生活。属于这个范畴的是直线的分割,岩洞的描绘,伊洛斯的经历和关于雅典人人种的"大胆谎言"。

在公元 1 世纪把《理想国》分为十卷,但是,出版应该是在公元前 374 年,当时柏拉图已年过六旬。依据的是这样的事实:他不可能在自己还没有达到50岁时就规定哲学王要在50岁才能掌管城邦。

柏拉图(公元前427—前347)出生在一个贵族家庭,是科德罗斯国王和所罗那哲人的后裔。受过他们属于那个阶层年轻人的教育,即体育、语法、音乐和哲学。许多老师对他本人个性的形成起到了重大作用。他们是科拉迪罗斯、泰奥多勒斯、毕达哥拉斯派、爱来阿德斯派、哲人,尤其是苏格拉底。

柏拉图童年时代经历了可怕的伯罗奔尼撒战争(公元前431—前404)和雅典人的失败,这对他思想的形成肯定是有影响的。多年的兄弟相残战争造成的政治、社会和经济后果,民主制的破坏,雅典对斯巴达海上霸权的丧失,对战后发展的失望,尤其苏格拉底的死,深深震撼了年轻的柏拉图,对他的人生选择起了决定性作用。他改变了自己从政的初衷,全身心投入到教学和写作中。

我们应该指出,柏拉图的理想城邦,即建立在美德和知识上的政体组织,在他那个时代是不可能实现的,只是政治乌托邦。是希腊世界一次具体实践,召唤人们把知识和完美的道德作为奠定法律的基础。我们只要回想一下,梭伦在雅典,伊波达莫斯和泰勒斯在米利都就能理解。还有柏拉图建立的学校,他为能在政治上起重要作用,即成为政治家或政治家顾问而培养学生。实际上,这些人为政体的改革、各种希腊城邦向自由化方向的转变都提出过一定的建议。这类的顾问有艾拉斯托斯和克里斯科斯,他们在自己祖国的政体自由化方面都有过重要贡献。

柏拉图从建立学校的公元前387年到离世,一直在那里执教。那是一座哲学学园,是现代大学的先祖,目的是通过哲学和科学教育,为培养有能力的政治家提供哲学教育和实践。这个学校一直由柏拉图的学生们坚持了9个世纪,直到公元529年才被伊乌斯蒂尼雅诺斯禁止。

柏拉图还是一位多产作家,他留给我们的作品非常丰富,根据语言和内容,按年代分为三类。第一类是:《普罗泰戈拉篇》、《申辩篇》、《会饮篇》和《斐多篇》。第二类是:《理想国》、《斐德罗篇》和《巴门尼德篇》。第三类是:《智者篇》、《政治家篇》、《蒂迈欧篇》、《书信》和《法篇》。我们所知道的柏拉图教学语录资料很少,只有亚里士多德和他的作品评论家传下来了部分内容,因为柏拉图授课时没有手稿。他的目标是把哲学体现在人们的生活方式和表现上,而不是简单的知识和信息的堆积。

柏拉图展示的是哲学范畴,根据德国哲学家海德格尔的说法,讲的是希腊

3

语,本质上是希腊的哲学。因为柏拉图生出了哲学,他规定了哲学的目的是寻求真理。但是,献身于追求最高善的哲学家不会忽略现世的问题。他的著作实际上是要努力架起一座桥梁,把知识和见解,把天的理念和感觉到的事物连接在一起。在这个空间里展示的恰恰是哲学的客体:伦理和政治问题。

我非常高兴地祝贺由李成贵先生翻译的《理想国》中文版出版。我期望中国的读者能通过译者精确而美丽的文字,用自己的语言来享受柏拉图的著作。我确信,读者一定会感受到雅典哲学家的思想和理念、生动的语言、对正义和美德的忠诚、知识参与政权主张的魅力。

Ελενα Αβραμιδου

艾莲娜·阿芙拉密杜①

①　艾莲娜·阿芙拉密杜是毕业于希腊萨洛尼卡亚里士多德大学的哲学博士,现任希腊驻华使馆文化专员,其主要著作之一是《孔子与柏拉图》。书中以孔子的《论语》和柏拉图的《理想国》为基础,分析了古代中国哲学思想和希腊哲学思想的相同和不同之处。——译注

第 一 部①

---

① ΠΟΛΙΤΕΙΑ 一词在希腊语中从古至今的意思是:(1)公民权,公民身份;(2)公民的生活方式;(3)泛指生活,生命;(4)全体公民;(5)城邦,地方;(6)政府;(7)政府的策略;(8)体制,尤其指民主体制;(9)自治区域,国家;(10)(法律上)国家;(11)(法律上)政府和制定法律的权利。我国对于柏拉图这部著作历来的译法是:"共和国"、"城邦国家"、"造邦论"、"理想国"和"国家篇"。——译注

对话人物

苏格拉底
格劳科斯
宝来马尔豪斯
司拉西马霍斯
阿迪曼托斯
刻法罗斯

卷　　一

苏格拉底：昨天，我和阿里斯托斯的儿子格劳科斯到比雷埃夫斯去向女神祈祷，同时想观看节日是怎样庆祝的，这也是第一次大庆这样的节日。我感觉真的很好，游行也不错，但是不如色雷斯人游行那样壮观。

向女神祈祷完毕并观看游行后，我们开始返程。刻法罗斯之子宝来马尔豪斯从远处看到我们，命令他的家奴跑来，请求我们等等他。

家奴从后面赶上来后，拉住我的披风，说：宝来马尔豪斯请您等一等。我就回过头来问，他在哪里？那就是他，他对我说，正走过来。我们等他吧，格劳科斯说。(16)

就这样，不一会儿，宝来马尔豪斯，格劳科斯的兄弟阿迪曼托斯，尼凯奥斯的儿子尼吉拉托斯和另外几个刚刚参加游行的人就赶到了。宝来马尔豪斯对我们说，苏格拉底，我看你们是准备回城了。

——您说的不错。——我回答他。

——您看到我们有多少人吗？

——啊，什么意思？——我问。

——或者你们能证明自己比他们厉害，或者，——他说，——留在这里。

——您还没有排除我们另外的期望，——我说，——如果我们能够说服你们，你们就应该放我们走。

——但是，这怎么可能？——他回答，——您能说服不听您说话的人吗？

——是啊，——格劳科斯说，——他们不会听您说话的，您决定吧。

——这样看来，——阿迪曼托斯接过话茬，——您真的不知道有敬献女神的人骑马传递火炬吗？

——骑马传递吗？——我问。——真的，这可是没见过的景象；手举火炬，骑马奔跑，相互传递吗？或者还有别样的？

——跟你说的一样,——宝来马尔豪斯回答,——还有各种游戏,值得一看。晚饭后我们出去,在外面我们将会见一些年轻人,和他们谈话。你们就留下吧,不要再讨论了。

——这样看来,一定要留下来了。——格劳科斯说。

——既然你决定了,——我补充说,——就这样吧。

这样,我们就来到了宝来马尔豪斯的家。在那里我们见到了宝来马尔豪斯的兄弟李西亚诺斯和埃夫西迪蒙,还有卡尔西登人司拉西马霍斯,帕阿尼亚人哈尔曼提迪斯,阿里斯托尼莫斯之子克罗托丰。宝来马尔豪斯的父亲刻法罗斯也在那里。我好久没见他了,感觉他老了很多。他坐在有靠垫的座位上,头戴花环,因为他要到院子里去做献祭。(16)

我们坐在他身旁,他周围摆满了座位。刻法罗斯见到我热情地问候,说:

——你很少到比雷埃夫斯来看我们,苏格拉底,本应该常来的。当然,如果我还能够到城里去,就不劳你来这里了,我们要去拜访你的。现在,你倒是应该经常想起我们,因为你知道,对我来说,身体健康的愉悦越来越远,谈话的欲望和欢乐却越来越大。所以,你就按我说的做吧。我不是不让你和那些年轻人为伍,但是,偶尔也要到这里来看看我们,我们是你的朋友,而且是家族世交啊。

——你看,——我说,——刻法罗斯,——我跟年长的人谈话总是感到非常愉快。因为我觉得,需要向他们讨教许多东西。他们已经走过了我们也必将走的路,这条路不管是艰难险阻,还是平坦畅行。现在,我就非常高兴请你教导我,既然你现在已经到了诗人们称为老年门槛这个年龄段,这是生命中困难的阶段,你怎样认为?

——我实话告诉你,苏格拉底,我怎样看待你提的这个问题。我们这些年龄相仿的人,遵循老话所说"人以群分",经常聚在一起。其中很多人不干别的,就是抱怨,回想和留恋年轻时的欢乐、爱情、聚餐、其他的乐趣等,经常恼怒,说这些巨大和重要的享受都被剥夺了。那时的生活是幸福的,而现在,根本不值得再被称作生活。还有些人因为年老受到家人的怠慢而悲叹,他们说,这都是年老造成的。(17)

——但是,我觉得,苏格拉底,他们抱怨的理由不对。因为假如真是这个原因,那些到了这个年纪的人都应该有同样坏的结果。但是,到现在为止,我就见过一些和他们的想法不一样的人,还有一些人,像诗人索福克勒斯,有一次有人问他,他还有能力享受做爱的欢乐吗?当时我也在场。他回答说:"咬住你的舌头！我非常愉快地摆脱了那个东西，正如从一个疯狂和野蛮的暴君那里解放出来一样。"那时我就认为他用这种方式说出的话是正确的。现在，我到了这把年纪，也没有改变看法。因为，真的，随着老年的到来，同时来的还有真正的平和和解脱，因为，欲望没有那么强烈了，欲望减弱了，正如索福克勒斯说的，就像摆脱了一群疯狂的暴君。还有那些抱怨受怠慢的人，老年也不是理由，苏格拉底，而是人的性格。如果他们性格温和、容易相处，就不会有那么多抱怨。不是因为年老，而是性格使他们难以和人相处。所以，对一些人来说，不管是年老还是年轻，性格不好，同样会自寻烦恼。（18）

老人这些话让我着迷，为了敦促他继续讲下去，我就对他说：（19）

——我琢磨，刻法罗斯，很多人听到你用这种方式谈话，不会同意你的这些说法，他们会想，你很容易接受年老，不是因为性格，而是因为你拥有很多家产。因此，他们认为，是财富提供了许多享受和愉悦。

——是的，——他回答我，——他们不一定会同意。他们的反应也有一定的道理，但是，跟他们想象的不一样。这里就要引用地米斯托克利的话。一个塞里弗斯人挑逗他，说他得到的荣誉不是因为他的价值，而是因为他是雅典人。地米斯托克利回答说："当然了，假如我是塞里弗斯人，我不会成名。同样，假如你是雅典人，你也不会成名。"同样的话可以对那些不富有而难以忍受年老的人说，即，如果贫穷没有让一个性格温和、容易相处的人难以忍受年老，那么，同样的人，即使他得到财富，他也难以忍受年老。

——但是，请你告诉我，刻法罗斯，——我又问，——你的这些财富，是你继承下来的，还是你自己创造的？

——什么，我自己创造的？苏格拉底，我作为一个管家人，位于我祖父和我父亲之间。因为我的祖父，我使用的是他的名字，继承了和我现在一样多的家产，是他使家产翻了好几倍。而我的父亲李萨尼亚斯却使家产变得比现在少了许多。假如我留给孩子们的家产比我继承的要少，而不是比现在还要多一些的话，我是不会满意的。（19）

——我给你提这个问题，——我说，——因为我觉得你不是很爱钱。这种情况一般发生在那些不是自己创造财富的人身上，而那些亲手创造财富的人，就比其他人更加爱财。因为，这正像诗人爱自己的诗，父亲爱自己的孩子一样。同样的方式，那些专心赚钱的人就把钱作为自己的作品来爱。但是，他们也和其他人一样用钱。只不过很难跟这些人相处，因为，除了财富，他们什么都不尊重。

——你说得对，——刻法罗斯回答我。

——是很对，——我补充道。

——此外，——我又问，——你认为在你享用的所有家产中，最大的受益是什么？（20）

——关于这个，——他回答我说，——别人听了恐怕不会相信。但是，你要认识到，苏格拉底，当一个人处在生命的最后阶段时，会有一种恐惧感和对于此前没有考虑过的事物进行思索，这就是关于冥府和惩罚之说，冥府和惩罚只等待那些在世上做过恶的人。这之前，他们任意而为，现在却开始担心自己的灵魂，难道那会是真的吗？也许因为年老的弱点，或者因为离那里越来越近，对这些也就看得更加清楚了。这样，不安和恐惧就充满他的灵魂，便开始审视和重新认识他的行为，是不是做过错事。如果有的人发现自己在生活中做了许多坏事，恐惧就会使他在梦中像孩子一样惊跳起来，就这样生活在绝望之中。而那些在良心上没有任何罪恶感的人总是怀着甜蜜的希望，享受年老的慰藉，就像品达说的那样。真的，苏格拉底，他非常欢乐地说过，正义和虔诚生活的人：

> 如同老年亲密的伴侣
> 甜蜜的希望和他相随
> 为他抚平劳累的心灵
> 为他驾驭活跃的思维

——他讲得多好啊。所以我认为，财富价值巨大，但是不适用于每个人，只适用于谦和、有分寸和谨慎的人。所以最重要的，哪怕是被迫的和不情愿的，也不欺骗他人，不对人撒谎，以免怀着恐惧走向另一个世界；如果有机会，就向神献祭，就把钱给他人，那当然会有更多益处了。这样，如果我一个年代一个年代历数自己，使我受益最大的是，我把钱用在了有奴斯人的身上。

——你说得太好了，刻法罗斯。——我说，——但是，那个行为正当，就是做事正义的人，可是，我们怎样才能界定正义呢？简单地说，我们说实话，借东西要还，这是正义的，不这样就是不正义的吗？比方说，一个人拿了朋友的武器，后来那个朋友神经错乱了。如果他要求把武器还给他，就必须承认，既不应该把武器还给他，也不应该因为不还给他就说是不正义的。同样，根据一个人的实际情况和需要，也可以隐瞒实情。

——你说得对，——他回答。——所以，讲真话和借东西要还不是对正义的准确界定。（21）

——不对！是，一定是的！苏格拉底，——宝来马尔豪斯接过话茬。——至少我们应该相信西摩尼得斯。

——说到这儿，——刻法罗斯说，——我把谈话权交给你们了，因为我要去献祭。（22）

——那样的话，——我说，——你指定宝来马尔豪斯接你的班了？

——毫无疑问。——他回答，笑了。同时离开，去做祭献。

——你作为谈话的继任者，请告诉我们，西摩尼得斯是怎样界定正义的，既然你相信他是正确的？

——他说，——他回答，——借东西要还就是正义。在这点上我认为他绝对正确。

——当然，——我说，——是不能轻易怀疑西摩尼得斯的，因为，他是智者，神人。但是，他说的到底是什么？你可能理解了，宝来马尔豪斯，而我却无知。因为，很明显，他不是指我们刚才说的那个意思，即，要把一个存放物还给一个精神失常的人，当时这个人出于信任才让别人保管他的东西。当然，这个存放物是欠他的，对吗？

——对。

——那样的话，当一个神经不正常的人要求偿还时，无论如何我们也不应该还给他吗？

——这是当然的，——他回答。

——看来，西摩尼得斯在提到偿还所欠之物时，还有其他所指。

——毫无疑问，——他说，——当他理智清醒时，朋友们应该为他好，而永远不该为他坏。

——啊，现在我明白了。——我说，——就是说，所欠之物，比方说让别人替他保存了一笔钱。如果偿还给他和他接受都是有害的，就不应该偿还。这是不是你说的西摩尼得斯的意思？

——完全正确。

——但是，所欠敌人之物也要还吗？

——毫无疑问，——他回答，——既然是欠人家的东西，我认为，就应该还，敌人还给所欠敌人的，应该是坏的。（23）

——这样看来，——我说，——西摩尼得斯作为诗人，在讲到正义时是隐喻的,因为,很可能在他脑子深处认为,正义是把所欠之物还给对这个物适合的人,我们也可将其叫做对他是有益之物。

——但是,你认为还有别的意思吗? ——他问我。

——请你听我说下去。如果有人问他:"哎,西摩尼得,医生对求医的人提供什么是有益的?"你认为他会怎样回答?

——很明显,——他回答,——为身体提供药物、饮食和饮料有益。

——烹饪也叫厨艺,它为谁提供的什么是有益的或者说是适合的?

——为饭菜提供的佐料。

——同意,那么,正义也叫技艺,它给谁提供什么?

——假如我们应该遵循以前说过的,即给朋友提供有益的,对敌人提供有害的。

——对朋友有益和对敌人有害就叫正义吗?

——我看是这样的。

——在审视疾病和健康时,谁最能对生病的朋友和敌人有益和有害?

——医生。

——而在海上旅行遇到危险时呢?

——船长。

——那么,正义在什么行动或者在什么工程中最能有益于朋友而伤害敌人?

——在战争中,我认为,和敌人战斗,保卫朋友。

——这样的话,对于没有生病的人,朋友宝来马尔豪斯,医生是没有用的。

——是这样。

——同样,对于不去旅行的人,船长也一样没用。

——是的。(23)

——那么,这样说来,对于没有战斗的人,正义也是没有用的吗?

——这个,我不能同意。(24)

——那么,至少在和平时期,正义有用吗?

——有用。

——农业也一样,对吗?

——对。

——当然是收成果实了。

——是的。

——在职业上,比方说制鞋技艺?

——是。

——我认为你一定回答说能做鞋。

——正确。

——啊,这样,在和平时期,正义在什么行为上或者在什么工程上是有用的?

——在相互交换时。

——你指的相互交换就是指共同合作,或者别的什么?

——当然是相互合作了。

——那好,在赌场里,你特别好的合作伙伴是正义的人呢,还是职业玩家呢?

——玩家。

——在使用砖和石头上,正义的人是比建筑者更有用而是你的首选合作人吗?

——绝对不是。

——在某种乐器演奏上,乐师要找正义的人做合作伙伴,如果不是乐师,应该是什么人?

——我觉得,应该是管理钱的经纪人。

——此外,宝来马尔豪斯,谈到使用钱,假如你决定到市场去买或者卖一匹马,我觉得会需要一个内行的人,是不是?

——看来如此。

——如果涉及船,就需要造船的人或者船长。

——是的。

——在合伙用钱时,正义的人比其他人更有用吗?

——当你需要把钱存放起来,怕受损失时。

——你的意思是说,我不想用这些钱,把钱存放起来的时候?

——是这样理解。

——那就是说,当不使用这些钱时,正义是有用的。(24)

——好像看来……(25)

——那么,当我需要保管自己的或者和他人共有的镰刀时,正义对我是有用的,因为我需要使用它。

——是这样的。

——你想说，当要保管一个盾牌和一架竖琴而不使用它们时，正义是有用的，在相反情况下，在作战和演奏音乐时就没用了？

——根据需要。

——在上述情况下，正义就是没有用的。这样说来，正义只是在某个事物没有用的情况下才是有用的吗？

——是能得出这样的结论。

——这样，我的朋友，如果正义只在没有用的事物那里才有用，那它就不是什么特别好的东西。现在请你注意我的思考：一个在拳击或者任何的搏斗中善于打击对方的人，不同时也善于躲避对方的打击吗？

——当然。

——一个善于防御疾病的人，是不是也善于把疾病传染给他人？

——我觉得是这样。

——这样的话，我们是不是要承认，一个军营的最好保卫者能够预见到并能窃取到敌人的行动计划。

——毫无疑问。

——所以一件事物的最有能力的保卫者，同时也善于盗窃这个事物。

——好像是。

——如果正义的人能够保管钱，也是最有能力偷盗钱的。

——这至少是我们现在思考得出的结论。

——这下子就证明了，贼是正义的。看来你是从荷马那里学来的。因为他特别宠爱奥德修斯的外祖父奥托吕科斯①，他的盗窃技艺和骗人本领是出类拔萃的。所以，根据你的、根据荷马和根据西摩尼得斯的观点，某种盗窃技艺是正义的，只是当盗窃的行为有利于朋友而损害敌人的时候。是这样吗？(25)

——当然不是了，看在上帝分上！但是，连我自己都不知现在说了些什么。但是，有一点，我坚持认为，有益于朋友和有害于敌人就是正义。(26)

——你说的朋友是什么人？是那些我们觉得是好人，或者我们看上去不是、但实际上是好人？反过来敌人不也是这样吗？

——当然是，我们爱我们认为是好的人，我们恨我们认为是恶的人。

---

① 奥托吕科斯：参加阿耳戈觅取金羊毛远征英雄之一，他是盗窃畜群的窃贼和骗子，偷过科任托斯王西绪福斯的牛。——译注

——但是,在很多情况下,人们在判断的时候会被蒙骗,把不是好人的人误认为是好人,相反的情况也一样。对吗?

——当然会发生这种情况。

——在这种情况下,好人会被当成敌人,而不好的人会被当成朋友。

——是的。

——这样,对狡猾的人有益,对好人有害的反而是正义的了。

——好像如此。

——但是,好人是正义的,他们不可能做坏事。

——太对了。

——可是根据你的谈话,我们损害那些对我们毫无伤害的人是正义的。

——我坚决反对,苏格拉底,很明显,这个结论是罪恶的。

——损害不正义的,有益正义的就是正义。

——这看起来更准确些。

——但是,宝来马尔豪斯,在判断人的时候,往往会被蒙骗,会把损害好人认为是正义的,因为他们被误认为是坏人。相反,会对敌人有益,因为他们被误认为是好人。这样就能得出与西摩尼得斯完全相反的结论。

——真的,——他说,——我们被引导到这个结论上来了。但是,我们要重新定义朋友和敌人,因为,看起来,我们开始的定义是不准确的。(26)

——我们是怎样定义的呢,宝来马尔豪斯?(27)

——朋友是我们认为的好人。

——那我们现在应该怎样改动呢?——我问。

——那个被认为是好人,实际上也是好人的人,是朋友。那个简单看上去是好人,实际不是,只是表面上的朋友。对敌人的定义亦然。

——你这样说来,朋友是好人,敌人是坏人。

——是的。

——这样,请允许我们对此前关于正义的定义做个补充,原来我们说,对朋友有益、对敌人有害是正义。现在我们这样说:对朋友有益,当这个人是好人时;对敌人有害,当这个人是坏人时;这就叫正义。对吗?

——完全赞同。——他回答,——这样就不会有相反的理由了。

——但是,怎么会呢?——我对他说。——好像是说,一个正义的人可以加害其他人。

——毫无疑问,——他回答我说,——至少是坏人变成的敌人。

——请你告诉我,如果马受到伤害,它们会变得更好一些,还是更坏一些?

——更坏一些。

——在哪方面? 是马的品德呢,还是狗的品德?

——当然是它们的品德。

——那就是说,如果狗受到伤害,狗的品德也变得更坏一些,而不是马的品德。

——当然是这样。

——谈到人时,我的朋友,是否可以用同样的方式说,受到伤害人的品德会变得更坏一些?

——是的。

——难道正义不是人的品德吗?

——不反对。

——所以,受到伤害的人可能变成不正义的。

——看来如此。

——我们再说音乐家,他们能够用自己的技艺让他人听到不谐和音吗?

——不能。(27)

——骑马技艺教师能够让人不懂骑马技术吗?(28)

——不能。

——那么,正义的人能用他的正义使人不正义吗? 或者说,一般的好人能用品德把人变坏吗?

——不可能。

——所以,产生热的功能不能制冷,制冷的是它的对立面。

——对。

——所以,好人不能做坏事,做坏事必定是他的对立面。

——看来如此。

——那么,正义的人就是好人吗?

——一定是。

——所以,正义的功能不能对任何人,无论对朋友还是其他什么人,做坏事。宝来马尔豪斯,做坏事的是他的对立面,即不正义的人。

——我承认,你说得非常对,苏格拉底。

——如果有人说,正义就是偿还所欠之物,而且,这个是指,正义应该对敌人有害,对朋友有益,说这话的人就不是智慧之人。因为他说的不是真理,我们在前面已经说明,在任何情况下都不应该伤害他人。

——我同意。

——那我们,我和你,就可以共同反对这种主张,不管提出这种主张的是什么人,是西摩尼得斯,是维亚斯,是皮塔克斯,还是任何一个智者和贵人。

——我准备好和你站在一起。——他回答。

——但是,你知道,对敌人有害对朋友有益就是正义这样的主张是谁的吗?

——谁的?——他问。

——我想,是珀里安德洛斯的,或者珀里迪卡的,或者克赛尔克索斯的,或者忒拜城的伊斯密尼奥斯的,或者某位对于自己的势力有伟大理想的富人。

——你说的是对的。

——至少,——我说,——既然发现给正义的定义不对,那是不是应该有人给它重新定义?(28)

在我们整个对话过程中,司拉西马霍斯几次想打断我们,参与进来,但是都被他人制止了,因为他们想听到结果。当我们停下来,我说完那些话后,他再也控制不住了,像野兽一样,一下子向我们冲过来,好像要把我们撕成碎片似的。我和宝来马尔豪斯都被吓傻了。他站在中间,大声喊叫:(29)

——这么长时间,苏格拉底都跟你们唠叨了些什么呐?你为什么把我们当傻瓜耍,让我们一会儿跟这个,一会儿跟那个去较劲?假如你真知道什么是正义,你就不要局限于提问,不要去批评他人的观点满足你的虚荣心,你要亲口告诉我们,什么是正义。但是,你要小心,不要用应该,或者有益,或者有利润,或者有收获之类来回答,而是智慧地和准确地说出来,因为我不是那些吃你空话的人。

我听了这话,感到意外,茫然不知所措,我惊恐地看着他,如果我不是在他看我之前看他,我觉得自己好像失声了。好在我抢先了一步,在他发怒的时候,我就注视他了,我就能满怀恐惧地回答他。

——司拉西马霍斯,你不要对我们这样凶恶!假如我们在对话中有什么错误,请你相信,那不是故意的。假如我们去找金子,你当然不会相信,我们为了故意满足相互之间的保证而白费力气,不去寻找金子。况且我们谈的是正义,这比世界上所有的黄金珍贵得多,我们不可能在真理面前退缩,也不会不尽全力尽早发现真理。请你相信这一点,我的朋友。但是,看来我们无能力达到那一点,而你很杰出,自然会怜悯我们的无能,而不是对我们发怒。(29)

——看在赫拉克里斯的分上！——司拉西马霍斯说,发出很大的假笑声,明显地嘲笑苏格拉底。——我早就知道,而且早就告诉他们,你会避免回答,而转向讥讽;还告诉他们,如果有人向你提问,你不会回答,只会环顾其他。（30）

——你真是智者,司拉西马霍斯！——我对他说,——你早就很清楚,假如你问一个人:"十二是多少",同时你又警告他:"注意,你不要回答我说,是六的两倍,或者三的四倍,或者二的六倍,或者四的三倍,因为我不接受这样的废话。"你早就知道,谁也无法回答你提出的这个问题。但是,假如有人跟你说:"这是什么啊,司拉西马霍斯？我不能给你任何一个你禁止的答案,尽管那里面含有唯一正确的真理,却只能回答以外的,而不是真理的？"你怎样回答他？

——啊哈！——司拉西马霍斯回答。——这两者并不相似。

——没什么不相似的。——我说。——因为,尽管不相似,但被你提问的人认为是相似的,他会给出他认为是正确的答案,不管你是不是禁止。

——原来这就是你想做的？——他对我说,——你打算用我禁止的答案中的一个来回答？

——这一点也不奇怪。——我回答他。——只要我很好地考察了问题,我会这样决定的。

——但是,假如关于正义,我给出的答案和他们的不同,还更准确,你的遭遇是什么？

——和那些不知道的人有什么不同的遭遇？——我回答。——就是说,向知道的人学习。这就我的遭遇。（31）

——你很有趣。——他对我说,——当然你要学习,但是,要付钱的。

——假如我能找到钱的话……

——能找到,能找到。——格劳科斯说。——如果要钱,司拉西马霍斯,你说吧,我们都会赞助苏格拉底的。

——好,但是,还不行,——他回答。——因为苏格拉底又会故技重施,他本人不回答,而是评论和检查他人的说法。

——但是,我的好人,——我回答,——你想让一个无知者而他又承认自己是无知的人,首先回答吗？况且,他有一点想法,又被一个非常有智慧的人禁止他使用他认为正确的答案。所以,你既然坚持你知道什么是正义,你自然最有发言权。请你不要保留,向我,向格劳科斯和其他人赐教。

我说完,格劳科斯和其他人同样请求他。看来,司拉西马霍斯被演讲的欲望燃烧,满足于听众的赞赏,因为他确信,自己会说出令人惊叹的东西。但是,他还是故作姿态,说应该回答的人是我。最后,他还是让步了。

——这就是苏格拉底的智慧。——他说,——他不赐教,却总是向他人学习,而且还不知道感恩。

——向他人学习是真的,——我回答说,——但是,司拉西马霍斯,你说我不知道感恩是不对的。相反,只要可能,我总是要报答的。但是,我也只能赞美,因为我没有钱。等一会儿你回答后,你就会看到我是多么乐意这样做,因为我想你会说出令人惊叹的东西。(32)

——那好,你们听着。——他说,——正义并非它物,就是强者的利益。怎么了?你怎么不鼓掌?我看你不怎么高兴。

——怎么会?——我回答,——但是,首先我要懂得你的意思才行。因为我还没有明白。你说,正义就是强者的利益。司拉西马霍斯,你这是什么意思?当然,你不会想说,因为运动员保利达马斯比我们强,他为了保持体力,吃牛肉对他有益;同样,对我们这些比他弱的人,也是有益和正义的。

——你真是死不回头,苏格拉底。你总是设法扭转话题,以达到你破坏谈话的目的。

——不是的,我的好人。——我回答,——我只是想让你更明确地告诉我,你指的是什么。

——难道你不知道,——他对我说,——有的城邦是寡头政治制度,有的是贵族制度,有的是民主制度吗?

——我知道。

——每一种制度,是不是强者统治一切?

——当然是。

——而每一个政府总是根据他们的利益制定法律,民主制制定民主法律,君主制制定独裁法律,不都这样吗?既然制定出法律,就会规定这些法律对百姓是正义的,即对统治者是有利的;如果有人反对,就会受到惩罚,是不合法的和不正义的。所以,我的智者大师,我说,在所有的城邦,正义就是存在政权的利益。它是最强的,无论何时何地都一样,正义就是强者的利益。

——现在,我明白你的意思了。但是,对与否,我还要努力去研究。你,司拉西马霍斯,说,利益就是正义。如果你禁止我这样回答,唯一的区别是你补充的:强者的利益。(33)

——小小的补充。——他说。

——我们尚不知道,是不是大大的补充。我只知道一样,我们应该检查一下,你说的对不对。我当然同意,正义也是某种利益。你做了补充,说是强者的利益。

——这个我知道。

——需要验证。

——你验证好了。

——我会做的。但是,请你告诉我,服从统治者,你说是正义的吗?

——绝对是。

——但是,在不同的城邦里,统治者难道不犯罪,或者也可能犯错误吗?

——当然可能。

——那么,当他们制定法律时,一些是正确的,另一些则不是。

——我也这样认为。

——那就是说,正确的法律对他们是有益的,而另一些对他们是不利的。或者,你有别的看法?

——是这样的。

——所有制定出的法律,百姓都要服从,这就是正义,我们是这样说的吗?

——怎么不是?

——就是说,按你的说法,正义不仅是强者的利益,还是它的对立面,无利益。

——伙计,你在跟我们说什么啊?

——我在说你说的话,我觉得这是你的意思。让我们好好研究一下。我们不是同意了这样的看法吗:统治者制定的法律不管对他们有利没利,百姓服从就是正义的。我们不是同意这一观点吗?

——我认为是的。

——那你就得承认,你接受了你说的,正义是百姓服从统治者的命令,同样,百姓服从那些统治者非本意制定的、对他们不利的法律也是正义的。那么,聪明绝顶的司拉西马霍斯,就发生了根据需要、与你的说法相反的也是正义了?因为弱者接受并执行命令,作出了不利于强者的事情。(34)

——毫无疑问,苏格拉底。——宝来马尔豪斯插话进来,——这最明显不过了。

——没说的,——克里托丰接过话说。——如果你作证的话。

——没有必要作证,既然司拉西马霍斯自己都承认,统治者有时会发布对自己不利的命令,而百姓执行命令是正义的。

——宝来马尔豪斯,司拉西马霍斯认为,做统治者命令的事情是正义的。

——是的,但是,他说正义就是强者的利益。这就提出了两个命题,他承认,强者会命令弱者做对自己不利的事。从这两点可以得出结论,不仅强者的利益是正义,对强者的不利也是正义。

——但是,——克里托丰说,——司拉西马霍斯所说的强者的利益指的是强者判断的利益。而弱者要执行的也是这个,这才叫正义。

——是的,但是,——宝来马尔豪斯说,——他根本没有这样说。

——这说明不了什么,宝来马尔豪斯。——我说,——假如司拉西马霍斯现在要做这种解释,我们也会接受的。告诉我,司拉西马霍斯,这是你界定的正义吗?即正义是强者的利益,这个利益是由强者断定的。不管这个是不是真的对他有利?

——我? 完全不是! 你以为我会把一个犯错误的人在他犯错误的时候叫做强者吗? (35)

——我真是这样理解你的话的。——我说。——那时你承认了,统治者不是不犯罪的,有时也会犯错误。

——当然,因为你在对话中诡辩,苏格拉底。但是,告诉我,你把一个给患者看错病的人叫医生,尽管他是干这个的? 或者,把一个算错账的人叫会计师,尽管他干的是会计? 真的,我们在谈话中习惯地说医生误诊,会计师算错账,语法家用词不当,等等。但是,实际上,我认为,他们当中的每一个人,如果是我们给予的称呼那样名副其实,就不会犯错误。所以,准确地说,因为你追求语言的精确,任何一个掌握一种技艺或者科学的人是不会犯错误的。因为只有缺乏学问的人才犯错误,那他就不是科学家。所以,无论科学家,无论技师,无论智者,无论统治者,只要是名副其实的,就不会犯错误。我们只是在一般谈话中说,医生误诊,统治者犯错。这就是我给你的回答。这是精确语言表达的方式。既然是名副其实的实统治者,就不会犯错误,既然不会犯错误,他制定的法律就对他有利,百姓就应该服从。所以,从一开始我就为正义做了界定,现在我再重复一次:正义就是强者的利益。

——啊,这样,司拉西马霍斯,——我说。——你把我的谈话看做是诡辩吗?

——是的,就是。

——你觉得我给你提问题是有预谋要给你设陷阱吗？

——绝对是。但是，你不会得逞的，我不会再落入你的圈套。即使你得逞，也不能在语言上抓住我。

——我哪敢这样，亲爱的。但是，为了我们之间不再发生类似的情况，按你的说法，谈到统治者和强者时，谈到强者的利益和弱者要执行时，我们是一般所指呢，还是用精确语言的表达方式呢？（36）

——关于这，当然按精确语言的表达方式。如果你能，就拿出全部诡辩的花招。我允许你这样干，但是你将徒劳无益。

——你认为我疯了，敢去给狮子理发或者对司拉西马霍斯诡辩吗？

——不管怎样，你还是试验了，而且还成功了。

——我们不说这些。——我说。——现在请你告诉我，按你的精确语言界定的医生，是赚患者钱的人，还是给患者治病的人。

——为患者治病的人。

——船长呢？精确意义的船长是船员的首领还是船员？

——船员的首领。

——我认为，我们不会认为，一个人因为在船上旅行，就称他为船员。所以称他为船长，不是因为他在船上旅行，而是因为他掌握航海技艺，统领船员。

——是的。

——那么，他们中的每一个人，有没有自己的利益？

——当然有的。

——那么，个人的技艺不光是为他自己，还要照顾每一个人的利益，也包含为他提供的利益？

——是这样的。

——那么，难道每个技艺提供的利益除了尽可能完善外，没有其他什么了？

——你这个问题是什么意思？

——是这样，我举个例子，如果你问我：人体只要人体就足够了，还是需要其他以外的什么？我会回答，当然需要，所以才发明了医学，因为人体有时会生病，仅仅靠人体本身承受不住。为了提供这个利益，就发明了医学。我这样回答对还是不对？（37）

——对。

——现在，我来问你。这个医学或者任何其他技艺，本身都是不足的，所以还需要其他东西或者功能,就像眼睛需要看,耳朵需要听,这就需要一种技艺,来研究什么对他们有益,以便提供。这个技艺也有不足,又需要另一个技艺来研究它的利益,这样以此类推,以致无穷,对吗？或者这个技艺本身就足够关照自己的利益了？或者无论本身的或者其他的技艺的不足都不需要关照,因为技艺本身就没有不足或者缺点,那么,这个技艺就是毫无害处的、完美无缺的,因为它至少还保持自然的沉淀,请你用精确的语言来回答,事情是不是这样的？

——是。

——医学不寻求医学的利益,而是人体的利益。马术不寻求马术的利益,而是马的利益。没有任何一种技艺寻求自身的利益,因为它没有需要,而是寻求技艺服务对象的利益。

——看来是这样的。

——但是,司拉西马霍斯,是不是最高的技艺统领其他技艺？

他同意了,但是很勉强。

——没有一门科学不只专注强者的利益,也不强加给他,相反,关注的是弱者和服务对象的利益。

他最后还是同意了,但是想进行一些反驳。（38）

——所以,——我继续,——任何一个医生关注的都不是自己的,而是患者的利益。我们已经同意,医生是治病的,而不是赚钱的。不是这样吗？

——是的。——他回答。

——船长,真正的船长是船员的首领,而不是船员。

——是的。

——那么,这个船长或者首领要关注的不是船长或者说首领的利益,而是船员的利益。

他勉强同意。

——所以,司拉西马霍斯,任何一个当权者,在他当权时,他就不会只关注自己的利益,而是他的百姓或者被他统治者的利益。关注什么有利和需要什么,以此来决定他的言和行。

讨论到此,所有在场的人都看明白了,关于正义的定义和司拉西马霍斯的完全相反。他没有回答,反而突然问我:

——你有奶妈吗？

——是不是你回答我比提这个问题更有价值？

——你的奶妈没有做好该做的事，——他继续，——她竟能这样，没有给你擦鼻涕。你需要这样，因为你还不知道什么是羊，什么是牧羊人。

——请问你怎么会这样理解？（39）

——因为你竟相信牧羊人和牧牛人只关心羊和牛的利益，他们养肥牛羊，关照它们，不是为了主人和他们自己的利益，而是为了其他目的。看来你对城邦当权者也是这么想的，认为那些真正的当权者，对臣民的感情和人对羊的感情完全不一样，日思夜想的不是如何从他们身上获得利益。这个，和你要理解的公正和正义，不公正和不正义，还相距甚远。你忽略了，无论是正义还是公正，对正义本身并不是什么好东西，而对有势力和掌权的人有益；同时，对服从的、工作的和执行的人，是有害的。与此相反的是不正义，它管辖着真正的普通好人，他们为了强者的利益工作，使他幸福，而他们自己却一无所获。所以，绝顶天真的人啊，你应该这样研究事物：正义的人在所有的行为上都逊不正义的人一筹；如果前者和后者合伙作做生意，在散伙的时候，正义的人永远不会获利，相反，总是吃亏。在城邦问题上，交税时，同样的财产，正义的人总是比不正义的人缴纳得多；再说有钱可分时，一个分文未得，另一个却收获颇丰。在管理公共事务上，正义的人，即使没有任何损失，却放弃个人利益，而走下坡路，因为他忽略个人利益，没有利用公共职务，不识时务，除了公正，不为熟人提供任何方便，结果树立了敌人。而一个不正义的人则完全相反。我指的是前面说的，那个有势力和能力的人就会超越其他的人。你看，如果你想判断，是不正义的人，而不是正义的人受益。从这些你就会更好地理解，如果直接走向极端的不正义，那些行为极端不正义的人就极端幸福，而接受他们这种行为的人就极端悲惨。这就是我理解的僭主制，它通过阴谋和暴力，剥夺他人的大批财富，甚至连祭献给神的祭礼也不放过，据为己有或者充公。如果他人做了一件这样的事，就要受到严厉的惩罚，威严扫地。还要根据他们的过错分别被冠上窃取圣物、人贩子、盗墓贼、小偷和强盗等罪名。但是，当一个人的公民财产被夺，失去了人身自由，甚至被卖为奴隶后，代替那些可耻罪名的反而是富人和贵人，这样称呼他们的不仅有公民，还有了解他们所作不正义行为的人。所以，那些能够行不正义但没有行动的人，不是因为害怕做，而是怕受不正义所害，我的好苏格拉底啊，只要不正义达到比正义强大得多、自由得多和占绝大多数的程度时，就成为真理了。所以我开头说，正义就是强者的利益，而不正义对个人有益。

司拉西马霍斯像一个洗浴者一样用他的长篇大论之水灌满了我们的耳朵

后,表示他要离开。但是,在座的人不让他走,强迫他为自己的话做辩解。我本人也一再请求他,说:(40)

——啊,亲爱的司拉西马霍斯,你把我们扔在谈话的半路中间,在你没有给我们讲清楚前,或者你自己还没有弄清楚你说的到底对与否前,就想离开吗? 或者你认为,这个有长远意义的话题,应该弄明白,但不是我们这些人在生活中应该遵循的吗? (41)

——你让我怎样说服你? ——他回答。——如果我说的这些你还不信服,你还让我对你说什么? 或者让我把这些话塞进你的灵魂里?

——看在上帝的分上,不是这样的,我可没有这样的要求。首先,我请你坚持你的说法,或者,你要改变,也要明确说明,而不要欺骗我们。因为,现在你看,司拉西马霍斯,让我们回到先前的话题。开始你界定了真正的医生,不认为应该把这个精确度保留在对牧羊人的界定上,而认为他的工作,作为牧羊人,是养肥羊,毫不考虑对羊的好处,他或者要去参加重大盛典活动,用羊设宴,大吃大喝一顿,或者作为买卖人,只想赚钱;但是,真正的牧羊技艺别无他求,只关心委托他的人的最大利益,因为他自身已经达到尽善尽美了,不需要其他,已是真正掌握牧羊技艺了。这就是我的看法,而且应该是我们承认的任何管理都需要的,就是说,基于此,一个管理者,无论是个人、公共或者其他目的都不应该关心,唯一关注的是被管理者的最大利益。你不认为城邦的统治者,我指真正意义上的统治者,会愉快地去管理臣民吗?

——我认为不会。——他说,——我确信。

——为什么不会呢,司拉西马霍斯? 你没有注意到吗,没有人心甘情愿地去接管公共服务,而是要求为此付给他们报酬,因为执行这个任务是没有任何利益的,你看是不是这样? 请告诉我。我们不是一直在说吗,每种技艺都有别于其他技艺,都有不同的作用和目的? 只是求你,亲爱的,不要言不由衷,只回答你所想的,为了最终达到一个结果。

——是的,各有不同。——他回答我。

——这就是说,我们每个人都提供一种特别的利益,而不是千篇一律的,比如,医生提供健康,船长保证航行安全,等等?

——毫无疑问。(42)

——所以,工资制不就是为了给我们工资吗? 因为那是它的功能。或者你也这样来说医生和船长的职业? 或者,像开始那样,你坚持用精确的语言来界定事物,船长在海上航行中赢得了健康,你能把航海叫做医术吗? (43)

——当然不能。——他说。

——同样，一个掌管工资制的人，因为他身体健康，就把工资制说成是医术？

——也不能。

——所以，如果一个人从医赚钱，就能把工资制称为医学吗？

——不能。——他说。

——所以，我们承认，每一种技艺都提供特殊的利益？

——至少如此。

——这样，假如存在这样一种技艺，从事这种技艺的人获得的利益是共同的。那么，很明显，这是一种共同的东西，和某种技艺不同。

——看来如此。

——那么，这种对所有人的共同利益，这个工资，所有人为自己的技艺所得的工资，来自每个具体技艺和工资制。

他勉强同意。

——这个共同的利益，获得工资，不是来自从事的具体职业；而是，假如我们严格界定事物，医术只提供健康，而不提供工资；同样，建筑术只建筑房子；工资是由工资制提供的，等等。就是说，每一种技艺都有一种成果，为他人提供利益，这种利益是特定的。但是，如果没有工资，从事职业技艺的人不就什么也得不到了吗？

——是的，什么也得不到。

——所以，就是行好事也无益。

——我也觉得。

——这就很明显，司拉西马霍斯，每一种技艺和政权，都不是为了自身的利益，正如我们开始说的那样，而是为了它管理的对象，为了他人的利益，尽管这些人可能是弱者，而不是强者。所以，正如我刚刚说过的那样，我的好朋友司拉西马霍斯，没有人会心甘情愿地去掌权或者管他人的闲事，而是要求发工资，因为一个要从事某种技艺的人，不会从他从事的技艺中得到任何益处。所以，需要确定报酬，为那些乐意掌握权力的人确定报酬、钱或者荣誉，或者惩罚那些不乐意承担责任的人。（44）

——你怎么会这样认为，苏格拉底？——格劳科斯说，——我理解你说的前两种报酬。我不理解，你把惩罚也列为第三种报酬。

——你不理解给杰出人士报酬是为了让他们有决心去掌管权利？还是不

理解某人爱权利只为获利被认为是丢人现眼的事？

——我理解。

——所以，杰出的人士不追求当权的荣誉，也不寻求通过当权获得金钱。因为他们不期望，或者公开得到报酬，被称为雇工；或者偷偷获取，被称为盗窃。他们也不寻求荣誉，因为他们没有野心。应该有一种强制的需要和惩罚的恐惧，让他们自愿地去掌管政权。基于此，没有接受某种强迫就接受当权的人，会被认为是可耻的。还有，最大的惩罚是，既然他们不想掌权，就要服从远不如他们的人掌权的统治。我觉得，由于这种恐惧而掌权的人，不是为了给自己谋取利益，也不为生活过得更好一些，而是出于需要，也因为找不到比自己更合适的人选或者和自己一样的人。假如能有这样一个城邦，全国都是杰出的人，那么人人都想在政权以外，而不是像现在这样，人人都想掌权。到那时就会明显表现出，掌权者不是为了自己的利益，而是为了臣民的利益。每个有知识的人宁肯受惠于他人，也不乐意为他人的利益而流汗受罪。从这一点出发，我无论如何也不能同意司拉西马霍斯的说法：正义就是强者的利益。关于这点，我们以后还要讨论。我认为司拉西马霍斯说的另一点也很重要，即不正义的人的生活比正义的人更值得推崇。你，格劳科斯，这两者你选择哪种，你认为那个更正确？（45）

——我认为做一个正义的人更有益些。——格劳科斯回答。

——但是，你刚才听到司拉西马霍斯明白地说明，不正义获得什么了吗？

——听到了。——他说。——但是，我不同意。

——你愿意不愿意我们共同试试，找出一种办法说服他，他说的那些不对？

——我为什么不愿意？

——好的，假如我们像他在拉长的讲话中那样，也排列出正义的好处，然后也同样排列出不正义的好处，我们再排列，这样就需要一个一个丈量正义的好处和不正义的好处。结果就需要一个法官来裁定。假如我们像到现在为止做的那样，相互探讨，找到共同同意的东西，那么，我们本人就既是法官又是律师。

——真的。——他说。

——这两种方法，你喜欢哪种？

——如你所说。

——那我们现在开始，司拉西马霍斯，请你先回答我。——我对他

说。——你说彻底的不正义比彻底的正义益处更大？（46）

——是的,是我说的,而且还告诉了你们理由。

——现在我来问你另一个问题。你是不是把这两个之一称为善,而把另一个称为恶？

——毫无疑问。

——当然你把不正义称为恶,而把正义称为善。

——是的,这是自然的真理。我还说了,不正义有益,正义无益。

——那又怎样？

——完全相反。

——就是说,你把正义称为恶？

——不,是崇高的善良。

——那不正义就是邪恶了？

——不,是有头脑。

——那就是说,你觉得不正义的人即是有头脑的,又是善良的？

——那些真正能行不正义的人,至少能掌控城邦和民族。但是,你却以为,我说的是扒手之类。不是说这类人的技艺没有益处,因为他们能够掌握这一技艺。但是,他们不值一提,无法和前面所说的相提并论。

——我完全理解你想说的。但是,我感到奇怪的是,你承认不正义是善和智慧,而正义相反。

——是的,我承认。

——这可是你最坚实的论据,不容易找到推翻它的手段。因为假如你简单地说,不正义有益,同时像其他人那样承认,它是恶和可耻的东西,我们就能够根据我们认为的理由反驳。而现在,很明显,你毫不犹豫地把它说成美好和有利的东西,而且把我们一般列为正义的好特性都赋予了它,因为你敢把不正义位列在善和智慧之间。

——就这样,你预见得太对了。

——尽管如此,我也不应该犹豫,来审视这个问题,因为至少我相信,你是认真地说出了你所想的。真的,司拉西马霍斯,在你所陈述的理由中,没有一点讥讽的影子,是你真正的理解。（47）

——是不是我真正的理解跟你有什么关系,你只是简单地弄明白这些不就行了吗？

——你说得对。——我回答他。——只是求你再回答这个:一个正义的人会有时损害另一个正义的人而使自己受益吗？

——永远不会，因为那样的话，他就不是我们现在都承认的好心的和善良的人。

——怎么会？难道为了正义的事情也不行？

——当然不行。

——但是，有损于一个不正义的人，他有能力去做或者认为是正义的，或者不是？

——他会看做是正义的，但是，他没有能力去做。

——我没有问你这个。我只是问你，如果一个正义的人，他没有能力去做，也不想去做，但是一个不正义的人能去做吗？

——是的，能。

——同时，一个不正义的人为了自己受益能够损害一个正义的人，践踏正义吗？

——怎么不会？因为他总想超越其他所有的人。

——那就是说，他为了所得比所有人都多，会倾尽全力在不正义方面压倒另一个不正义的人吗？

——当然是这样。

——那就是说，正义的人不想胜过同类，只想胜过非同类，而不正义的人不仅想胜过同类，也想胜过非同类。

——你说得太好了。

——还有，不正义的人聪明和善良，而正义之人却不是。

——这是对的。

——相像，——我说。——不正义的人与聪明的人和好人相像，而正义的人不相像。（48）

——怎么会不？一个既然是这样的人，根据需要，也必须相像，相反亦然。

——很好。他们中的每个人都这样，相互都相像。

——哎，是的，跟你说过了。

——这样，司拉西马霍斯，现在，你听我说，你说，一个人是音乐人，另一个人不是，这两个人中谁与聪明人相像，谁相反。

——我说音乐人相像，另一个相反。

——所以，你就说，那个聪明人是好人和有能力的人，另一个人则相反。

——是的。

——对医生不也一样吗？

——当然。

——这样的话，你是不是认为，一个音乐人在为吉他调弦时，会比另一个音乐人更善于松弦或者紧弦？

——当然不是。

——如果和一个不是音乐人的人相比呢？

——根据需要。

——一个医生，当他需要诊断一个患者需要吃什么和喝什么的时候，是不是比另一个医生要强一些？

——当然不能这样理解。

——如果和一个不是医生的人相比呢？

——是。

——你看，对于任何一门科学，如果你觉得，任何一个学者，无论在言谈上和实践上想超越他人，就不能和同行说的和做的都一样。

——也许根据需要，如你所说。

——同时相反，一个非学者也想超越一个学者和非学者。

——也许。

——但是，学者是有智慧的。

——是的。

——有智慧的人是好人和有能力的人。

——对。

——那么，好人和有智慧的人就不想超越他的同类，而只想超越他的非同类或者对立面。

——看来是这样。

——同时相反，一个坏人和不智慧的人就想超过他的同类和非同类。

——是的。

——我们是不是已经同意，司拉西马霍斯，不正义的人要超越同类和非同类？你是这样说的吗？

——是的，我说的。（49）

——而正义的人只想超越非同类，而不想超越同类。

——是的。

——那样的话，正义的人就和有智慧的人和好人相像，而不正义的人则和没有智慧的人和坏人相像。

——看来如此。

——但是,我们都同意了,无论是这个人还是那个人,他们都是同类相像。

——是的,我们同意这个。

——这样的话,最明显不过地证明,正义的人是有智慧的人和好人,不正义的人则是无知的和坏人。

司拉西马霍斯被迫赞同了这些,但是不像我说话那么容易,他勉强被我拉到东扯到西,汗水像河一样流下来,因为正值夏天。这是我第一次看到他脸红,这是他从来没有过的。我们到此已经同意,正义是善和智慧,而不正义是恶和愚昧。

——让我们认定这是已经解决的问题了。——我说。——还说过,不正义强而有力,或者你不记得了,司拉西马霍斯?

——我记得。——他回答。——但是,你到现在说的这些我一点都不喜欢,你也不要觉得我无话可说。如果我想这样做,我很清楚,你会说我哗众取宠。或者你就让我想说什么说什么;或者你坚持提问,就问吧。而我就局限于回答说,好,就这样,我只摇头晃脑,就像人们应付讲故事的老太婆们那样。

——我可一点也不愿意违背你的信仰。

——既然你不让我讲话,为了不使你难堪,你还让我做什么?

——真的,没什么。只是,如果你乐意我说什么你做什么,我们就这样干吧。我来问你。

——那就问吧。

——来继续我们的谈话,我再问你:与不正义相比,正义是什么?因为我觉得你说过,不正义比正义更强有力。而现在,我们说了,正义是善和智慧,就容易证明,正义比不正义更强有力,因为不正义是愚昧。没有人会不接受这一点。但是,我个人并不满足这一点,我们再做另一种设想:你不承认存在不正义的城邦,它们不仅压制其他城邦的自由,还奴役自己的臣民吗?(50)

——我为什么不?——他说。——而且做得完美和达到不正义的顶峰。

——我明白,这是你相信的。我只是用这种方式探讨问题。如果一个城邦奴役另一个城邦,没有正义,只有实力,或者还需要借助正义?

——如果按你承认的,正义是智慧,那么就需要借助正义。但是,如果像我说的那样,就要借助不正义。

——我非常受鼓舞,司拉西马霍斯,因为你不仅仅限于点头晃脑,而且还作出了明确的回答。

——因为我不想让你难堪。

——你做得好。——我回答他。——但是,再求你告诉我,你认为,一个城邦,或者一个军队,或者一帮强盗和窃贼,或者任何一个团体,他们承担一项不正义的行动,如果成员之间相处不正义,他们能够成功吗?

——当然不能。

——但是,如果他们相处正义,是不是成功的把握更大些?

——是的。

——因为,司拉西马霍斯,不正义在他们之间产生仇恨、分歧和战争,而正义产生和谐和爱。是不是这样?(51)

——就算我承认这点,——他说,——为了我不和你产生纷争。

——很好,我的朋友,现在你告诉我:既然不正义所到之处产生仇恨和分歧,如果在人们,无论是奴隶还是自由人,之间出现,不都会带来同样的后果,而共同的行动将一事无成吗?

——是的。

——同样,假如我们这点存在于一个人身上,会不会丧失它的特性,或者保持其特性?

——让我们说保持。

——这样说来,很明显,那是不正义的本性,无论出现在哪里,或者在城邦,或者在军营,或者在一群人中,由于它产生分歧和纷争,不可能承担一项行动;然后,会对自己,对任何与其不相像的、和对正义产生敌意。是不是这样?

——是的。

——这样,如我们所说,只有一个结论,根据其本性,首先无能力承担任何一项行动,因为永远自相矛盾和有分歧;然后,使其与自己为敌,与正义为敌。是不是这样?

——是的。

——你承认神是正义的吗?

——就算承认吧。

——那么,不正义就是神的敌人,而正义是神的朋友。(52)

——我们的谈话进行得非常美好,——司拉西马霍斯说,——无拘无束。因为至少我没有打断你,我怕和朋友们闹翻。

——请你继续保持这种姿态,继续回答我的问题。我们已经看到,正义在任何行动上都比不正义更智慧,更有能力和更强大。而不正义相反,不能和其他人共同承担任何行动。但是,我们也承认过,他们也可能在某一项共同行动上成功。我要说的是,这也不是真理。因为,假如他们都真是不正义的,他们就不可能不相互反对;但是,如果在他们中间尚存一点正义的痕迹,这一点至少可以阻止他们相互作恶,在共同行动中不去伤害同伙。只是靠这一点,他们才能在某一个不正义的行动中有所成就。狡猾无比的人和彻底作恶的人是彻底不能成功的。这就是我对这些问题的看法,和你开始的看法不同。你还留给我们另一个问题要讨论,正义的人是不是比不正义的人生活得更好一些,更幸福一些。是这样的,根据我们到目前讨论的结果,这是显而易见的。但是,我们还应该更深地探讨这个问题。

——那就探讨吧。——他对我说。

——我正在这样做。我问你,马有一种具体功能吗?

——有。

——你是不是承认,这种功能只属于马,或者其他动物也有,也能完成同样的功能,或者说马完成得更好?

——我不明白你的意思。

——这样,我们举个例子。没有眼睛你能看到吗?

——当然不能。(53)

——没有耳朵你能听到吗?

——不能。

——我们可以说,这就是它们的功能。

——这我明白。

——你能用刀或者凿子或者其他工具修剪葡萄藤吗?

——怎么不能?

——但是,我认为哪一个工具也没有剪枝剪刀好,因为这种工具专门是为了剪枝而制造的。

——这个你说得对。

——这就是我们说的,这是它独有的功能?

——是的,说了。

——现在,我认为,你已经明白我开始时提问的意思了。即每种事物的功能是它能完成要做的事情,或者它比其他事物完成得更好。

——现在我明白了,我也同意,每种事物都有自己的功能。

——很好。你是否也承认,每种事物在完成自己的功能时都有一种品德?让我们回到原来的例子上,眼睛有一种功能,也有一种品德,这个品德只和眼睛吻合?

——有。

——耳朵呢?

——也一样。

——所有事物都这样吗?

——一样。

——等一等。眼睛如果没有属于它们的品德,而相反,有缺陷,能够很好地完成自己的功能吗?

——怎么可能? 如果你指的是没有看到功能,是盲?

——它们的任何一种品德。因为我现在要弄明白的还不只是这个。而是,每一种特定的品德保证功能很好完成自己的任务,相反则不能。

——如你所说是正确的。

——耳朵如果去掉属于它们的品德,就不能完成它们的功能。

——是的。不能。

——是不是所有的事物都能归到这一类?

——我看是。(54)

——来,你遵循下列思维:灵魂有某种功能,这种功能其他任何事物不能替代? 比如,我们思考,我们管理,或者我们做决定,我们可以把这些交给灵魂,说这是它的功能?

——可以这样说。——他说。

——那我们就承认,灵魂有一种品德,这品德和它相匹配?

——承认。

——司拉西马霍斯,如果灵魂脱离和它匹配的品德,能够完成自己的功能吗?

——不能。

——根据需要,恶的灵魂就有恶的思考,恶的管理;相反,善的灵魂所行一切就都好。

——需要这样。

——我们是否承认,灵魂的品德是正义,而恶是不正义的品德?

——是,我们承认。

——正义的灵魂和正义的人生活得好,不正义的则相反。

——看来如此,——他说。——我同意你说的这些。

——那个生活得好的人就幸福和欢乐,相反的人则不幸。

——怎么不是?

——所以,正义的人幸福,不正义的人悲惨和不幸。

——权当如此。

——所以,不善对他是不利的。

——当然,可以理解。

——这样,亲爱的司拉西马霍斯,不正义永远不会比正义有益。

——苏格拉底,权当今天的本蒂斯节的饭菜是为你的谈话举行的宴会吧。

——这我得感谢你,司拉西马霍斯,因为你不像开始时对我那样凶了,变得温和了……当然,还不是我期望的那样十全十美。当然,我没有吃好,不是你的错,可能是我的错。那些贪吃鬼还没充分享用头一道菜,就扑向刚刚上来的新菜。而我为了在讨论中找到正义是什么东西,吃到一半就放下了,想要探讨恶和无知、智慧和品德。后来又插上了另外的话题,不正义比正义强有力,结果我不能控制自己,没有能一道一道吃。最后我才发现,我从这次谈话中一无所获,因为我还是不知道,什么是正义的本质,正义是不是品德,具有正义的人是不是幸福或者相反。(55)

卷 二

我说了这些话后,满以为可以从交谈中解脱出来。但是,看起来,这只是一个开场白。格劳科斯在任何时间和事件上都是一个男子汉大丈夫,他很不喜欢司拉西马霍斯那么轻易就放下武器,于是接过话茬:(56)

——苏格拉底,关于正义在任何情况下都好于不正义的说法,你是看上去说服了我们,还是实际上真的说服了我们呢?

——如果这个在我的掌控之下,我当然希望是后者。

——但是,你并没有做到你想要的。因为,请你告诉我,你是否承认有一种财富,我们只想得到它们,而不看其后果,只要其本身? 比如欢乐,无害的享受和任何一种能带给我们愉悦而无任何副作用的东西。

——是的,有一种这样的财富。

——是不是还有一种,我们不仅爱它们本身,还爱它们的后果? 比如才思敏捷、视力好和身体健康,这些我们两者都需要。

——是的。

——你还没有看到第三种:锻炼身体,为了严酷地训练身体的医术和任何一种有收入的职业吗? 这是令人劳累的,但是对我们有益处,我们不需要它们本身,而是需要它们带来的利润和其他为我们提供的益处。

——的确也存在这第三种。但是,这些问题会把我们引向何处?

——你认为这三者中哪种是正义的?(57)

——我? 当然我认为三者中最好的一种是,既要它们本身,也要它们的后果,只要期望的幸福。

——但是,一般人不这样认为。人们把劳累的第三种列为正义,只是为了利润和荣誉才需要它们,按理说,是应该远离这种财富本身的,但只是因为不可抗的。

——这点我承认。——我说。——这是一般人的想法,所以司拉西马霍斯在他关于正义的长篇大论中排斥了它。但是,我觉得自己头脑太笨。

——等等,我们看看,假如你要坚持你的看法,等听完我的话再说。我觉得,司拉西马霍斯像蛇一样,很快被你迷幻过去了。但是我,你关于正义和不正义的那些说教并没有塞进我的脑袋里。我期望听到的是,它们的自然本质是什么?如果它们存在于灵魂中,除了可能有的益处和后果外,会有什么能力?假如你允许,我要继续这个话题。我重新从司拉西马霍斯的话题说起,首先,我要说的是,一般的观点认为正义是什么东西和它的原则是什么。其次,我要证明,所有行正义之人是出于需要,而不是因为正义好。再次,他们这样看是很有道理的,因为一个不正义人的生活要好于一个正义人的生活,至少他们是这样说的。我也许不承认这一点。但是,我又不知道怎样决定才好,因为司拉西马霍斯和其他无数人反复用这些话塞满我的耳朵。但是,还没有如我所愿,听到有人支持正义,证明正义要好于不正义。我还真想听到对它这样的赞扬。我告诉你,我正等待你来唱这个赞歌。为此,我要赞扬不正义的生活,为了向你证明我是怎样理解的,再来听听你如何批驳不正义和赞扬正义。是否赞同我的想法,取决于你。(58)

——我非常乐意,还有什么比经常听一个有头脑的人谈话更好的呢?

——你很会说话。听着,我现在叙述我谈的第一点,什么是正义的本质和起源。人们说,一个人行不正义得利,而被不正义所害不好,比行不正义所得的利更坏。所以,人们在体验了不正义和被不正义所害两者后,那些无能力去阻止行不正义的人而本人又不能去行不正义的人就想,最有益的是既不赞同行不正义,也不赞同被不正义所害。所以,从那时起,就开始制定法律,来调节两者,就把法律规定的说成是正义的和合法的。这就是正义的诞生和本质,这是最好的折中,即不保护行不正义的人,也不允许行不正义去害他人。所以,位于这两者之间的正义受到尊重,不是因为它本身善,而是因为很多人无能力行不正义,就承认了这一点。有能力这样干的真正的男子汉不会在既行不正义、也不被不正义所害之间妥协,因为在他看来那是疯狂。这就是正义的本质,苏格拉底,我们说的这些就是正义来源的证据。(59)

——为了更好理解行正义的人是由于他们无能力去行不正义,而不是甘心情愿那样做,我们来做下面的假设:我们把权力赋予两个人,一个正义,一个不正义。我们看看欲望把他们引向何处。我们不可能现场抓到正义的人沿着不正义的人的脚步行进,这是出于贪婪的本性,每个人都希望这样,只是因为受到尊重平等的法律强制,我说的是这种权利,这就像人们说的吕底亚的祖先吉利斯得到的魔力一样。传说这个吉利斯原来是吕底亚国王的牧羊人。有一次,在暴雨和地震后,他在牧羊的地方看到大地裂开,形成一道大裂缝。他出于好奇,就顺地缝走下去。据说,在下面他看到许多奇怪的东西和一匹铜马,马肚子上有一些小窗户。他弯腰到小窗户上,看到里面有个死人尸体,看上去比一般人大很多。这个人身体裸露,只在手指上戴了一枚金戒指。他就从那个人手指上取下金戒指,返回了地面。过了几天,牧羊人聚会,他们每月都要聚会一次,向国王报告羊群的情况。吉利斯也去了,手上戴着那枚戒指,和其他牧羊人坐在一起。无意中,他把戒指转向了内侧。结果在场的人就看不到他了,他们开始议论,说他怎么走了,不见了。他觉得奇怪,又悄悄把戒指转向外侧,结果他马上再现出来。他明白这是怎么回事后,又试验了几次,确定这枚戒指具有魔力。当把戒指转向内侧时,他就不被人们看见,当把戒指转向外侧时,他就会再现。确认这点后,他付诸行动,得以和其他牧羊人一起到国王处汇报情况。经常去,结果和王后勾搭上,两人一起暗杀了国王,他获得了王位。(60)

——假如有两枚这样的戒指,正义的人和不正义的人各戴一枚。结果他们都没有那样钢铁般的意志来坚持正义,能控制自己的手不去碰另一个人的正义。同时,他获得了一种特权,可以在市场上毫无顾忌地拿取他喜欢的任何东西,可以进入外人家里,为所欲为,可以在铁牢内杀一个人或者放一个人;真正在人间获得了神一样的能力。结果,正义的人和不正义的人的所作所为就没有区别,两个人走的是同一条路。没有比这个例子能更好地证明:没有人甘心情愿地去行正义,只是迫不得已而为之,因为正义本身并不是善,只要有可以行不正义的地方,人总会去干。因为每个人都相信,而且是有道理的,正如例子中所说的那样,不正义总是比正义有益。假如一个人获得这样的权利,从来不想行不正义,不想去拿他人的东西,就会被有判断能力的人看做是大傻瓜和不可思议的人。最多也就是表面上赞扬他一番,相互欺骗,因为他们怕自己也被不正义所害。

——关于这两个人的生活,我们能够作出正确的判断,让我们分别来看正义的和不正义的人。如果不这样,将怎么做? 像下面这样:我们不要减少不正义人的不正义,同样,也不要减少正义人的正义,而是只看他们遵循的生活道路。先看不正义的人,比如是一个技术高超的船长或者一个名扬四海的医生,他一眼就能看出自己技艺能够做到的和不能做到的,他就只干能做到的,而不干做不到的;假如偶尔犯了错误,也能够改正——这样,我是说,不正义之人行不正义之举是那样完美,以至于根本表现不出来。如果他被人抓到了,那他就不是一个我们假设的那种纯粹的不正义之人,只能受到藐视。因为绝对不正义的人看上去是正义的,而实际上不是。让我们赋予极端不正义的人极端的不正义;我们不要限制他,而是任其所为,行最极端的不正义而不引起正义人一点点的怀疑。如果有的地方失败,让他有能力改正错误。如果他被送上法庭,有善辩的口才,说服法官相信他无罪。还有,假如需要,他可以动用暴力,因为他本人有胆量和能力,有朋友和财产,万事俱备。

——现在,根据我们的假设,把另一个人放在和他平行的位置。这个人不坏,是真正的好人,如埃斯库罗斯说的"**想成为而不是被认为的男子汉**"。我们从他身上抛弃被认为的正义,因为认为他是那样的人,就要给他送上礼物和荣耀;因为我们无法确认,他做这种人是为礼物和荣耀,还是出于对正义的爱。我们让他除了正义之外一无所有,和第一个人绝对相反。他从来没有做过一点点不正义的行为,却被看做是最坏的坏蛋,让他的美德经受最大的考验,让他的美德不受任何世俗坏思想的影响。他在这条道路上坚定不移地走下去,直到坟墓。他被认为是不正义的人,而实际上是正义的。按此方法,现在有了两个典型,一个完美的正义之人,一个绝对的不正义之人,让我们判断一下,他们之中谁的生活更幸福。(61)

——哎呀呀,我可爱的格劳科斯,你这样精确地和艺术地描绘了他们,仿佛是两尊雕塑,每个人都很完整,来让我们判断!

——我已尽力而为了,——他说,——我们已经这样做了,我想,就不难描绘出等待他们的生活。只是,苏格拉底,我请你原谅,如果言语有些粗鲁的话,你不要看做是我说的,而是那些认为不正义比正义好的人的看法。他们会说,我们这位正义之人要被鞭打,被投进铁牢里,被弄瞎眼,最后,受完这些折磨,才能相信并明白,一个人没有必要真想成为正义的人,只要被认为是正义的人就行了。所以,埃斯库罗斯的诗句用在不正义人身上最为准确。因为他追求的是实实在在的东西,而不是为了世人的舆论而活。他不想被认为,就是不正义的人。**内心深处结果实,由那里产生各种明智意见。**第一位(63),因为将被看成是正义之人,就将获得城邦的最高荣誉,将可以随心所欲从任何家庭挑选妻子,他的孩子们也将坐享清福,他将成为任何一家他希望的企业的股东;就是说,他总是万事得利,也会毫不为难地用最卑鄙的手段剥削他人;如果牵涉到诉讼案件,不论是私的还是公的,他都会不费吹灰之力就损人利己地搞定。靠卑鄙牟取暴利获得的巨大财富,他能够施惠朋友,加害对手,给神以最丰富和最引人注目的祭献;一个不正义的人能够更安全地和更确定地保证给神和他喜欢的人以福祉。这样,比起正义的人,他会自然地成为神的朋友。他们说,这样的生活也是神和人为不正义者准备的,当然比正义者的生活幸福得多。

格劳科斯说完后,我脑子里有些东西要回答他。但是,他的哥哥阿迪曼托斯接过话茬,问我:

——苏格拉底,你认为这个话题谈得够吗?

——有什么不够?

——我认为缺少最本质的东西。

——哎呀,真像俗语说的,兄弟互帮。假如他忘掉了什么,你来帮他一下。他说的那些已经足够让我解除武装,使我无法为正义辩解了。

——不说那些,现在听我跟你说。因为应该从反面再来探讨这个问题和那些赞成正义反对不正义人的论据,目的是把弟弟格劳科斯所想的表白得更明确些。(64)

——一般来说,负有教育青年人之责的父亲们总是让自己的孩子们做正义的人,这不是因为他们赞扬正义,而是因为正义能带来益处。这样,当成功后,就能荣誉满身,婚姻成功,获得我弟弟格劳科斯所说的不正义之人所获得的一切。他们还要更进一步,用得到的巨大财富敬献神明,如同我们的赫西俄德和荷马说的,诸神给予正义之人以枞树,这些枞树**果实灌满枝头,蜜蜂飞绕树干,绵羊毛绒丰满**。还有许多类似的财富。对此,荷马有这样的描述:

> 如神明的国王,正义与民分享
> 大地丰收,牛羊满圈,鱼儿满舱

——穆赛奥斯[①]和他的儿子代表神许诺给正义之人更大的财富。他们死后被引导到冥府里坐在为他们准备的受人尊敬的宴会上,在那里他们头戴花环,过着饮酒享乐的生活,永世的沉醉是对他们美德的最好奖赏。其他诗人的笔下,把神给予他们的奖赏还不限于此,他们的子孙将世世代代孝顺和富有。他们就这样赞扬正义。不孝顺和不正义的人进入冥府后被置于乱泥中或者被迫用竹篮打水。甚至在他们还活着时,就让他们承受堕落名声和被人蔑视,让他们受格劳科斯说的那些本来是正义的人却被看成不正义的人受的酷刑。这些就是他们关于不正义的说辞,而没有补充其他东西。这就是对正义和不正义的歌颂和谴责。(65)

---

① 穆赛奥斯,神话传说中的雅典歌手、巫师和祭祀,早在荷马之前就在阿提卡地区传播歌颂宗教的诗歌。还有的传说认为,他是神话中色雷斯著名诗人和歌手俄耳甫斯之子。——译注

——此外,你听着,苏格拉底,你再听听另外一种对正义和不正义的说法,这是一般人和诗人的看法。他们都异口同声地说,节制和正义是美好的,但同时也是困难和劳累的。而放纵和不正义愉悦,不需要花费什么就可以做到。仅仅受到世人观念的责备,这也是法律需要而已。人们说,没有人能否认,不正义的益处大于正义。大多数人都会轻易私下或公开赞扬和尊重那些有权有势的人,而可怜和瞧不起另外那些无势力和贫穷的人,尽管他们承认,这些人比不正义的人好。在这些言论中最奇怪的是有关神和美德的议论。他们说,好像是神常常把灾难和生活中的不幸带给这些好人,而那些坏人就让其听从命运。一方面,江湖骗子和巫师敲开富人家的大门,对他们说,他们有通神本领,假如富人们自己或者他们的祖先犯有罪过,可以通过祭献、念经、举行仪式或者其他类似的活动来赎罪;如果他们想加害对手,不管他们是正义的人还是不正义的人,只要花一点点钱就可以如愿以偿,因为他们靠魔力咒语和其他法力能够让神为他们服务。诗人们用这些人来证明,作恶是多么容易:(66)

> 轻易把口袋用邪恶装满
> 路平坦无须等待
> 诸神已经流过汗
> 你只需朝美德奔直向前

这是一条漫长的爬坡的路。其他人还用荷马作证,他们说,人能够使神掉转方向:

> 神也会改变主意
> 假如有人犯罪
> 只要恳求,祈祷
> 焚烧香肉祭献重礼
> 人能让神把腰弯曲

——还有,他们搬出一堆穆赛奥斯和俄耳甫斯的书,他们说,这两位来自缪斯和塞勒涅,他们的书里有关于这类祭献宗教仪式的描述,不仅令个人,甚至令整个城邦都相信,用祭献和愉快地玩耍,能为那些犯罪的人,不管是活着的,还是已经死去的,免灾去祸。他们把这些手段都称为**仪式**,能够帮助我们避免另一个世界的酷刑,如果忽略这些仪式,就难逃惩罚。

　　——所有这些,我亲爱的苏格拉底,这些神和人关于美的、恶和思想的论述,你认为对于年轻人的灵魂会有什么影响? 这些年轻人对听到的一切:生活中,什么样的人、走什么样的道路,才是幸福的,等等,有能力作出结论吗? 不可能像品达对自己说的那样吗?(67)

　　　　为抵达高高的城堡,

　　　　我应该挑选哪条路?

　　　　是正义的笔直大路,

　　　　还是弯弯曲曲小道?

　　——我攀登上去,关在城堡里,就能保证我的生活平安无事吗? 因为我听到的这些言论告诉我,做一个正义的人,而不是被看做是一个正义的人,一点益处也没有,只有受到明显的伤害,带来痛苦。哲人让我相信,一个人只要被看成是正义的人就够了,这是最高的真理,它能给人带来幸福。我也尽全力这样做。我会在自己周围布满这些托词和美德的外表,后面拖着那个如阿尔基洛科斯①所说的狡猾和充满阴谋诡计的狐狸尾巴。也许有人会对我说,一个人总做坏事难免被发现。是的,但是我们回答他们说,干大事总是有风险的。无论如何,如果我们想得到幸福,就走这条路,我们听到的言论已经为这条路踏出了脚印。再说了,为了不被人发现,我们会在自己周围积聚同伴和同谋,还有老师教导我们怎样利用演讲术欺骗公众和法官;这样,有时用欺骗,有时用暴力,我们就能够作恶而不受惩罚。是的,还有神明,我们既不能逃避他们,也不能讹诈他们。但是,假如没有神明,或者他们根本不关心人类,他们察觉到我们,或者没有察觉到我们,和我们又有什么关系? 假如有神明,他们又关心人类,我们只是从那些制造了神谱的诗人那里听到他们的存在。诗人们又告诉我们,我们可以通过祭献、厚礼和祈祷平息他们的愤怒。或者我们完全相信他们的话,或者一点都不信。我们相信他们,让我们成为不正义的人,只要从我们行不正义所得的成果中给神明一部分做祭献就行了;这倒也是真的:假如我做正义的人,就不会惧怕神明,但是也得

─────────

　　①　阿尔基洛科斯(活动时间公元前7世纪)现存最早希腊诗作中可以确定个人作品的一位作者。他父亲是自由民,而母亲是奴隶,他的半奴隶地位使他无法继承父亲的遗产,也不能和所爱的姑娘结婚,他以辛辣的诗歌讥讽这种不公,离开家乡,战死在沙场。——译注

不到行不正义带来的好处。假如我们是不正义的人,我们首先会获得这些好处,然后再用祈祷和祭献为自己赎罪,我们也不会受到惩罚。可是,到了另一个世界,冥府里,我们本人和我们的孩子们,也许都将为我们的罪恶付出代价。但是,那里也有赎罪仪式,对下面世界的神明们同样有效力,这是全城邦的人都承认的,也是诗人们宣布的,诗人们是神的孩子和预言家。这样的话,不正义由美丽的和虚假的美德包装,无论在现世,还是在来世生活里,神明和人类都能直接给我们带来幸福,我们有什么理由去选择正义而不选择不正义呢?(68)

——综上所述,苏格拉底,一个人有高尚灵魂和体魄健壮,有教养,有家产,听到对正义的赞扬不唱反调,而且证明我们上面所说的都是谎言,完全相信正义就是好东西,他选择了正义,他也只能和不正义的人相安无事,甚至原谅他们。因为他知道,除了那些本性特别神圣和有知识反对不正义的人之外,没有一个人心甘情愿做一个正义的人,无论由于男子汉的勇气,无论由于年老体衰,还是根本不能谴责不正义,因为本人不能行不正义。还要证明,这第一个人,只要他有能力,你会看到,他马上会尽其可能行不正义。

——所有这些理由不是别的,正是我们,格劳科斯、我和你,在讨论中阐述的。你们这些颂扬正义的人,从留在人类记忆中最古老的英雄到今天的人,只用荣耀、价值和报酬等来谴责不正义和赞扬正义。到现在为止,没有人探讨过,正义和不正义在神和人的灵魂里的存在和它们的本质;也没有人,无论在诗歌里还是在散文里,充分说明,灵魂里的正义是最大的善,而不正义是最大的恶。假如你们从一开始,在年轻的时候就说服我们,我们就无须相互戒备不被所害,而是要保护自己,不要在灵魂里培养最大的恶,不正义。(69)

——这些,也许还有更多的,司拉西马霍斯都说过了,我觉得,其他谈论正义和不正义的人,把它们的本质弄混了。所以,我没有任何必要向你隐瞒,拖长了自己的话,因为我想听你如何反驳这些。你不要仅仅限于向我们证明正义比不正义好,而是要向我们解释清楚,它们是如何在人的灵魂里起作用的,一个是善,而另一个是恶。这意味着,你要抛开表面现象,像格劳科斯说的,这个和那个思索的是什么;假如你抛掉那些真实的,而不加进去虚假的,我们就会说,你没有赞扬正义,也没有谴责不正义,所说的这些只是被看做的正义和不正义而已。这样,你就允许我们行不正义,只是不要被发现;最后你就只好赞同司拉西马霍斯。(70)即正义不是善,而是强者的利益,不正义本身是有益和有利可图的,只对弱者不利。既然你承认正义是最大的善,一个人为它的好处值得拥有,而且要超过这些,就像视觉、听觉、思维、健康,这些自然本身就是有益的,而不是人为的;你就赞扬正义本身为人带来的益处,谴责不正义带来的危害。你不要引用世人对这一问题的谈论,我可以接受外界对正义的赞扬和对不正义的批判,但是不能出自你的嘴——除非你命令我,因为你一生都在探讨和研究这个问题。就是说,你不仅要证明正义比不正义更值得选择,还要说明,它们是怎样在人身上发挥作用的,以此证明一个是善,另一个是恶。(71)

我一向对格劳科斯和阿迪曼托斯的教养非常有好感,现在,听到这些高谈阔论后,我被彻底迷住了,就说:

——孩子们,格劳科斯的诗人朋友正确地颂扬了你们家族在麦加拉的英雄表现:

父是神族后代,你们是阿里斯同的孩子。

——我觉得他说得非常对,因为你们确实内有神悟,你们不仅承认不正义好于正义,而且有能力明确地阐释自己的观点。但是,说真的,考虑到你们全部教养的另一方面,我得出的结论是,你们实际上并不完全相信这些。我有权不相信你们说的这一切。但是,我越是努力去相信,我越发感到不安,不知如何是好。一方面,我现在不知怎样来为正义辩解,我承认,我没有能力做到这一点;其证明就是,我认为关于正义好于不正义的那些论据,我觉得已经说服了司拉西马霍斯,但是还不能让你们信服。另一方面,我怎么能放弃正义,不帮助它,不为它辩护呢?因为我怕,在我一息尚存,能够言语时,面对正义的谴责,如果我没有勇气去捍卫它,那是我最大的不敬。所以,最好让我尽力而为。

格劳科斯和其他人也都同意,请求我尽全力来为正义辩解,不要放弃对话,同时我们都同意,集中讨论什么是正义和不正义的本性,到底它们带来什么益处的问题。于是,我对他们说:(72)

——我觉得,这个问题可不是随便偶然提起的,而是需要敏锐的精神。我们不能完全做到,我觉得可以按下面的办法:假如一个人视力不好,不能看到远处的小字,有人发现,在另外的地方写有更大的字,我觉得对他来说,先看大字更容易一些,然后再努力去看小字,恰巧这些字是一样的。

——这很对,——阿迪曼托斯说,——但是,这和我们的问题有什么关系?

——我告诉你,我们是不是说过,有个人的正义,也有整个城邦的正义?

——说过。

——城邦的正义是不是比个人的大?

——是。

——也许大的就有大一些的正义,研究大的就容易些。如果你同意,我们先从城邦开始,看看在那里正义的本性是什么,然后再转向个人,由大到小。(73)

——这样很对。

——假如我们可以想象一个城邦的诞生,不就能够看到正义和不正义的诞生了吗?

——假定这样。

——这样,就有希望找到我们寻求的东西。

——对。

——你们怎样做? 我们试着开始行动吗? 因为我觉得这不是小事,你们决定吧。

——已经决定了,——阿迪曼托斯说,——开始吧!

——我认为,城邦的诞生是由于生活在里面的人无法满足多种需要的结果。或者你认为存在另外的起源?

——没有。

——这样,出于生存的需要,一个人要寻求另外一个人合作,另一个人也要找第三者帮助;由于多种需要,为了相互帮助,很多人就联合起来,组成一个群居点。这个群居点,我们称之为城邦,是这样吗?

——是的。

——一个人把自己的东西给另一个人,同时,从那个人那里索要自己需要的东西,他相信,这样对他有好处。

——当然。

——这样,我们开始时想象的城邦,是由于生存需要而建立的。

——毫无疑问。

——我们第一也是最大的需要是食物。他决定我们的生命和存在。

——对。

——第二需要是住所,第三需要是衣服,等等。

——对。

——现在,让我们看看,城邦怎样满足这些需要。是不是需要一个种地的,一个盖房子的,第三个是纺布的? 要不要再加上一个制鞋的,或者另一个满足我们身体其他需要的人?

——当然。

——这样的话,一个城邦至少需要四个或者五个人组成。(74)

——看来如此。

——怎么做呢? 他们中每个人是不是都应该为了满足整体的需要而工作? 比如,种地的为另外四个人准备吃的,要花费四倍的时间和劳力? 或者,不去关照其他四个人,他只用四分之一的时间为自己准备吃的,其余四分之三的时间用来盖房子、做衣服和做鞋,不管其他人的闲事,只管满足自己的需要就行了?

阿迪曼托斯说:

——我看还是第一种做法好。

——真的,你说得对。现在我脑子里产生了一个想法:人生来不是一样的,每个人对具体的工作各有天赋,或者你不承认这点?

——怎么会不承认?

——怎样做更好,是一个人什么都干还是只做一件工作呢?

——只做一件。

——还有一点很明显:假如一件工作没有及时完成,错过时机就白做了。(75)

——是的。

——因为一件工作不能等工人的安排和时间,相反,工人应该去满足工作的全部要求。

——需要。

——还有,为了比较容易完成更多的工作,一个人最好只专心完成他擅长的那部分。

——毫无疑问。

——这样,阿迪曼托斯,城邦需要更多的公民,而不只是我们所说的满足需要的四个人。因为农民不能自己造犁,如果需要好的,也不能自己制造锄头和其他农具。对建筑工、纺织工和制鞋工也一样。

——对的。

——这样,就需要在我们小的城邦里加入木匠、铁匠和许多手艺人,需要增加人口的数量,对吗?

——自然。

——这个增加还不算大,因为农民需要牛拉犁,建筑工需要运送材料的牲畜,纺织工和制鞋工需要羊毛和皮革,这样就要增加牧羊人、牧牛人、屠宰牲畜的人,等等。

——这样的话，——他说，——加上这些人，这个城邦就不小了。

——是的，你再想想，我们不可能在一个地方建起一个城邦而不需要从外界引进一点东西。

——这是不可能的。

——所以就需要有人从外地引进我们需要的东西。(76)

——需要。

——这个人为了满足我们的需要，他不能空手而归，也不能空手到供给我们必需品的供应商那里。对不对？

——看来是这样的。

——所以，每个城邦不仅要满足自己的需要，还要为有同样需要的城邦生产必需品。

——应该。

——这样，我们的城邦就需要更大数量的农民及其他的手艺人。

——需要很大数量。

——还需要更多负责引进和带出东西的人。我们把他们称做商人，对不对？

——的确需要更多这样的人。

——如果这种交易通过海上进行，我们还需要一群懂得航海的人。

——真要一群。

——在这个城邦里，人们怎样交换他们的产品呢？我们是为了这种需要才建立城邦的。

——相互买和卖。

——这样，我们就需要一个市场和代表交换物价值的象征物——货币。

——毫无疑问。

——假如农民或者任何一个手艺人带着自己的产品来到市场，时机不对，没有找到他所需要的产品来交换，他就停止自己的工作，坐在市场里等待吗？

——不会的。有人看到这种情况，他们就会来为满足这个需要提供服务。在组织良好的城邦里，这是些身体较弱、不能干其他工作的人。他们待在市场里，花钱从一些人那里买来产品，再把产品卖给需要的人，换回钱。

——这就是城邦里产生再交换人的原因。——我说，——或者，我们对留在市场上进行这种买和卖的人有另外的称呼，把他们和那些来往城邦间的人一样，都称为商人？

——对。

——我觉得,在城邦还有另外一些人,他们用脑力不能为社会服务,但是,他们的身体能承受繁重的体力活,就是说他们能向需要的人出卖自己的体力,为此得到报酬,他们是挣工资的人,是这样吗?

——没错。

——工薪阶层也是城邦的一部分。(77)

——我同意。

——现在,阿迪曼托斯,我们的城邦为了完整是不是又增加了很多人?

——也许。

——那么,在这个城邦里哪里存在正义和不正义?或者,与我们所说的这些同时诞生了正义和不正义?

——说实话,苏格拉底,我看不出来,也许出于公民某种需要。

——你说的可能有道理,我们一定要审视一下。首先,我们看看,我们城邦里的居民是怎样生活的。除了食品、酒类、衣服、鞋子和房子外,还需要什么?夏天他们几乎裸身赤脚工作,冬天要衣鞋齐全。他们的食品来自大麦和小麦的面粉,要把面粉揉成面,烤面包或者烙饼;放在面前的枝条上或者干净的叶子上;他们躺在由紫杉木和桃金娘香叶制成的垫子上,他们和他们的孩子们酒足饭饱,头戴花环,高唱颂神之歌,愉快度日;孩子们继承家产,不用担心受穷或者战争。

——可是,——格劳科斯插嘴,——你只让他们吃面包而没有菜肴。

——真的,我忘了给他们提供菜肴。还要有橄榄果、奶酪、蔓菁、蔬菜,还有其他农产品。我们还要给他们上饭后甜点,无花果、鹰嘴豆、豌豆和栗子,把栗子放火上慢慢烤,一个一个取出来吃。他们这样平安和健康地度过一生,最后年老体衰,无疾而终,把遗产和同样的生活遗留给孩子们。

——苏格拉底,像你说的那样吃喝,你这不是建造了一座猪的城邦吗?

——那应该怎样说,格劳科斯?

——像现在习惯的那样,不要让他们那么费劲,躺在卧榻上,在餐桌上就餐,餐前要有小菜,饭后要有现今我们常用的甜品。

——啊,我明白了,看来我们不是简单地探讨一个城邦是怎样诞生的,还要让城邦里有舒适的生活。这样也许不坏。也许在这样的城邦我们能够看到,正义和不正义是怎样诞生的。无论如何,我认为,一个真正的城邦是我们先前描绘的那样,是健康的。但是,如果你们要求我们研究一个发烧和有病的城邦,没有什么阻止我们。的确,那种生活方式不能让所有的人满意,他们需要卧榻、餐桌和其他家具;需要开胃品、香水和香料,女人和美味佳肴。一切都要丰盛。不仅

需要我们开头说的那些必需品,还要绘画、要黄金、要象牙,这些我们都要得到。我说得对吗?（79）

——对。

——同时,是不是需要建造更大的城邦啊？因为我们所说的第一个、健康的城邦已经不够了,现在我们需要给它扩大规模,充满人群,这些人不是满足城邦第一需要的。有各种猎人,还有各种各样或者用色彩或者用线条或者用声音从事模仿技艺的人,有诗人和他们的随从,史诗朗诵者,演员,舞者,工头,各种各样物件,尤其是女人首饰的制造者。我们还需要更多的佣人,你是否同意,我们还需要家庭教师、保姆、美容师、理发师、厨师和甜点师？这里还需要养猪的人;因为这在我们开头涉及的城邦里是没有的,因为那里根本不需要。但是,现在怎么能没有他们,因为我们还需要很多的家畜,为满足人们吃肉的需要,不是这样吗？

——当然是的。

——我们的饮食和以前大不一样,是不是更需要医生？

——需要。

——这样的话,原来养育居民的土地就不够了,太小了,是不是？

——是的。

——如果为了满足耕作和放牧的需要,就必须到邻居那里去抢夺一块地。我们的邻居也因为要满足不断增长的需要,也会同样行动。

——需要。（79）

——结果,格劳科斯,就要发生战争,或者通过别的手段？

——只有战争。

——我们暂且不说战争的后果是好是坏,我们只谈已经找到了战争起源,战争会给国家和个人带来巨大的灾难。

——是的。

——还有,我的朋友,我们的城邦需要扩大,不是小规模,就需要整个军队。用军队来应战敌人,保卫现有的财富和我们说过的一切。

——为什么？难道已有的人不能够担任保卫工作吗？

——不能,如果你承认,你和我们开始设计的城邦原则是正确的话。我们都承认,你当然记得,一个人不可能从事很多技艺,对吗？

——你说得对。

——那么,你说战争是不是一门技艺？

——当然是了。

——或者,需要让制鞋的花费更多的时间去研究战争技艺?

——不用。

——我们不允许一个鞋匠突然去干农民、纺织工和建筑工的活儿,为的是让每个人把自己的专业干好。同样,我们只让这些人中的个人一生只干一样他有天赋的工作,不要去干其他工作而忽略自己的专业。这样,他就能把自己的工作干得精益求精。准确和完美地掌握战争技艺是不是非常重要? 或者,很容易,一个农民、鞋匠或者任何一个手艺人也都能同时是战士? 就拿掷骰子和下棋游戏来说,如果不是从小开始并且从不间断,是不可能出人头地的。再说了,一个人拿起一个盾牌或者任何一件武器,就能自动灵活使用这些武器,或者掌握任何一种战争技能? 相反,任何一种工具,如果不深入学习它,使用它,全面研究它,仅仅拿在手里是不能马上成为技师并灵活运用它,也是没用的。(80)

——如果能轻而易举掌握,那样的工具可就价值连城了。

——就是说,守护城邦的战士的器具越是重要,就越要求使用的人不要分心干别的,而是专心学习和研究它。

——我也这样认为。

——那是不是需要这方面有天赋的专门人才?

——当然需要。

——这样,我们就应该挑选有天赋的并适合的人担任城邦的保卫者。

——是的。

——真的,我们可背上了重要的任务,但是,不要胆怯,前进,要尽力而为。

——那就前进吧!

——关于守城这一点,你是否发现,一条良种的狗和一个教养好的青年有什么区别?

——你这是什么意思?

——我想说,这个和那个都应该有发现敌人的敏锐嗅觉,要追赶到敌人,就要脚步轻盈和有力。

——这是必要的。

——还要有胆量,能够勇敢地战斗。

——不然怎么行?

——一匹马,一条狗,或者任何一个动物,如果性情不够愤激,能勇敢吗? 或者,你是不是注意到,愤怒不易控制,会使在灵魂里形成无所畏惧和在任何危险面前不退缩的本能?

——是的,我注意到了。

——这些都是一个城邦守卫者必须有的素质。

——是的。

——同样很明显,他的灵魂应该有愤激成分。

——对。

——但是,格劳科斯,我们说的有这种主要性格的人,会不会对他们自己人和其他城邦公民也是粗暴的?

——一般人很难否认这一点。

——就是说,他们应该对自己的同胞温和,对敌人凶狠。若不然,不要等待敌人来,他们自己就会相互毁灭。(81)

——真是这样。

——那我们该怎么办呢? 到哪里去找一种性格,既温和又愤激,这是两种截然不同的,无法调节的? 同时,如果把一个人的性格中去掉这两个特点中的任何一个,他就不能被认为是好的卫士。既然这是完全不可能的,我们就得承认,找不到好的卫士。

——只能得出这样的结论。

我停了一会儿,内心思考我们说过的这些问题。

——朋友,——我说,——我们的谈话被卡到这里是理所当然的,因为我们推翻了我们开始选择的例子。

——这怎么会?

——我们没有考虑到,我们提到的这两种截然不同的性格实际上是能够共存的。

——哪里有?

——有人可能在其他动物中碰到,我们选定的城市卫士中就有。你熟悉狗的种和它的本性。狗对它认识的和习惯相处的人就特别温顺,而对不认识的人则相反。

——这我知道。

——所以,你看,我们寻找这样的卫士就不是没什么不正常的了。(82)

——是的。

——你不觉得我们的卫士还缺点什么吗,除了愤激的性格外,本性应该是哲学家?

——什么意思? 我不明白。

——请你注意狗另一个值得赞扬的本性。

——什么?

——狗见到一个陌生人,尽管没有对它有任何伤害,它也会发怒;相反,对它熟悉的人,尽管没有对它多好,它也会表现欢乐和高兴。你没有觉得这个很值得赞叹吗?

——我真没太注意这个,还真像你说的这样。

——但是,这个非常值得赞叹的本领,证明狗本性上是富有哲学的。

——请问,这怎么理解?

——就是说,狗不知道一个人是朋友还是敌人,只知道一个是熟人,另一个是陌生人。那么,我们为什么不能说它好学,通过认识和不认识,学会分辨出家人和外人的界限?

——只能这样说。

——好学和哲学是不是一样的?

——一样。

——确信这点后,我们来谈人,一个人对家人和熟人是温和的,就应该是哲学家和好学的。(83)

——至少。

——这样,本性上应该是哲学家,愤激、快速和有力的人,才能成为杰出的城邦卫士,对吗?

——毫无疑问。

——这就是我们战士的性格。现在,我们用什么方法来培养和训练他们呢?通过这样的考查,我们就能找到我们寻找的答案:正义和不正义在城邦里是怎样诞生的? 这对我们有所帮助,不拖长讨论,也不能跑题。

格劳科斯的哥哥说:

——我认为,这能帮助我们解决我们讨论的问题。

——我的朋友阿迪曼托斯,这个讨论可能拖得很长,可不能放弃。

——当然。

——那我们就稳稳当当开始,按照简单的对话形式教育我们的人。

——应该这样做。

——怎样培养呢? 我认为很难找到历来有效以外教育的方法,即锻炼身体用体育,陶冶心灵用音乐。

——对。

——我们不从体育而是先从音乐开始？

——为什么这样？

——你说音乐是不是文艺作品的一部分？

——是。

——文艺作品是不是有两种，真实的和虚构的？

——是的。

——我们教育青年是不是从虚构的开始？

——我不明白你说的。

——你不知道吗，我们最早给孩子们讲的是神话故事。这类故事尽管内涵一定的哲理，但都是虚构的。在接触体育前，先给孩子们讲神话故事。

——真这样。（84）

——所以，我说，先教音乐，然后再教体育。

——对。

——你知道，万事开头最重要，尤其对幼小和柔嫩的生物，从小时开始，可以很容易地把他们塑造成你理想的样子。

——绝对正确。

——我们让孩子们听的神话故事，尤其最先听到的那些，会在他们心灵留下深刻的印象，应该是对他们思想和品德有良好的影响，或者不是这样？

——当然是这样的。

——所以，我们必须注意，挑选好的讲神话的人，而排斥其他的。要让保姆、母亲讲述那些我们选好的神话，对孩子们心灵的关怀和对他们的身体关怀是一样的。这说明，我们要抛弃大部分今天的神话故事。

——那些？

——从大到小，因为它们都属于一个类型，都有同样的影响力。

——很好，但是，我不明白你说的大指的是什么？

——是指赫西奥德、荷马和其他诗人讲述的，他们编撰的，现在还在编撰的是讨人们喜欢的虚假神话。

——那些神话？你凭什么指责他们？

——一个没有知识的人，最先值得听的是讲述能忍受的谎言。

——你想说什么？

——比如一个画家要描绘神和英雄，但是画出来后，与要描绘的人物完全不一样。（85）

——你这种指责是对的,但是,这怎么能用到诗人们身上?

——首先,赫西奥德所讲述的乌拉诺斯的所作所为和克洛诺斯对他的报复不是最大的谎言吗?还有,克洛诺斯对他的孩子们的行为和他为此所遭受的一切,就算是真实的,我认为也不应该轻易讲给年轻人听,因为他们还缺乏足够的判断能力。如果一定需要他们听,那就让尽量少的人,偷偷地和悄悄地听,还要在做完祭献以后,祭礼不是猪,而是珍贵的难得的祭品,这样就能让尽量少的人听到。

——是的,——阿迪曼托斯说,——你说的这类是危险的。

——而且,不允许在我们城邦里听,也不允许在年轻人面前讲述什么如果一个人犯了大罪,就是他的父亲,作为报复,也要受酷刑,这不是什么大不了的事,等等,因为最先这样干的是那些伟大的诸神。

——我也认为,真的,给青年人讲这些没有益处。

——更要少讲诸神之间的战争、他们的阴谋诡计和争斗——因为不是真的——如果我们希望我们城邦未来的卫士厌恶人间的纷争和敌视,认为那是最可耻的。最大限度禁止向青年人讲述巨人之战,其他的关于诸神和英雄对他们的亲人和家人的敌对行为。我们的目的是让青年们相信,我们城邦居民之间从来就没有纷争和敌对,我们应该强迫老爷爷和老奶奶们按照这个精神去讲故事,同样,诗人们也应该编撰这样的故事。关于赫拉被儿子捆绑、赫淮斯托斯干预父亲打母亲而被父亲扔下山崖以及其他荷马讲述的诸神之间的争斗故事,不管是不是内涵寓言之意,都是我们城邦根本不允许的。因为孩子还不能分辨,哪些是寓言,哪些不是。在这个年龄阶段,在他们精神里留下的印象,很难不留痕迹地抹去。所以,孩子们最初听的故事非常重要,应该是最适合把他们引导到美德的故事。

——你说的这些都非常在理,——阿迪曼托斯说,——假如有人问我们,什么是这样的故事,我们怎样回答?

——我们不是诗人,阿迪曼托斯,此时此刻,我和你,还有城邦的其他居民们都不是。居民只知道诗人在什么标准上编撰故事,不允许他们远离这些标准。居民本人并不能编撰故事。

——很对。但是,关于诸神,是什么样的标准呢?

——这个标准应该和史诗及悲剧里的相差不太远。

——应该。

——但是,神不全都是善的,难道不应该如实表现吗?(86)

——谁怀疑？

——善良有时也会带来危害吗？

——我看不出来。

——一个不坏的东西能带来危害吗？

——不能。

——会作恶吗？

——永远不会。

——善是有益的吗？

——是的。

——不也是一件好事的缘由吗？

——是的。

——所以，善不是所有事物的缘由，只是好的、而不是坏的事物的缘由。

——当然。

——所以，神既然是善的，就可以像世人说的那样，是所有事物的缘由。但是，在实际生活中，只是少数人的缘由，大多数人相反。因为人们的所行恶多于善。能把行善的缘由归于神，作恶则要在别处寻求缘由，而不是在神这里。（87）

——我觉得你说得更对了。

——我们不要相信荷马和其他诗人，他们张口就诽谤神明，说什么有两个大陶瓮在宙斯的门槛，一个装好运，另一个装厄运。还说什么宙斯有时把两个瓮混合，有时只给一个，有时给左侧的，有时给右侧的，如果只给一个，给右侧的，而没有和第一个混合，结果可怕的饥饿就在大地上疯狂追逐他。也不应该说，宙斯是人间善和恶的分配者。如果有人说，是由于宙斯和雅典娜的唆使，潘德罗斯才违背誓言，破坏了停战，我们不会同意，也不赞同宙斯和忒弥斯①的干预造成诸神之间的纷争的说法。不允许青年人听埃斯库罗斯说什么只要神所欲，（88）就能找到缘由捣毁家室。假如一个诗人吟唱他的诗，叙述尼俄柏②和珀罗普斯③的遭遇，特洛亚战事和其他类似故事，我们不允许说成是神的作为，

---

①　忒弥斯，掌管法律和正义的女神，乌拉诺斯和该亚的女儿。她和宙斯生时序女神。她一手执天平，一手执剑，布蒙双眼，象征公正无私和执法如山。——译注

②　尼俄柏，底比斯国王安菲翁的王后。她夸耀自己有七子七女，嘲笑勒托只生下了太阳神阿波罗和月神阿耳忒弥斯。勒托命阿波罗把尼俄柏孩子全部射死。尼俄柏悲痛万分，昼夜哭泣，宙斯将她变成石像。——译注

③　珀罗普斯，坦塔罗斯之子，他被父亲剁成肉块供神食用。后来宙斯令其复活。他来到厄利斯，在驾车比赛中战胜了国王俄诺玛俄斯，娶公主希波达弥亚为妻，继承了王位。——译注

至少用我们现在找到的理由来解释,说神的作为都是正义和善的,而那些遭遇对受惩罚者是有益处的。

如果愿意,他们可以讲,恶人都是傻瓜,因为他们需要惩罚,受神的惩罚对他们是有益的。但是,我们不允许诗人反复说,受惩罚的人是很悲惨的,他们不幸的部分原因是神。如果有人在我们面前说,尽管神是善的,但是也可能对某人作恶。为了很好地治理城邦,我们就应该尽力反驳。无论何时,无论对长老们还是对年轻人,都不允许他们讲述或者倾听这类故事,无论是诗歌的还是无诗韵的,因为这些说辞对神是不敬的,对我们是有害的,况且他们之间还相互矛盾。

——我赞成立这样的法,我也会在上面签字。

——我们第一个法律规定用这样的标准来叙述和描述神:神不是所有的、而只是好事物的缘由。

——这是必要的。

——你看第二个法律该是什么样的?你相信神是什么魔术师,能按其魔幻随意变成多种模样,变成各种形状,有时会欺骗我们的感觉,觉得他就是那个样子的;或者相反,他们也是单一的,就是自己本来的面目?(89)

——我不能简单地回答你。

——至少有一点是肯定的:一个事物要改变本来的面目,一定是出于某种需要,对吗?

——对,根据需要。

——那些自然形成的非常完美的事物是不会轻易因外部原因改变的,对吗?比如,非常健康和强壮的身体,不会因为食物、酒和劳累而改变。植物也不会因为风、炎热和其他气候原因而变化。

——是的。

——灵魂也一样,越是勇敢和智慧的灵魂,越不易因外因而改变,对吗?

——对。

——同样,人造的,如家具和建筑物,只要是精心制作,使用的都是上好材质,就不会因为年代和其他原因发生巨大变化。

——是这样的。

——一般说来,任何一个东西,无论是自然形成的,无论是人工制作的,还是两者兼有的,外部原因引起的变化非常有限。

——看来如此。

——神,来自神的本性,就是最为完美的。

——怎么不是？

——所以，从这个观点看，神不可能有许多形象。

——真是如此。

——但是，神是否有能力自己改变自己？

——很明显，只有在某种情况下，能够。

——是要变得好一些还是坏一些呢？

——根据需要，坏一些。因为我们说过，神本来是至善和完美的。(90)

——你说的最正确不过了。这样的话，你想想，阿迪曼托斯，神或者人，能随时随地变坏吗？

——不可能。

——所以，神不可能想去改变自己原来的面目，最完美和杰出的神，永远保持自己原来的形象。

——我看只能这样。

——所以，没有哪个诗人胆敢这样对我们说：

> 神变幻外形，乔装受苦受难的外乡人，
>
> 在各城邦游荡。

也不允许那些关于普洛透斯①和忒提斯②变化无常的谎言，更不能允许在悲剧和诗歌中让赫拉以一个女祭司形象出现，为阿耳戈河神伊那科斯③幸福的孩子们收集募捐和施舍或者像我们历数那类胡编乱造。母亲们还应该特别注意，不要轻易相信他们，用类似的故事吓唬孩子，仿佛许多神夜间以各种各样外形游荡，因为这不仅是对神明的亵渎，还会让孩子胆怯怕事。

——应该禁止。

——所以，神不能用人们不希望的变形和变幻，来欺骗我们，蒙骗我们的感

① 普洛透斯，是海神波塞冬管辖下的海神之一，主管深海，被称为"深海老神"，神话传说中说他是波塞冬和忒提斯的儿子。形象变幻无常，有预见未来的本领。传说他居住在大海深处，只有中午才浮出海面，在岩石阴影下午睡。如果有人能见到他，他就会告诉这个人的未来。——译注

② 忒提斯，原为海洋仙女，是赫拉的女友。赫拉让她嫁给凡人珀琉斯。在珀琉斯追求她的过程中，她曾变幻成火、水、狮子、海蛇、龙和树，珀琉斯听从人头马的忠告，抱住变了形的忒提斯不放，终于成功，娶她为妻。婚后她生下大英雄阿喀琉斯。——译注

③ 伊那科斯，俄刻阿诺斯和忒提斯之子，传说来到阿尔戈，创建了阿尔戈王国，统治了60年。他在那里极力推广对赫拉的崇拜。——译注

觉,让我们认为神明会以各种形象出现在我们面前。对吗?

——也许。

——那怎么办? 一个神假如想欺骗,或者用言语,或者用行动,不以自己的面目,装成鬼怎么办?

——我不知道。

——你不知道,真实的谎言——如果允许这种自相矛盾——是神和人都厌恶的吗?

——你这是什么意思? (91)

——我的意思是,没有人故意在自己彬彬有礼的成分中允许掺杂虚假,在语言叙述事物重要性方面也怕掺假。

——是的。

——无论真实的谎言还是纯粹的谎言,都受到神和人的厌恶。

——这我相信。

——现在,我们讨论一下,谎言何时和对谁是有用的和不被仇恨和厌恶的?是不是对敌人或者对那些精神失常可能做坏事的朋友是有用的和有预防作用的? 或者,在我们讲过的神话故事中,由于对古代发生的事件找不到原因,只好用谎言来解释真相?

——实际是这样的。

——我还是没明白。

——因为你以为这是什么神秘的发现。其实,简单地说,涉及存在的本质,虚假进入灵魂,构成欺骗和愚昧,没有人能接受,众人会藐视。

——很对。

——这就是我此前说的真实的谎言,这种说法是正确的,是灵魂里对虚假事物的无知。我们平常所说的谎言,是灵魂外部的感觉,而不是后来生成的纯粹谎言,不是这样吗?

——对神也同样适用吗? 由于对古老的事物找不到明确的解释缘由,神也会使用谎言?

——这是很可笑的。

——就是说,神不是善于虚构的诗人。(92)

——我看不是。

——也许由于他的朋友们的疯狂或者精神失常迫使神求助谎言? 但是,神不会有疯子和精神失常的朋友,神没有任何理由使用谎言。

　　——没有理由。

　　——所以,神无论在言论上还是在行动上,永远是单一的和真实的,不会变幻自己的形象,给睡梦者和醒着的人捎去口信和暗示。

　　——我也同意你的说法。

　　——所以,我们可以赞扬荷马很多方面,但是,不能赞同他说神给阿伽门农托梦,也不赞同埃斯库罗斯在他的诗里说忒提斯倾诉阿波罗在她婚礼上唱赞歌那一段:

　　　　多子的母亲幸福

　　　　未来的岁月无病

　　　　诸神爱我,他说

　　　　恩赐给我金子一样的生命

　　　　他说尽了赞美之词

　　　　让欢乐和希望充满我的心灵

　　　　我从来不相信

　　　　神的嘴里也会吐出谎言

　　　　而正是唱赞歌的他

　　　　坐在婚宴餐桌的他

　　　　亲口许下诺言的他

　　　　杀死我儿子的就是他……

如果听到有人这样来说神,我们要转过身而去,不付给他唱诗酬金。假如我们希望城邦有一天能有敬神和像神一样的战士,——或者至少是坚强有力的人,——就不允许教师用这类诗歌教育青年。

　　——我赞成你说的这些,也要制定这样的法律。

卷三(93)

——这就是我认为童年时代哪些该听,哪些不该听的关于神的故事,因为我们希望孩子们长大成人后敬畏神明,孝敬父母,把他们之间的相互友爱与和谐相处看做最大的善。

——我觉得,在这方面我们都是同意的。

——现在,如果我们想使他们成为大无畏的男子汉,是不是该给他们讲述那些使他们不惧怕死亡的故事? 或者,你认为,即使他们内心总怀着对死亡的恐惧,也能成为大无畏的男子汉?

——不,说实话,难以想象。

——怎么样? 如果一个人相信,的确有地狱那个充满恐怖的可怕地方,你认为他能够在战争中宁死不屈,绝不肯战败后被俘而沦为奴隶吗?

——完全不可能。

——这样看来,我们的任务是,要关注我们这个话题,劝说诗人们不要习惯性地诋毁地狱,相反,应该赞扬地下王国。因为那些诋毁之词一方面不真实,另一方面对我们未来的战士成长不利。

——正是这样。

——那就让我们把下面这样的诗句删掉:

我宁愿在人间为穷人家奴,
也不在冥府当亡灵的国王。

还有:

无论凡人还是不朽的神明

他们眼中的冥府阴森狰狞

还有：（94）

啊啊，我们多么悲惨不幸
尽管冥府里有鬼魂和幽灵
却不见智慧和鲜活的生命

还有：

只有他独自还在那里站定
余者皆转身离开飘忽无影

还有：

他灵魂飞离躯体奔向冥府
哀号失去青春勇敢和生命

还有：

灵魂惨叫如烟钻进地下

最后：

宛如岩洞深处蝙蝠群飞叫
一只离队落地整队受惊扰
灵魂也啾啾结伴飞往冥府

我们请求荷马和其他的诗人不要因为我们把这些诗句删掉而恼怒，因为很多人听了没有诗韵感，还很不愉快；况且，越是诗韵好的，越不应该让孩子们和成年人听，因为他们将自由地生活，他们不怕死亡，只怕当奴隶。
——你说得太对了。

——还要把在这些作品里出现的可怕和令人恐惧的词汇去掉,比如"**可憎的哀河**"、"**十八层地狱**"等这类从一个模子里抠出来令人听了毛骨悚然的东西。这些东西可能在别的什么地方有用,但是,我们担心我们的卫士们会因此变得敏感和软弱。

——这种担心是有道理的。

——所以,应该删掉它们?

——对!

——那就应该在故事和诗歌中使用相反的词语。(95)

——显而易见。

——还要删掉他们放在杰出男子汉口里的哭丧哀辞和哀号。

——如上所说,删掉。

——但是,我们先检查一下,删掉这些是不是正确。我们说,一个有智慧的人,不会把另一个有智慧朋友的病故看做灾难。

——对。

——他也不会坐在那里哭丧,仿佛出了什么可怕的大事。

——当然不会。

——我们还说,一个有智慧的人,主要靠自己,很少需要依赖外界,就能获得幸福。

——对。

——这样,对他来说,丧失儿子,丧失兄弟,丢掉金钱或者失掉其他什么,就构不成什么可怕的大事。

——真是这样。

——所以,如果这类不幸降临到他头上,他也能以最大的理智来忍受。

——很对。

——那我们删掉杰出男人的哭丧是正确的,这种事让女人们,还不是杰出的女人们,还有本性卑微的男人们去做。而我们城邦的卫士不能这样做。我们还请求荷马和其他诗人不要这样描写女神的儿子阿喀琉斯:

> 时而仰卧,时而俯伏,最后站起,
> 来到海边,往返徘徊,心神错乱。

也不应该描写成这个样子:**他双手从火堆里抓起灰,撒到头上,又哭又嚎。**

也不应该把一个几乎和神一样的人普里阿摩斯写成滚爬在污泥里请求：

　　　并称呼他们每个人的名字

我们还要请求他们不能这样描写诸神的哭丧和言语：(96)

　　　啊，我多么命苦，
　　　我不幸生下了杰出的英雄。

甚至他们大胆地把最大的天神描写得更不像话，让他说：

　　　我多么不幸！
　　　亲眼目睹我宠爱的人
　　　被绕城追赶，
　　　我内心在痛哭！

还有：

　　　啊，命中注定
　　　我最亲爱的萨尔佩冬
　　　死在帕特洛克罗斯手中。

　　因为，亲爱的阿迪曼托斯，我们青年听了，会信以为真，不认为这样说是可笑的，结果不会认为这样做有什么不妥，因为他们说到底也是人。假如青年人在同样情况有同样的作为，也不会觉得有损形象。这样，一旦小的不幸遭遇偶尔落在他们身上，就会悲伤号哭和哀叫。
　　——你说得真对。
　　——我们的讨论证明，这是不应该发生的。或者还有更好的理由。
　　——毫无疑问。
　　——请注意，神不能纵情大笑。因为一个人放任自己狂笑，就会使心灵产生变异。
　　——我也有同感。

——所以,我们不允许把杰出的人写成供人取笑,更何况神了。

——当然。

——所以,当荷马说道:

> 看赫准斯托斯一瘸一拐奔忙
> 不朽的诸神忍不住捧腹大笑

——按你的说法,这是不能接受的。(97)

——你说这是我的说法……我们的确是不能接受的。我们还应该尊重真理,因为我们已经正确地说过,谎言对于神是没有用的,只有当人把它作为一剂药方时才有用,而且还仅限于医生,其他人不可用。

——对。

——我们只给城邦的统治者以独有的特权,为了城邦的利益,可以对城邦的敌人使用谎言。而对其他人则严禁。一个普通公民对城邦统治者说谎,就像一个病人欺骗医生,一个受训者为了逃避训练谎称身体有病和一个水手向船长隐瞒船和船员所处真实情况一样,是最大的罪恶。

——对。

——假如统治者抓住一个说谎的人不管他从事什么职业:

> 无论是预言家或者医生或者木匠艺人,

都要最严厉惩罚他,因为他向城邦引进了最坏的东西,假如城邦是船,这会使船翻转沉没。

——言语至少会影响行动。

——是不是有必要要求我们的青年要有自制?

——怎么没必要?

——自制的要求是,至少要服从统治者,不贪吃贪喝,要抑制自己的情绪?

——我看是这样的。

——我们赞成荷马让狄俄墨得斯这样说:

> 我的朋友,安静坐下,听我对你说

60

下面还有：

> 尊重长官,无声无语(98)

还有其他类似的。

——这些我们赞成。

——但是,同样,看看下面的话：

> 你这个醉鬼,你有鹿心和狗眼

这是在散文和诗歌里出现的普通公民对他们的统治者的话语,好吗?

——当然不好。

——我认为,这些不会启发青年自制,引起其他的怪异行为也就毫不奇怪了。你看呢?

——如你所说。

——你看,描写一个非常有智慧的人,说他最大的欢喜莫过于坐在丰盛的餐桌前

> 手执酒杯,美味佳肴,
> 侍者环绕,斟酒欢笑。

你认为这样的描述有利于我们培养青年自制吗?　还有

> 最悲惨的死是饥饿而亡

还有关于对宙斯的描写,说他由于极度无法自制,忘记了他清醒时作出的决定,当神和人沉睡时,他对赫拉失态的表现,他们甚至连房间都没进,就在地上满足他的欲望,还说,他对她的渴望从来没有这样强烈过,甚至胜过他们第一次**背着父母**发生关系那次。或者阿里斯和阿佛洛狄忒被赫准斯托斯用网捉奸情节的讲述及其他类似的故事。

——真的,这对培养青年不利。

——但是,那些在作品中呈现男子汉们行为勇敢、灵魂坚强的典范,我们是

61

赞赏的,是要倾听的,例如:

> 他捶打胸膛,对自己的心说,
>
> 忍耐,我可怜的心,
>
> 你见过更大的灾难。

——当然。

——还不允许我们的战士贪财和受贿。

——绝不能允许。

——更不应该向他们朗诵这样的诗句:

> 礼品能说服神,
>
> 礼品能买通国王们。

不能赞成阿喀琉斯的导师菲尼克斯对他的忠告,说如果得不到礼物就不要帮助阿凯亚人,就不要平息愤怒。也不允许让阿喀琉斯本人行不正义,说他是那样爱财,必须从阿伽门农那里获得礼物,必须用钱来赎买尸体。

——这当然是不能赞扬的。

——我很为荷马关于阿喀琉斯和对阿波罗的对话感到羞愧,因为那是在亵渎神灵,他对阿波罗说:

> 诸神中唯你最低能,
>
> 远射之神,
>
> 假如允许,
>
> 我就和你决一雌雄。

还有,在那里,他藐视并准备羞辱克桑托斯河神,就像对斯珀尔科斯河神做过的那样,说:

> 我将自己的一撮卷发
>
> 献给英雄帕特洛克罗斯

帕特洛克罗斯已经战死。我们不相信他会这样做,他也不会拖着赫克托尔的尸体围着朋友的墓转,更不会在朋友火葬时杀掉特洛伊战俘。我们坚持说,这些都是不真实的,也不允许我们的人相信,阿喀琉斯,女神和珀利阿斯的儿子,最有自制力的人,宙斯的孙子,最有智慧的赫戎的学生,是那样一个失衡的人,在他的心灵里竟有两种截然不同的情感,一方面卑微,贪财,另一方面又高傲,根本不把神和人放在眼里。(100)

——你说得对。

——我们也不要相信他们所说的,波塞冬的儿子忒修斯和宙斯的儿子佩里索斯去拐骗,也不要相信他们说的神的儿子或者英雄有残忍和亵渎神灵的行为,那些都不真实,只能诋毁神明。相反,我们要强迫诗人们删掉这些,不能说他们是神的后裔。也不要试图让我们的青年相信两点:神会生这样的孩子;英雄一点也不比常人好。原因很简单,就是前面说的,这是不真实的。我们已经证明,神不可能是恶的来源。

——对。

——请注意另一点,听这些非常有害,因为每个作恶的人都会为自己辩解,因为他们相信,这样干的还有那些:

> 神播下的种
> 宙斯的近亲
> 他们的身上
> 流淌神的血

由于上述原因,我们要废除这些神话故事,防止它们使我们的青年产生邪恶的想法。

——赞同。

——既然我们已经确定,哪些神话允许存在,哪些应该淘汰,还漏掉了什么没有谈到吗? 应该怎样来说诸神、神灵、英雄和冥府,我们已经确定了。我们现在是不是该说人了?

——我觉得应该。(101)

——但是,朋友,现在谈人根本不可能。

——为什么?

——因为我们说过,诗人和故事撰写者在这方面树立了非常坏的典范。他们说,有许多不正义之人非常幸福,而正义之人则非常不幸。当邪恶被掩盖时能带来益处,而正义只能对他人好,而对行正义者本人毫无益处。我们要禁止他们传播这些,不允许他们吟唱和传播这类神话故事,因为不真实,是虚假的。不是这样吗?

——是的。

——既然你同意,我可以得出结论,从我们谈话开始,我所说的都是对的。

——你这个结论正确。

——那我们暂且不谈人的关系,先要弄清什么是正义的本质,行正义之人在本质上是受益的,而不是相反。

——你说得对。

——关于故事的话题就到此为止。下面应该讨论表现形式,要深入一步,就是要说什么和怎样说。

——现在,我可不明白你想说什么了? ——阿迪曼托斯说。

——你应该明白。也许你这样理解更好一些:所有的诗人和讲故事的人所表现的都是过去、现在或者未来发生的事,对吗?

——除此之外还能有什么呢?

——他们为了达到表现的目的,采用的方法无非是简单地叙述、模仿或两者兼用?

——我请你把这个说得更清楚些。(102)

——看来,我是个蹩脚的教师,不能很好地传达想说的内容,这正如那些不善于表白的人一样。我把要说的拿出一部分来,努力向你解释清楚我想说什么。请问,你熟悉《伊利亚特》开始的那几行诗句吗? 诗人讲,赫律赛斯请求阿伽门农把女儿还给他,为此他要付出赎金。阿伽门农大怒,回绝了他。于是这位祭司为报复这一拒绝,请求阿波罗把愤怒发泄到阿凯奥斯人身上?

——我当然记得。

——你记得下面的诗句:

向全体阿凯奥斯人,特别向阿特柔斯的两个儿子,
士兵的统帅,

这里明明是诗人本人在讲述,不要求我们想到别处,不要产生错觉,仿佛是另一个人,而不是诗人本人在讲。但是,接下去却自相矛盾,让我们相信,不是荷马,

是赫律赛斯,这位阿波罗的老祭司在请求。几乎在他全部诗中,无论是特洛伊,无论是伊塔刻,还是奥德赛的全部遭遇,都有这种情况。

——真的。

——叙述是故事中的对话和对话当中的间歇,是不是?

——怎么不是?

——假如诗人把自己隐蔽起来,他的整个诗和叙述就没有模仿。为了不让你说我讲的不清楚,我再给你好好解释解释。既然荷马讲述,赫律赛斯为了赎回自己的女儿,恳求阿凯奥斯人,特别恳求两个国王,那么接下去说话的就应该是赫律赛斯本人,而不是荷马,不然这就不是诗,而只是简单地叙述。现在,由我不用格律,我不是诗人,来进行下面的叙述:(103)

"祭司来到这里,请求神明保佑阿凯奥斯人拿下特洛伊,平安返回自己的家乡,得到赎金后,释放他的女儿,以表敬神。战士们听到后,都表示同意,只有阿伽门农发火了,命令他马上离开,胆敢再来,就摘掉他头上神的花环并取消祭司权杖。还对祭司说,不会释放他的女儿,她要在阿尔戈陪伴他到老。然后命令他离开,不要再来惹他生气,不然他就不能平安回到家乡。老人听了以后,非常害怕,就一声不响地离开。他远离后,开始祈求阿波罗,呼唤神的所有名号,提醒神说,他曾为了感谢神,给他祭献和特别的祭礼,为他修庙宇。为了这些,他请求阿波罗,为了他流下的泪水,用神箭惩罚阿凯奥斯人……"

我的朋友,这就叫简单地叙述,而不是诗。

——我明白。

——你明白就好,如果相反,诗人根本不出现,去掉诗人的叙述,只保留人物之间的对话,那就是另一种文体了。(105)

——这我也明白,就像悲剧一样。

——完全正确。我觉得已经让你理解了开始我没有说清楚的问题,就是说,诗和神话故事表现形式一种是纯粹的模仿,如你所说的,或者是悲剧,或者是喜剧;另一种是诗人的简单叙述,这你可以在酒神颂一类抒情诗看到;还有第三种,就是把前两种表现方式糅合在一起,这体现在史诗和许多诗中。你明白我的意思吗?

——现在我明白你原来想说什么了。

——你是不是记得我们说过,在我们弄清楚该表现什么后,剩下的就要讨论怎样表现的问题了。

——记得。

——我的意思是,我们应该讨论一下,我们是否要给诗人权利,他们可以用模仿式的叙述,或者简单地叙述,或者两者混合起来,是否要完全禁止纯粹的模仿。

——我猜想到了你的目的,你想让我们考虑,我们的城邦是接受还是禁止悲剧和喜剧。

——也许,也许还要多。但是我现在还什么都不明确,就让我们的谈话随风飘荡,吹到那里我们就讨论到哪里。

——有道理。

——请注意这点,阿迪曼托斯,青年人成为模仿者对我们是否有益? 或者,如前所述,一个人最好只从事一种职业,因为专一而精,多抓则松?

——当然专一好。

——这也适用于模仿。一个人自己能不能很好地模仿许多东西?

——当然不能。

——一个从事某种重要职业的人,不能同时模仿许多东西,而同时又是模仿者;人不能同时从事两种模仿,尽管这两种模仿相像,比如悲剧和喜剧。这不都是模仿吗?

——是。你说的这点很对。

——我觉得,阿迪曼托斯,一个人生来的专业天赋是有限的,不可能同时模仿许多东西,在现实中也不可能同时去做那些被模仿的事情。

——完全正确。

——这样,我们就回到了原来的话题,我们的卫士,不从事任何职业,只专门承担保卫城邦的自由,不管任何与此无关的事,也不允许他们去从事或者模仿其他的任何职业。如果要模仿,也只能在童年时代模仿与他们未来培养目标有关的,如勇敢,克制,敬神,心胸开阔和类似的美德。其他任何卑微的,可耻的,不仅不能做,连模仿都不允许。你注意到没有,如果从年轻时就持续做某种模仿,结果无论在身体、声音和思维上,就会把这种模仿变成他的第二本性了?

——真对。

——所以,不允许我们要培养的男子汉去模仿女人,年轻的或者年老的妇人,这样的女人和丈夫大吵大闹,或者胆敢和神较量幸福或者说大话,或者把丧事、绝望和灾难归罪于神。更不要模仿一个病妇或者一个热恋中的姑娘或者一个腹痛待产的女人。(106)

——当然不能。

——也不能模仿劳作的女奴和男奴。

——不能。

——也不能模仿与我们培养的目标相反的卑微和愚蠢的人,那些骂街,尔虞我诈,或者醉汉,或者饿鬼,或者其他丑恶的语言粗俗,行为不检的人;他们也不能模仿精神不正常人的语言和行为;当然他们有必要了解那些卑鄙龌龊和精神失常的男人或者女人,但是他们不能模仿这类人。

——完全正确。

——还有什么呢? 我们允许他们模仿铁匠,其他手艺人,或者船上的划桨手或者船上划桨发令员,或者类似的人吗?

——为什么允许? 他们连关注这类职务的权利都没有。

——那么,可以模仿马嘶鸣,牛吼叫,江河咆哮,海洋呼啸,天空炸雷等声响吗?

——不可以,因为禁止他们疯狂和模仿疯子。

——假如我正确理解你的想法,有一种说话和叙述的方式,是杰出的人在表达时使用的。另一种方式是那些本性卑微、教养很差的人使用的。

——这是两种什么方式?（107）

——一种是善良的人叙述一个同样善良人的言行,他努力去模仿他的声容笑貌,甚至想象自己就是那个人,并不为这种模仿感到耻辱。当需要模仿一个善良的人时,叙述者会按习惯性的动作和理解积极主动,而不是那些受疾病和爱情困扰的人,或者醉酒的人及其他类似情况。当需要他模仿一个远不如他的人物时,他就不会贬低自己、惟妙惟肖地模仿,只是应付一下而已。但是他也会感到羞辱,一方面,他没有受过模仿这类人的训练,另一方面,如果不是为了教育,而只是为了藐视,他去扮演和表现这样的人物会感到是作恶。

——这很自然。

——这样,叙述就要用我们举荷马例子已经说过的方式,即简单地叙述,或者模仿式叙述,或者模仿在整个叙述中占很少一部分。你说是吗?

——怎么不是? 应该按这种方式说故事。

——可是,有的说故事的人不是这样,品格越低下,就越要模仿一切,感觉没有什么他不会的。结果他就能公开模仿一切,如前所述,雷鸣风吼,迅速奔驰的车轮声,号角、笛子、哨子等各种乐器,甚至犬吠羊咩鸟鸣;结果在他讲故事的整个过程中,充满各种模仿出的声响和形体动作,只有一少部分是叙述。（108）

——真这样。

——这就是我说的两种叙述方式。

——很好。

——第一种方式不需要很多的变化，只要找到合适的声调和节奏，这个协调的声调和节奏基本上就足够了。

——你说得对。

——另一种方式呢？是不是需要很多声调和很多节奏，因为他有这种变化的天赋？

——对。

——可是，诗人，讲故事的人，往往不单纯使用第一种或者第二种方式，或者第三种，即前两种的混合？

——根据需要。

——那，我们怎么办？我们的城邦是接受不混杂的还是混杂的表现方式？

——假如我投票有效的话，我赞成善良的人模仿好人的那种。

——但是，阿迪曼托斯，混杂的形式受欢迎，尤其孩子们、教师们和一般百姓更喜欢，和你挑选的方式相反。

——是这样。

——也许你会说，这和我们的体制不符合，因为在我们这里找不到从事两种或者或多种职业的人，每个人只干自己的事。

——与实际不符。

——所以，在我们城邦，鞋匠就是鞋匠，不可能同时是船长，农民就是农民，不可能同时是法官，战士就是战士，不可能同时是企业家，对吗？

——对。（109）

——假如有这样的人，他有模仿百般的艺术才能和千种变幻的本领，来到我们城邦展示他的智慧和作品，我们当然会把他当做圣人和奇人来朝拜，同时我们要说，我们城邦没有他的位置，不允许他逗留在我们城邦里。我们会在他头上涂抹橄榄香膏，戴上花环和飘带，把他送到其他城邦去。对我们来说，只要有一些比较严肃的，尽管不是特别讨人喜欢的诗人和故事编撰者就够了，他们对我们更为有益，因为他们用正常的方式模仿好人，严格遵守我们城邦关于培养战士的法律。

——如果我们能够掌控，我们就这样做。

——到现在，我的好朋友，我认为，我们已经深入探讨了关于音乐教育的语言和神话部分，即我们该表述什么和怎样表述的问题。

——我也这样认为。

——现在,就该谈论音乐部分的歌唱方法和曲调问题了吧?

——好像是。

——现在不能随便找任何一个人来谈,因为我们已经说过许多,现在要谈的必须和前面的说法一致。

说到这里,格劳科斯笑了,说:

——苏格拉底,我恐怕要在这些谈话人之外了,因为在这些话题上,我没有发言权,不知说什么,我的感觉是模糊不清的。

——但是,你一定知道第一点:歌曲取决于三个要素,歌词、旋律和节奏。

——这当然。

——关于歌词,和我们前面说过的叙述内容和方式有区别吗?（110）

——没有。

——旋律和节奏就该和歌词相符。

——只能这样。

——我们在谈论叙述诗时说过,不需要丧调和悲调。

——是的。

——请你告诉我,什么是悲调? 因为你懂音乐。

——吕底亚调,和声的和高音的。还有一些类似的。

——这些应该排除在外,因为对严肃的女人是没用的,更不要说对男子汉了。还有那些醉昏昏、懒洋洋、一蹶不振的曲调对我们的战士都是不适用的。

——毫无疑问。

——什么曲调是懒洋洋的和适用于酒宴上的?

——伊奥尼亚调和吕底亚调,这些也称作轻歌曼舞型曲调。

——这些,我的朋友,对战斗的人们有时可用吗?

——当然永远不能用。这样,我们恐怕就剩下多利亚调和佛里其亚调了。

——我不懂曲调,但是我认为,我们需要的曲调能够模仿和表现一个勇敢的人,如在战斗双方的冲突中,无论在参加任何一项危险的行动时,遭遇失败,受伤,甚至死亡时,或者各类灾难,都能挺起胸膛,勇敢面对命运的打击。第二种情况,是人的和平而非被迫的自愿行为,当需要祈求,或者怀着愿望求神,或者向他人征求忠告和意见时,既不卑微,也不骄傲,善待他人,永远感恩,不管结果如何。我们需要这样的曲调和旋律,能表现和模仿勇敢的人和有克制力的人在强迫和自愿时,在成功和失败时的行为。（111）

——这正是我说的那种曲调,还需要别的吗?

——不需要演奏旋律和节奏的弦乐和管乐。

——看来不需要。

——我们的城邦就没有必要养活三角形乐器、排箫和所有多弦和声管乐器制造者。

——看来是这样。

——那我们的城邦是不是要接受笛子演奏者和笛子制造者?或者,不是笛子,而是多弦乐器更善于模仿,而笛子就单调一些?没有别的了。

——你漏掉了城里需要的七弦琴和吉他,乡村需要的牧笛。

——我们的讨论至少需要。

——这不是什么新玩意儿,我们选择阿波罗和玛息阿①用的乐器,一个是吉他,一个是笛子。

——真的,这很像。

——哎呀,我的天哪,我们无意中净化了城邦,我们说过城邦里食物充足,到处奢华。

——我们做得不错。(112)

——那就让我们继续净化吧!现在轮到节奏了。关于旋律,我们已经看法一致,就没有必要再去讨论它的多样性和复杂性,而是要设法寻求什么是我们有秩序和勇敢地生活的节奏,找到以后就要让节奏适合于歌词,而不是让歌词适合节奏。这应该是什么样的节奏呢,我等待你来回答,就像你回答曲调一样。

——说真的,我不能回答你。我只知道节奏有三种,就像曲调和声有四种一样。但是,哪种节奏适合这种或那种生活方式,我无法说明白。

——在这点上,我们可以求助于戴蒙,看看哪种节奏适合于那些卑下的、粗鄙的、无耻的、疯狂的等性格不好的人,什么样的节奏适合于相反的人群。我觉得我听他讲过,但是不很明确。他讲了复合节奏,长短格节奏和英雄节奏,但是,我没有弄明白这些节奏怎样用在长短音节上。还有一种,短长格,我觉得好像是

---

① 玛息阿,自然界的神,喜欢吹笛子。他不自量力,要和太阳和音乐之神阿波罗比赛。他吹笛子,阿波罗弹七弦琴。请那个曾获得点石成金法术的弥达斯给当裁判。比赛结果弥达斯判玛息阿获胜。阿波罗一怒之下,把玛息阿活剥了皮,为惩罚弥达斯不懂音乐装懂,让他头上长出两个驴耳朵。这是一段传播很广的神话。阿波罗用的乐器是七弦琴(λυρ ά-lyre, fiddle),玛息阿用的乐器是笛子(αυλός),在这里,把阿波罗用的乐器写成吉他(κιθ άρα-guitra, cithara)。另外,过去的传统译法,一直把阿波罗使用的乐器译为竖琴(άρπα-harp)。——译注

一长一短更轻快的节奏用在长短音上。这些我也说不清楚,还是请教戴蒙吧,因为要弄明白太费时间了。你意下如何?

——只能如此。

——有一点你至少是了解的,即优美的节奏表现美好的,不优美的节奏表现相反的。

——怎么能不是这样?

——同时,美好的节奏和美好的曲调一般伴随美好的歌词,相反亦然,因为我们说过了歌词和曲调的关系。(113)

——没错,应该相随。

——但是,美好的曲调和美好的歌词,是不是和心灵的精神一致?

——怎么会不一致?

——一切服从歌词?

——是的。

——所以,歌词的美好、和谐、欢乐和好节奏伴随善良和朴实。我用这个词不是说那些头脑简单的老好人,而是指那些心灵美好、道德高尚的人。

——真的。

——如果我们的年轻人要达到自己的目标,不应该到处和永远遵循这些吗?

——毫无疑问。

——这也是其他艺术,如绘画、纺织、刺绣、建筑等人类艺术的共同特点,甚至自然界的动物和植物也如此。因为全都存在着美与丑。丑、不和谐与歌词和道德紧密相连。相反亦然。

——你说的完全正确。

——那么,只有我们监督诗人,强迫他们在诗歌中奉献有道德的画面,否则就要禁止他们出现在我们面前吗? 或者同样对其他艺术进行这样的监督,禁止他们在绘画中、建筑物上或者任何一种他们制造的作品上留下丑恶、卑下、拙劣和不相称的作品? 如不然,就不允许他们在我们城邦进行艺术创作,理由是怕我们的战士看到这样的作品,受到感染,如同羊吃了有毒的草一样,最后不知不觉中在他们灵魂里留下不好的欲望? 或者我们要寻找那些有能力发掘美好本质的艺术家,让我们的青年能在健康的地方居住,受益于眼见耳闻的美好作品,在童年时代就不知不觉地爱上美?(114)

——这的确是好的教育。

——这还不是音乐教育最重要的理由,我们的朋友格劳科斯,因为节奏和曲调能深入灵魂最深处,对灵魂产生最强大的影响,如果深入的是美,就能使灵魂美,相反亦然,难道不是这样吗?还有,通过音乐家教育使受教育者能够敏锐感觉到人工创作、艺术或者自然中的缺陷和不足,就自然会有不愉快的印象,对吗?相反,如果是美好的,就会受到鼓舞,就会完善他们的道德,会蔑视和反对丑恶。青年还不足以诠释他们的感受,等他们长大成人,理性出现,就会逐渐认识似曾相识的感觉,这不就是音乐教育的结果吗?(115)

——所有这些的确是应该在青年时就进行音乐教育的理由。

——这正如我们学习认字一样。初学时,我们不放过任何一个字母,寻找它们在每一个单词中的组合,不论是大的还是小的,不会蔑视任何一个,相反会尽一切努力去认识每一个,不这样我们不能成为识字的人。

——是的。

——所以,如果我们不认识字本身,如果突然在水面或在镜子里看到它们,我们就不能认识水面和镜子里的影像,因为都是同一艺术和研究的客体,对吗?

——当然。

——同样,看在诸位神明的分上,我不能说,假如我们不首先深刻了解勇敢和节制、自由和大度的思想及所有相关的美德,还包括相反的丑恶,不管它们出现在何处,无论小还是大,不忽略一切,承认不管它们是以何种形式出现,都是这种研究和艺术的客体,我们和我们要教育的战士,能成为好的有音乐教养的人吗?

——当然不能。

——当出现这种情况:一个人心灵有美的道德,同时身体外表也同样美好,对于一个能够欣赏美的人,这是不是最美好的景观?

——当然是了。

——同时,美好的也一定是值得爱的。(116)

——怎么不是?

——这样的人音乐家是不能不爱的,而不是那种心灵和外表不协调的人。

——如果缺陷在心灵里,当然不会被爱。但是如果仅仅存在身体外表上,当然可以被爱。

——啊,我明白了。看来你将有,或者曾有过这样的一位朋友,我就不坚持了。请你告诉点我别的:在节制和过度享乐之间有某种关系吗?

——这会有什么关系,没有比过度享乐更能让人发疯的了。

——与另外一种品德相比呢?

——没有。

——怎么会？与堕落和放纵相比呢？

——和这些可以相比。

——你知道还有比身体做爱带来更大和更强烈的享乐吗？

——我不知道，没有比这更疯狂的了。

——真正的爱是不是一个人理智地和优雅地爱另一个美的和有礼貌的人？

——当然。

——所以，任何的疯狂和任何的放纵都不应该和真正的爱混为一谈。

——不应该。

——这种享乐完全不能被接受，同时，真正相爱的人之间，应该彻底排除那种关系。

——对，苏格拉底，应该排除。

——这样看来，你要在我们居住的城邦里立法，规定可以爱，一个恋人可以和所爱的人在一起，他们之间的关系要像正常的父子关系一样；不能有其他的行为举止，以免引起有过分关系的怀疑。不然的话，就会因缺乏教养和庸俗受到鄙视。

——对。

——你看，关于音乐教育这一章，你还有什么补充吗？我觉得我在该结束的地方结束了。关于音乐的话题应该伴随对美的爱而结束。（117）

——我同意。

——说完音乐，现在轮到对我们青年的体育训练了。

——是的。

——这当然要从童年时代开始，不间断地、严肃地进行。我要谈谈自己对这个问题的意见，请你注意。我认为，不是健康和美好的体魄塑造美好的心灵，相反，美好的心灵能锻炼美好的身体。你认为如何？

——我也这样认为。

——这样，如果我们尽一切努力塑造美好的心灵，让它来关照身体，我们只局限在标准上，以免语言累赘，这样做对吗？

——很对。

——我们以前说过，要他们远离醉酒。卫士醉酒是绝对不能原谅的，因为醉酒的卫士不知所在地。

——如果一个卫士还要有人保护，那是太荒唐了。

——现在，饮食呢？我们的卫士是不是参加最大角斗的运动员？

——当然是。

——一般运动员的饮食适用于他们吗？

——很可能。

——是的。但是，那是引起睡眠的饮食，不能保证足够的健康。或者，你是否注意到运动员生活中的睡眠，如果他们稍微偏离规定的饮食，就可能患上大的和严重的疾病吗？

——我注意到了。

——这样，我们的战士和运动员需要另外的、更加全面的饮食，他们需要像猎犬一样觉醒，有敏锐的听觉和视觉，不怕经常变换饮食和水，能够忍受气温的变化，这些都不能影响他们的身体健康。（118）

——我也这样认为。

——最好的体育训练是不是和我们先前所说的音乐教育的姊妹？

——怎么不是？

——这样，要对我们的战士进行最简单和最适合的饮食训练。

——怎样做？

——这方面我们可以向荷马学习。你知道，在英雄们远征时，从来不给他们吃鱼，尽管有时他们住在离海很近的希腊港湾。也不给他们吃烹饪好的肉食，只给烤肉，这对战士来说最容易准备。因为随处都可以在火上烤肉，不需要携带很多炊具。

——完全正确。

——我觉得，荷马从来没有提到过调味品。或者因为其他运动员都知道，如果他们要有健壮的体魄，应该远离这个？

——他们知道，远离调味品。

——如果你认为这是正确的饮食，你就不会赞同叙拉古人和西西里人丰盛的餐桌。

——我一点也不赞同。

——你也不会赞同，一个要保障身体健康的人要有一个来自科林斯的女人在身旁陪伴？

——不赞同。

——也不要阿提卡烹饪技艺献上的美味佳肴？

——根据需要。

——因为我觉得，所有这些饮食的丰盛享受颇像我们说过的曲调和节奏中出现的抒情诗歌。

——是这样。

——在音乐里带来的结果是杂乱无章,怎么不会在这里引起疾病呢? 相反,简朴,就像音乐带给心灵节制一样,不也能带给身体健康吗?

——完全正确。(119)

——但是,当城邦里秩序混乱、疾病横生时,是不是需要更多的法院和医院? 当祈求秩序和期望健康的公民仰仗诉讼和医生时,从事这些职业的人是不是日子非常好过?

——当然了。

——你能找到比下面事实更大的教育丑恶的证明吗:在一个城邦里,不仅底层的平民,体力工作的人和那些吹嘘自由教育的人,还有那些吹嘘自己有良好教养的人,都需要求助于有能力的法官和医生? 还有,一个人因为自己找不到公正,为了求得公正,也不得不求助于法官和审判官,这不也是缺乏教育最可耻的有力证明吗?

——真的,没有比这更可耻的了。

——你不觉得还有更可耻的吗? 一个人把上法庭作为自己的生活,或者当原告,或者当被告。他甚至那样麻木,认为这正是自己要做的事情。因为他有证书,能够颠倒是非,逃避法律公正。所有这些都是为了小利,离开不负责任的法官就不知道怎样来安排自己的生活。

——真的,这更可耻。

——还有一种比较可耻,那就是一个人总也离不开医生,当然除了受伤和偶患流行病外。由于不运动和我们叙述过的饮食方式,使他的身体像沼泽地一样充满风湿和邪气,逼迫那些文雅的阿斯克勒皮俄斯神医们不得不发明一些名称来表现他患上的各种疾病。这是不是也很可耻?(120)

——真是发明了一些新奇古怪的疾病名称。

——这些在阿斯克勒皮俄斯①时代都是没有过的,所以我得出结论,在围困特洛伊时,他的两个儿子没有禁止那个女人用混合面粉和奶酪的坡拉姆内奥斯岛的葡萄酒喂食受伤的欧律皮罗斯,这在当时被认为是有发热作用的;也没有指责负责为他治伤口的帕特洛克罗斯。

——但是,可以肯定的一点是,对一个处在那种状态的人,给他饮用那种酒

---

① 阿斯克勒皮俄斯是希腊神话中的医药神。——译注

是不适宜的。

——是的,但是,你要知道,当时在赫罗迪克斯出现之前,人们并不知道今天的看护学,也不知道医学上有那么多疾病。赫罗迪克斯是体操教练,因为疾病就把体操和医术混在一起,这种混合先折磨了他自己,后来又折磨了许多人。

——怎么会这样?

——他赢得了延长生命和晚死。因为他的疾病是必死无疑的,无法医治,于是他一生就什么事都不干,只是一步一个脚印地关注自己的身体,使用长久折磨自己的办法,不敢越饮食规矩雷池一步。就这样,靠他的这个智慧赢得了晚年残喘和痛苦的死亡。

——我跟你说,他这个智慧带来的也是不错的奖赏啊。

——对他来说当然是了,因为他不知道,阿斯克勒皮俄斯没有把这种方法教给他的继承人,不是因为忽略和无知,相反,正是因为他很清楚,在那些有秩序的城邦里,每个人都有自己要做的工作,一个人不能一生中总是患病和治病。对我们来说,当看到贫穷的手工业者,甚至富人和自认为是幸福的人对这一现象熟视无睹时,就会感到非常可笑。(121)

——为什么?

——如果一个木匠患病,他会马上找医生,要求给他呕吐或者消毒的药,排除疾病。或者,如果需要,就采取烧灼或者手术的办法,尽快摆脱疾病。如果让他长期注意饮食,或者给他头上包扎纱布之类,他就会说,他没有时间患病,放弃他的工作不值得活着。然后,他就好言打发走医生,恢复他原来正常的饮食,他能恢复健康和继续正常的工作。如果最后他的身体扛不住疾病,死亡了,也就从折磨中解脱了。

——真的,这种方法适用于一般的人。

——当然,这种人有某种工作,如果放弃,也就不值得生存了。

——是的。

——一个有钱的人,并没有一个这样的工作,如果他被迫放弃,他的生存是不是没有生活了?

——有这种说法。

——看来,你没有听佛基里迪斯说过,一个人获得财富后就应该耕耘道德。

——但是,我认为,在获得财富之前,也得耕耘道德。

——我们现在不要跟他争论这个,只是看一看,如果有钱人真的要讲道德,或者,如果不这样,他就无法活下去;或者,长期疾病阻止贫穷的木匠和其他手艺人从事他们的工作,而不妨碍有钱人遵从佛基里迪斯的教导。

——妨碍,我对宙斯发誓,首先,极度关注自己的身体,这种极度关注已经超越了正常身体训练的界限。无论在和平时或者战时,都成了管理家庭事务和公共事务的绊脚石。(122)

——更重要的是,这与所有的学习和研究,尤其是集中思维,都背道而驰。没完没了抱怨,什么头疼得要爆炸啦,晕头晕脑啦,还找出哲学作为理由,根本无暇顾及讲究道德;唯恐妨碍对身体的关注。他总是想象自己身体有病,对自己的健康状态喋喋不休。

——这是自然的。

——我们是否可以说,阿斯克勒皮俄斯早就有这种认识? 那些天生的或者饮食恰当而身体健康的人,难免由于某种原因也患上疾病,阿斯克勒皮俄斯给他们治病也仅限于开药方或者做手术,从来没有给他们建议超出日常生活的饮食规定,这也是为了不危害城邦的利益。至于那些生来体弱多病的人,他不采用饮食、增补或者排泄的办法让他们延长他们的生命和痛苦,以免他们把天生不幸的后代带到人间。他甚至认为,不值得给那些生来就无法达到生命极限的人治病,因为无论对他们本人,还是对城邦,都是无益的。

——看你把阿斯克勒皮俄斯变成政治家了。

——他本来就是。证据是,他的后代在围困特洛伊战争中多么杰出,你不知道他就是按我说的那样行医的吗? 或者你不记得,他是怎样为墨涅拉俄斯治疗被潘达罗斯所射中的箭伤吗? **吸出淤血,敷上止疼草药**。并没有给他规定饮食限制,正如对欧律皮罗斯做的那样。因为他们知道,对于那些受伤前体质好饮食有节制的人,用药就可以治好他们,也不妨在那时让他们饮一些季开翁①。而对那些天生有病、生活又无节制的人,则认为,无论对他们本人还是对其他人活着没有益处,医术不是为他们的,也不应该医治他们,尽管他们可能比弥达斯②还富有。(123)

——你细腻地再现了阿斯克勒皮俄斯的儿子们。

——他们就是这样的,尽管悲剧诗人与潘达罗斯和我们看法不一致。因为他们说,阿斯克勒皮俄斯是阿波罗的儿子,被人说服,为了钱去治疗一个将死的

---

①　季开翁:用乳酪、大麦粉、蜂蜜和酒搅拌成的一种饮料。——译注

②　弥达斯:希腊神话中贪恋财富的国王。他求神赐给他点物成金的法术,他到处点金,结果把女儿和食物都变成了金子,无法生活,又向神祈祷,一切又恢复了原状。——译注

富人,结果被宙斯用雷击死。但是我们,不相信这种说法,我们确信,如果是神的
儿子,就不会去追求金钱;如果追求金钱,就不能是神的儿子。

——你说得真对,苏格拉底。但是,你认为在城邦里不应该有好的医生吗?
他们尽可能为更多的人治病,不管他们的体质好与坏,就像法官和各种性格的人
打交道一样?

——我当然希望他们都是这样的好人。但是你知道吗,我认为哪些是好人?

——讲讲看。

——我试试。但是,你的问题把两个东西混在一块了。

——什么意思?

——如果一个人从小就从理论上学习医学,看过许多病人,包括那些体质本
来不好的病人,如果他本人天生体质不太好,自己也患过一些疾病的话,他一定
会成为好的和有能力的医生。但是,我认为,医生不是用身体给患者治病的,因
为他不可能患过所有的疾病。而是用心灵给人治病。如果心灵不好,永远也不
能为人治好病。(124)

——正确。

——法官则相反,他是通过心灵来掌控其他人的心灵的。他的心灵不是在
幼年时代就受训,也不能和扭曲的心灵混在一起;更不能像医生体验病状那样去
犯所有的罪行。相反,从青年时代起就应该是纯洁的,摆脱了各种恶习,这样才
能作出正确的判断。但是,这样的人容易被坏人欺骗,因为他不能了解那些狡猾
的人究竟干了什么。

——这是经常发生的。

——所以,年轻人不能成为好的法官,只有到了一定年龄的时候,甚至到老
年时,才懂得什么是不正义。这不是通过自己的心灵,而是通过长时间研究其他
人的心灵获得的。这样,他才能从深度和科学地,而不是简单地通过经验,来判
断不正义是多么可怕的恶。

——这样的法官可是难得一遇啊。(125)

——同时他也是一个好的法官,这也是你提出的问题。因为他心灵好,是好
人。而另一种法官怀疑一切,自己和许多坏事搅在一起,当和他相似的人打交道
时,自认为能识破他们的所有阴谋诡计。看起来还真是这样,因为他内心有这种
原型,所以他处处防范他人。可是,当他遇到善良的人或者年龄大一些的人时,
就显现出他的全部愚蠢,不该怀疑的也怀疑,不相信好人,因为他本人内部就没
有好的原型。由于他接触的坏人多于善良的人,许多人都确信他是聪明的,而不

承认他的无知。

——这太对了。

——这种人不是我们要求的聪明的和好的法官,而我们描绘的第一种人才是。因为邪恶不能深刻认识邪恶本身,也不能认识美德。而美德,是自身就有的和通过年限和经验获得的,能够科学地认识美德本身,也能看破罪恶。所以,真正的智慧只有这样的人才具有,而不是那种人。

——我也同意。

——你是不是要制定这样的法律:在我们城邦里,医生和法官只为天生体质好的人和心灵好的人服务? 让那些体质不好的人死去,把那些心灵坏、屡教不改的人都判处死刑?

——已经证明,这无论对他们本人还是对城邦,都是最好不过的了。

——这样很明显,经受过音乐教育的、有克制的年轻人,会认为需要法官是可耻的。

——怎么不是? (126)

——如果受过良好音乐教育的人又能遵循体育训练的步伐,除了特殊情况,会不会不需要医术?

——我看是这样。

——这样,让他们进行劳其筋骨的训练,不仅是为了增加他们的力量,还要培养他们心灵的激情。而对于一般运动员则相反,他们要训练,遵循一定的饮食规定,目的是让他们身强体壮。

——完全正确。

——那么你相信,格劳科斯,如其他人想象的那样,那些立法对青年人进行音乐教育和体育训练的人,一方面是为了增强体质,另一方面是为了培养心灵?

——不然是为什么?

——而我认为,都是为了培养心灵。

——怎么理解?

——你难道没有注意到那些一生只注重体育训练而没有经过音乐教育的人有什么变化和性格特点吗? 而注重音乐而没有经过体育训练的则相反吗?

——你指哪方面?

——我指的是,第一种人野蛮和残暴,而第二种人软弱和温顺。

——真的,我注意到了。那些只进行体育训练的人过分粗暴,而只经过音乐教育的人过分软弱。

——但是,这种粗暴来自天生的激情,通过正确的培养可以转换成勇敢,如果发展过头,就会变成粗暴和野蛮。

——看来如此。

——怎么不是? 温顺也不是自然智慧的天赋吗? 如果任其发展,就会变得唯唯诺诺,如果培养得好,就会变得温文尔雅?

——这也是对的。(127)

——所以我们说,我们的卫士应该有这两种品格。

——当然应该。

——所以要把这两者和谐结合起来。

——为什么不?

——因为这种和谐的结合就会使心灵温顺和勇敢。

——对。

——如果没有和谐的结合,心灵就会胆怯和粗暴。

——非常对。

——如果一个人把心灵交给音乐,通过听觉,用我们说过的甜蜜的、温柔的和悲伤的曲调来浇灌它,靠唱歌和抒情度日,他固有的激情就会开始软化,就像铁在火里被慢慢熔化一样,坚硬和无用就变成有用的了。但是,如果没有节制,沉迷其中,这种激情就会慢慢融化,一滴一滴流失,最后完全泯灭,他的心灵也就没有任何骨气,本人也就沦落成荷马所说的软弱的战士。

——是这样。

——如果心灵先天软弱,后果很快就会显现出来。如果相反,充满激情,激情也会感染心灵,使人变得容易动怒,为了一点不值得的小事也会受刺激和发火,结果就会从勇敢的人变成敏感易怒,难以管束。

——非常对。

——现在说体育训练。如果训练过度,饮食过度,完全忽略音乐和哲学,开始时会强壮身体,会获得自信和勇气,会比以前更加勇敢,对吗?(128)

——当然了。

——但是,如果继续这样下去,什么也不干,跟缪斯毫不沟通,他的心灵,尽管原来有些好学,就会对任何学习和科学毫无兴趣,不接受任何文学和音乐教育,如果对外界丧失任何关注,如果不清洗自己的感受,最后不就变成盲人和瞎子了吗?

——将会这样。

　　——这种人会成为文化和艺术的敌人,他不善于用信仰和语言说服人,如同野兽一般,只知道使用野蛮和暴力,生活在无知和粗俗之中,毫无乐趣和和谐。

　　——真像你说的这样。

　　——我甚至可以提出,这两大技艺,音乐和体育,是某一位神赏赐给人类的。而不是像一般人说的那样,一个是为心灵的,另一个是为身体的(除了我们前面讲过的),相反,两者完全都是为了心灵的。只是在这里勇敢和智慧和谐地组合在一起,达到了最合宜的程度。

　　——真是如此。

　　——那些在心灵里把体育和音乐完美结合并合宜实施的人,比那些弹奏乐器的人更值得被正确地称为完美的音乐家和和谐的科学家。

　　——这是非常自然的。

　　——格劳科斯,我们的城邦是不是需要这样的人,他有这样的工作,更有利于我们的城邦?

　　——太需要了。

　　——这些几乎就是对我们的青年培养和教育的方式,再扩展话题,谈论舞蹈、狩猎、体育和骑马比赛就是多余的了。很明显,我们在形式中遵循我们说过的原则,为它们再制定规则就不难了。(129)

　　——当然不难了。

　　——这样的话,还有什么问题是需要我们澄清的? 是不是应该讨论一下,在这些人当中,什么人统治,什么人服从?

　　——该讨论。

　　——首先很明显的,是不是较年长者统治,较年轻者服从?

　　——很明显。

　　——而在较年长者中是不是应该是较好的?

　　——当然。

　　——在农民中较好的人是不是更会种地?

　　——是的。

　　——同样,在卫士中较好的人是不是更知道怎样守卫城邦?

　　——当然了。

　　——此外,是不是应该忠诚、积极和对城邦非常热情?

　　——自然。

　　——我认为,一个人爱一个事物,要有更大的热情。

——根据需要。

——当然了,一个人爱某件事情,也和它有共同的利益,把它的幸福看成自己的幸福。相反亦然。

——是这样的。

——所以,我们应该通过长期考察,选拔那些一生最乐意为城邦利益工作的人作为卫士。他们永远不会有不利于城邦的行为。

——我们真需要这样的人。

——我觉得,我们应该在所有年龄段跟踪他们,以便确信他们是不是有能力信守这个原则,或者因为受到某种诱惑或者威胁而放弃自己永远为城邦利益工作的信念。(130)

——怎么会放弃信念?

——我来给你解释。我觉得,我们从头脑中放弃某种信念分两种:自愿的和不自愿的。当我们确信那个信念是虚假的时,就会甘心情愿放弃。而真正的信念是不会自愿放弃的。

——第一点我明白。我希望你说得再明确些,怎样会不自愿放弃真正的信念?

——怎样?你自己不明白,人对好的东西总是不情愿被剥夺,而坏的东西总是甘心情愿放弃吗?或者,否定真理不坏,而得到真理不好吗?如果对事物有正确的信念不应该坚守吗?

——你说得对。我理解,人不会自愿放弃一个正确的信念。

——那样做的话,是不是由于被诈骗,或者被诱惑,或者被强迫?

——现在我明白了。

——看来,我使用了悲剧的语言。我说被诈骗指的是,被说服改变或者忘掉信念,第一种情况是通过言论,第二种情况是时间。现在,你应该理解了。

——是的。

——至于被强迫,我指的是,通过肉体和精神的折磨,迫使一个人改变认识。

——这个我明白,你说得对。

——关于被诱惑,我认为你能明白,当一个人被某种特殊享乐迷住或者被某种恐惧吓住而改变信念。

——真的,迷惑我们,欺诈我们。

——现在回到我们的话题,应该看看谁能够坚持这个信念:应该永远做有利于城邦的事。我们要从童年时代起就跟踪他们,在各种环境中考验他们,尤其是在容易遗忘和被欺骗的环境中。凡是那些在头脑中坚守这个信念、不易被欺诈的人,我们就接纳他们,而对另外的人,我们就排斥他们。对不对?（131）

——对。

——另外,还要求在他们经过劳累、痛苦和斗争的锻炼后,仍能保持这样的信念。

——非常对。

——最后还要让他们经受第三种影响的考验。就像把幼马置于喧嚣和吵闹的环境中,考查它们在多大程度上受到惊吓一样,对他们也这样。当他们还是青年的时候,我们会突然引导他们去经历可怕的事情,或者让他们受享乐的诱惑,以便更清楚认识他们,这正如烈火炼真金一样。如果在这些考验中证明他们的本质能抗拒诱惑,能够像音乐教育他们的那样掌控自己,如果证明他们的教养完全符合节制和和谐的法律,他们无论对自己还是对城邦都是有用的人。如果考验的结果证明他无论是童年、青年还是壮年,都清白无瑕,我们就任命他为首领和城邦的保护者;在他活着时,给他全部荣誉;在他死后,为他修造豪华的墓地,树立令人敬仰的墓碑。

——我赞成你。

——我们是不是绝对有理由称他们为城邦的真正和理想的守护者,无论是对外部的敌人,还是对自己的公民,都不允许有意去损害他们的威望?而其他我们称为卫士的年轻人,只是首领的助手和决定的执行者?（132）

——我也这样说。

——现在,我们怎么才能找到一个办法,说服所有的首领,尤其是公民们,相信我们为了需要说过的那个大胆的谎言?

——什么谎言?

——也不是什么新玩意儿,它出自腓尼基。诗人们信誓旦旦地说,是发生在很久以前的时代。在我们的时代,说实在的,没有发生,我也不知道能不能发生,当然需要做很多事才能让人相信。

——你要转多少圈子才说啊!

——当你听到后,就明白我这样做是有道理的。

——来吧,说,不要怕。

——那我就说了。只是我没有勇气也找不到表达方式首先来说服首领们,然后说服战士们和其他公民,让他们相信,我们给他们的教育和培养,还有我们周围发生的一切,什么都不是,只是我们做的一场梦。实际上,他们本人早就隐藏在大地里面,在下面发育和成长。同样,他们的一切,武器和其他东西,都是在那里造就的,经过加工后,他们的母亲地球就把他们送到光明世界来。所以,他们应该把国家看做是自己的母亲和奶妈,如果有人反对她,就要挺身保卫她;同时要把其他的公民看成是兄弟和地球母亲的孩子。

——你在说出这个谎言之前的犹豫不决不是没有道理的。(133)

——理所当然。你听听这个神话的继续。我们对他们说,所有的公民都是兄弟。但是,上帝在造你们的时候,为那些有能力统治其他人的人元素里加进了金子,所以他们最珍贵。在他们的助手战士元素里加入了银子,在农民和其他手艺人的元素里加入了铁或者铜。因为你们都是亲戚,所以你们生下的孩子们也相像。含金的父辈可能会生出含银的孩子,含银的父辈也可能会生出含金的孩子,以此类推。所以,上帝命令首领们特别关注的是,那些生下的孩子们的身体里的金属元素是什么。就是首领们自己的孩子身体的元素里有铜或者铁,也不要对他们施恩,而是要把他们送到应该属于他们的那个阶层去,即农民和手艺人。如果在农民和手艺人中发现元素里含金或者银的比例更大的人,理所当然地就要把他们提升到卫士和战士的阶层。因为神谕说,如果含铜或者铁的人保卫城邦,城邦就会毁灭。你能找到什么办法,让他们相信这个神话是真的吗?

——对于首领们本人没有办法,而对于他们的孩子们,他们的后代,和对其他的人,也许不难找到。(134)

——这就足够了,目的是鼓励他们更加关心城邦和其他人,因为我理解了你要说的大概意思。这就是靠我们的计谋,让它在喜欢这个神话的地方尽量扩散。而我们要和首领们一起武装他们的孩子们,让他们靠近和选择合适的地方安营扎寨,让他们在城邦内发生冲突时表现出遵守法律,在外部敌人进犯我们城邦时,能像牧羊人抵御狼那样保卫城邦。在选好驻扎的地方后,做过祭祀,就要架设帐篷,对不对?

——怎么不对?

——这样,无论冬天和夏天,他们就有了安身的地方。

——是的。但是,我觉得你理解的好像是真正的住宅了。

——是的,但是,那是战士的,而不是银行家的住宅。

——这样做的区别是什么?

——我尽力给你解释。对牧羊人来说,最可怕的莫过于他们用那种方式来豢养用于保护羊群的犬,以至于犬或者由于饥饿或者由于其他恶习,不能控制自己的野性,造成羊群的毁灭,犬就成了狼。

——当然可怕。怎么会不？

——我们是不是应该采取预防措施,防止我们的卫士对公民作出同样的事情？因为他们手里掌握一切权利,会不会由卫士变成凶恶的独裁者？

——我们当然应该防范。

——有什么比他们受最合适的教育是更大的安全保证？

——他们已经受到这样的教育了。

——我还不能完全确信这点,我的朋友。我要坚持的是,正如我们先前说过的,他们必须接受最合适的教育,不论怎样的教育,最重要的是需要他们对自己人和承担保护的人温顺。

——这对。

——除了教育之外,每一个有头脑的人都应该承认,住宅不能成为他们的财产,不会有任何东西能迫使他们背弃自己是杰出卫士的职责,不能去危害他人。(135)

——很对。

——请你注意,你是不是认为这样的居住和生活方式最为适合,以便他们永葆本色:第一,除了最必需的,他们任何人不能拥有只属于自己的任何特殊财产。第二,他们也不能有只属于自己、他人不能出入的住宅或者仓库。至于勇敢的战士所需要的食物,我们规定他们向其他公民索取,作为他们服务的报酬,食物的量要够他们一年吃的,不能有多余的,也不能少;他们要住在军营里,共同在食堂进餐。要教育他们,上帝已经在他们的灵魂里植入了神圣的黄金和白银,所以对人类的金银没有任何需要。不能原谅他们把那神圣的礼物和凡间的金银混杂在一起,因为金钱是许多罪恶的根源。而他们自己的金银是干净和没有被污染的。所以,在所有的公民中,只有他们被禁止使用和触摸金银,不允许在他们住宅里有金银,不允许他们佩戴金银,也不允许他们用金银杯子饮水。只有这样,他们本人和城邦才有救。如果他们获得私人财产,不管是土地,不管是房屋,还是金钱,他们就会从卫士变成商人或者农民。从公民的保卫者变成敌人和独裁者。他们的生活就会充满仇恨和阴谋,内部的敌人强于外部的敌人。他们本人和整个城邦就不可避免要灭亡。基于这些理由,我认为,在关系到卫士们的住宅及其他问题时,我们需采取措施,并据此来制定法律。对不对？

——我完全赞同。——格劳科斯说。(136)

卷四（137）

——但是，苏格拉底，——阿迪曼托斯插话进来。——假如有人提出意见，说你没有让你的战士们非常幸福，你怎样回答？这也许是他们自己的错，因为整个城邦都属于他们，但是，他们没有从城邦得到任何好处，像其他人那样得到土地，建造美丽的豪宅，配置相匹配的家具，有能力在自己的豪宅祭献，招待客人，还占有如你所说的金银和一般人认为构成幸福的东西。一句话，你说，他们在那里，是不是像雇佣兵那样只守卫城邦？

——是的。再补充些，与此相反，他们得到的仅仅是食物，而不像其他雇佣兵那样有报酬。如果他们突然想去旅游，也无能为力，更不用说和女人玩耍了；也不能像富人或者被认为是幸福的人那样开销。还有许多类似的东西你没有列进来。

——那你就补充好了。

——现在你问我，怎样回答吗？

——是的。（138）

——不离开我们遵循的话题，我认为，我们很容易找到答案。首先我们会说，这毫不奇怪，尽管你说了那么多，我们的战士仍是最幸福的人。因为，在我们建立城邦的时候，我们没有把某一个阶层的独有幸福作为目标，而是把全城邦的幸福作为我们的目标。我们认为，在这样的一个城邦里，我们得以找到正义，而在一个组织很糟的城邦里，找到的只能是不正义；我们能够找到解决面临问题的办法。现在我们决定要建立的是我们理想中的幸福的城邦，在这里没有少数特权阶层的独有幸福，而是全体公民的幸福。然后，让我们看看相反的那一面。

——比方说，我们在画一幅雕像，一个人靠近我们，开始对我们指手画脚，说，我们没有在人体最美的地方使用最美的颜色。尤其那双最美丽的眼睛，我们没有使用紫色，而是黑色。如果需要说话，我想，我们应该用这样的话来回答：我的好人,你不是只想把眼睛画得美丽无比,看起来不像本人的眼睛,与身体其他部位不相协调吧? 请看,我们用的颜色要适合每个部位,使整体看上去是协调的美。所以,你不要要求我们的卫士有那样的幸福,结果就会使他们成为卫士以外的什么人了。如果我们愿意,当然可以让农民身穿拖地长袍,佩戴刺绣的金肩章,让他们按自己的兴致去耕耘田地;我们也可以让制陶工舒舒服服地卧在炉火旁,吃、喝,身旁放着转盘,什么时候愿意什么时候再转动;我们也可以用同样的方法让城邦所有的手艺人以及整个城邦都有这样幸福。但是,请你不要给我们出这个主意。因为,如果我们听你的,农民不再是农民,制陶工不再是制陶工,结果没有一个人为城邦工作了。(138)对其他人来说,这还不算太严重。因为制鞋匠不好好干自己的工作,堕落了,不是合格的手艺人了,城邦还不至于遭到大灾难。但是,如果我们法律和城邦的守护者名不副实,你会看到,他们将导致整个城邦的毁灭。当然,好的管理和幸福也只能取决于他们。如果我们要造就真正的卫士,就不应该让他们成为那样的人,一点也不能危害城邦。至于说让农民和狂欢者在公共节日上尽情欢乐,那是另一码事。我们要关注的是,我们的目的是培养战士,让他们尽量生活得幸福,如果需要,甚至可以牺牲城邦整体的幸福;这样就能使我们的卫士和其他人都尽力做好分配给他们的工作。这样,由于管理得当,整个城邦会获得发展和繁荣,我们会让每个人从共同幸福中,按他的那个阶层和职业,分享自己的份额。

——这看来不是不合理。

——我现在将告诉你的,不知你是否认为不够合理。

——说说看。

——你想想,像我们说的那样,有其他东西使手艺人堕落,不好好干自己的工作。

——其他东西是什么?

——富和贫。

——什么意思?

——你看,如果一个制陶工成为富翁,他还能关心自己的手艺吗? (140)

——不能。

——会不会一天天变得懒散和漫不经心?

——完全可能。

——结果就会变成最差的制陶工?

——听来对。

——相反,由于贫穷,一个制陶工没有能力为自己的手艺添置必需的工具和其他设备,他的工作就会越来越差,他的儿子们和学徒们也将成为更差的制陶工。

——会的。

——这样看来,富和贫都能使手艺人的工作变坏,使手艺退化。

——看来如此。

——这样,我们找到了另外两样东西,我们的首领们要想尽一切办法,不要被它们欺骗,不让它们偷偷潜入我们的城邦。

——它们是什么?

——富和贫。因为富能产生奢华、懒散、求变;同样,贫会产生卑微、技艺粗劣,也求变。

——很好。你告诉我,苏格拉底,如果我们城邦没有钱财,怎样打仗,尤其是当和一个强大和富有的城邦有冲突时?

——很明显,和一个城邦作战比较难,而如果和两个作战就容易得多。

——你想说什么啊?

——首先,假如必须面对战争,我们富有战争经验的人面对的又是富有的对手。

——对。

——你说,阿迪曼托斯,一个训练有素的拳击手,你不觉得对付两个肥壮而富有的非拳击手更容易吗?

——我不认为同时对付两个更容易。

——你想,在那个靠近他的人首先向他进攻时,他能自如地后退,然后转身,开始连续出拳,而且还在阳光下和闷热中反复这样。不能这样一个接一个对付他们吗?

——这样说来,就不那么奇怪了。

——这样,由于自然的原因,我们的运动员很容易面对两倍,甚至三倍的对手。

——我不得不同意你的看法,以为你说得在理。

——话再说回来,假如我们派一个使者到另一个城邦去,把真实的情况告诉他们,说:“我们城邦不需要金,也不需要银;还不允许我们拥有金银。但是却不禁止你们拥有。你们来帮助我们,我们把战利品都给你们。”你认为,我们向他们提出建议的那些人,会选择干瘦但是强壮的狗作为对手呢,还是和狗结盟去进攻肥胖的羊群呢?

——当然不会以狗为对手了。但是,请你注意,假如把许多其他人的钱财集中在一个城邦里,将对我们这样贫穷的城邦构成很大的威胁。

——请你注意,除了我们建立的城邦外,其他任何一个都不值得被称为城邦。

——为什么?

——应该找一个能包含更大范围的名称来称呼它们。因为它们之中的每一个都是由许多而不是一个城市组成。无论怎样,在他们中间至少有两个是敌对的,一个是穷人的,一个是富人的。每一个城邦都被分成许多小的部分。如果你把它们组成一个国家,最后也不能成功。如果,你认为由许多城市组成的是城邦,并且宣称,把许多其他人的钱财都给他们,那你就总会有许多的盟友,很少的敌人。既然我们的城邦是按我们说的方式管理,那就是最强大的,我指的不是表面,实际上也是强大的,只需一千名战士就能列阵作战。这样一个伟大的城邦,无论在希腊人中还是在野蛮人中,都是难以找到的,尽管存在一些在规模上比我们大的城邦。你有不同意见吗?

——没有,真的没有。

——我们城邦的统治者必须遵循一个最佳限度:规划城邦要根据土地的规模,以便将来不再扩张。

——这个最佳限度是什么?

——我认为,就是允许发展成一个统一完整的城邦,而不是相反。

——很好。

——我们还要给统治者下一道指令,要采用一切手段,保证城邦不能太小,也不要看上去过大,而是中等的,但是要永远统一的。

——这是我们给他们最重要的指令。

——比较重要的指令是我们以前说过的,如果任何一个战士生下的后代低劣,应该把他们发落到低一个阶层去;相反,如果下一个阶层的人有能力,就值得提升到战士阶层。我们想借此声明,全体公民只遵循一个原则:每个人都根据自己的天赋履行职务,每个人只干一件事,一个人不是多人,就是一个人;这样,整个城邦就是一个统一的整体,而不能分裂成许多部分。

——真的,这个指令不比那个更重要。(143)

——我的好朋友阿迪曼托斯,实际上真是,但是有人会想,给他们的这些任务不是很多,也不是很大,相反,无足轻重,只要他们做到一个,我们说的,大的,或者说较好的,就足够了。

——这个是什么?

——教育和培养。因为受到较好的教育和培养,他们就能成为完美的人,这一点,他们自己也能看到。还有许多其他完美的,现在被忽略的方面,比如结婚、女人、孩子等问题。他们会发现,正如说过的那样,这些都是朋友间共有的。

——这也可能是正确的。

——实际上,一个城邦如果开始的基础打得好,以后就会顺利发展前行,像轮子一样。好的教育和培养会造就良好的身体素质。坚持下去,他们生下的孩子会一代胜过一代,这和其他的动物是一样的。

——自然。

——简言之,城邦的管理者要特别坚持重视教育,不要因忽略教育而堕落,要保持教育的纯洁,不允许任何革新进入我们的体育和音乐里,只能墨守成规。这样,人们就会注意倾听像诗人那种

在人们口头流传的新歌。

——担心这些不是新歌,而是什么新花样,受到称赞;所以,对这种革新既不要称赞,也不允许引进。相反,要尽一切努力避免音乐的任何变革,以防我们失掉一切。因为正像戴蒙说的那样,任何人改变音乐的表现方式,同时也就动摇了城邦的基本法律。我相信这个说法。(144)

——把我也算在相信的数字里。

——我坚持,音乐是保卫者要建立的卫城。

——是的,但是,非法入侵不容易被发觉。

——真的,开始往往被认为是游戏,不会造成什么危害。

——但是,当进来以后,会慢慢开始影响我们的风俗和习惯,然后逐渐扩大,会影响公民的相互关系,再侵入到城邦的法律和制度里,越来越肆无忌惮,最后会推翻一切,国家的和私人的。

——这真能发生吗?

——我觉得能。

——所以,正如我们开始说的那样,是不是应该从一开始就把孩子们的游戏置于法律和纪律的严格监督之下,因为,如果这方面一松懈,孩子们就能学会违法,长大以后就不能成为遵纪守法的有用公民?

——怎么不应该?

——相反,如果从玩游戏开始就借助音乐在他们的心灵进行热爱法律和秩序的教育,在其他方面也不断监督他们,这样如果城邦一旦有什么不测,他们也有能力恢复城邦的秩序。

——这是真的。

——他们也能够重新找回一些被前辈看做微不足道而遗弃的好的规矩。

——哪些?（145）

——比如,年轻人见到年长者要起立,让座,肃静;要孝敬父母;要注意穿衣和鞋;要注意发型,以及身体的各个部分,等等。你同意吗?

——同意。

——可是,如果把这些都写成法律,那简直会被认为是婴儿。因为没有任何一个地方能这样做,也不可能以口头或者书面的方式形成持久的法律。

——那怎么办?

——我的朋友阿迪曼托斯啊,所有这些都是初级教育的自然结果,会延续下去,难道不是相互影响吗?

——毫无疑问。

——所以我们只能说,最后将有一个定型的和规范的结果,或者好,或者相反。

——当然。

——所以,我不企图把这些制定成法律条文。

——有道理。

——另外,看在上帝的分上,牵涉到私人之间的买卖合同,或者,假如你愿意,关于雇佣报酬,关于咒骂和羞辱,法院诉讼和法官任命,或者,关于关税,或者关于进出口收税和一般所说的市场管理、警务、港务等诸方面的法律,我们都需要制定吗?

——对于诚信的人们,这些都不需要制定法律。因为他们自己能很容易找到哪些更重要的方面需要制定法律。

——是的,我的朋友,只要神明保佑他们能够遵守我们前面制定的那些法律。

——若不然,他们一生什么也别干了,只是为制定新的法律和修改旧的法律而投票,以求最后能使法律达到完美。

——那些没有毅力放弃毁坏他们健康的生活方式的病人们,还能干什么?
（146）

——就是。

——对这些人来说,至少还是有点兴致的,他们不断就医,毫无疗效;不断成倍增加新的疾病,总是怀着一种期望,有什么人会给他们一种新药,使他们得以彻底恢复健康。

——他们还真是这样做的和想的。

——更有趣的是,他们把那些敢跟他们讲实话的人视为敌人。这些人劝告他们,如果不戒酒,如果不停止暴饮暴食,如果不放弃贪婪成性的生活,无论是内服药物,无论是外用烧灼,还是求神诵经,都改变不了他们的健康状态。他们根本不听,毫无作用。

——一个人对为他好的人发怒,我看没什么意思。

——看来,你不喜欢这样的人。

——看在宙斯的分上,我一点也不喜欢。

——那就回到我们的话题上来,如果整个城邦都这样,你不会赞成。如果那些组织不好的城邦行为也是这样,用死刑禁止公民触及城邦的基础,你看怎样?同时,如果有人对他们阿谀奉承,献媚讨好,想方设法满足他们的一切欲望,他们会把这个人奉为最杰出的和最有能力的公民,会授予他全部荣誉。

——他们若真这样做,我一点也不赞成。

——你对那些心甘情愿有勇气为城邦做贡献的人不赞赏吗?

——当然赞赏,但是那些在众人赞扬声中失去自我,以为他们真成了伟大政治家的人除外。(147)

——你怎么这样说?你不认为他们可以理解吗?或者,你认为,一个不懂丈量术的人,当别人告诉他身高有 4 肘尺①时,他不容易相信吗?

——是容易相信。

——所以,你也不要冤枉政治家们,其实,他们比其他人有趣儿,他们今天书写我们说的那些法律,明天修改,总是企图找到能够杜绝个人交易中的犯罪行为和我们说过的其他不公正问题的办法。他们不知道,这样做只是在水里打洞②。

——真的,不然他们就无所事事。

——所以我说得对,无论组织很差或者组织良好的城邦,一个真正的立法者

---

① 肘尺,指从肘尖到中指尖的长度。——译注

② 指《斩海蛇》。神话传说海蛇有七个头,每砍去一个会再生出两个。意思是做越做麻烦越多的麻烦事,解越解头绪越多的难题。——原文注

根本没有必要去制定这类法律和规定。因为对前者毫无益处,无济于事;而后者已经有了法律,或者无法超越过去已有的法律。

——那我们还缺什么法律呢?

——我们不缺任何法律了。最大的,最好的和最重要的法律我们交给德尔菲的阿波罗去做吧。

——那将是些什么法律?

——关于建造神庙,关于祭祀,关于朝拜神、半神和英雄,关于用礼仪安葬亡者,让亡灵安息。这些都是我们这些城里的居民不知道的,也不会听从他人的,假如我们有头脑,也不要去咨询伟大神明以外的任何人,因为只有神才能解释这一切,是位于大地中心的唯一发布神谕的权威。(148)

——你说得对,我们就这样做。

——最后,阿里斯同之子,我们的城邦已经为你准备停当。你现在要做的是,从哪里找到足够的光线,还要把你的兄弟宝来马尔豪斯和其他所有的人都请来,我们看看,是否能发现,正义和不正义在何处,它们的区别是什么,一个人应该具有两者之一的哪种才是幸福,诸位神明和所有的人是否知道。

——你现在什么也没对我们说,——格劳科斯回答。——你自己保证过,由你来承担寻找正义,你还对我们说,假如不尽全力和使用所有办法来维护正义,就是不敬。

——你提醒的都是事实,是我应该做的。但是,也需要你们帮助我。

——我们不会袖手旁观。

——我想通过这样的办法,我认为,如果我们为城邦打下的基础是正确的,我们的城邦就是完美的。

——必然的。

——即,我们的城邦是有智慧的、勇敢的、有节制的和正义的。

——对。

——现在,我们要在这个城邦寻找剩下来、尚未找到的。

——当然。

——正如我们要寻找四件东西中的一个,假如我们一开始就找到了它,就不需要再查找另外的了。假如我们找到其余的三个,也不需要再查了,因为剩下的一个就是我们要找的了。

——很对。

——既然我们要在城邦里寻找四个,可以采用同样的办法吗?

——怎么不可以？

——我认为第一个再明显不过了，是智慧。它有些奇怪。

——指什么？

——我们描绘的这个城邦是智慧的，因为在这里弥漫的是思维正确。对不对？

——对。（149）

——但是，这点，思维正确，无疑是一种知识。当然不是愚昧无知，只有知识才能让人思维正确。

——完全正确。

——但是，在我们城邦里，有许许多多和形形色色的知识。

——当然。

——那么，木匠的知识是不是有益于智慧和正确思维呢？

——当然不会，因为木匠的知识只能用于木工的技艺。

——就是说，不能因为木工有知识，可以采取措施，制造出更好的产品，而把我们的城邦称作是智慧的吗？

——不能，很好理解。

——是不是制造铜器或者其他任何技艺的知识？

——都不是。

——土地生长作物也一样，因为它关注的是农业。

——我觉得是。

——那样的话，在我们的城邦里，是不是有一种知识，它只属于某一些公民，这样的知识关注的不是城邦客观具体事物，考虑的是整个城邦，城邦对内和对外的关系？

——有。

——什么知识，在哪里？

——这是保卫城邦的知识，在那些我们称之为真正卫士的人当中。

——有了这样的知识，我们给予城邦怎样的称呼？

——我们称之为思维正确和有智慧。

——请你告诉我，你认为我们城邦的铁匠多呢，还是真正的卫士多？

——更多的是铁匠。

——在所有从事各种技艺的人当中，卫士是不是最少？

——当然。

——所以，一个自然建立起来的城邦，有智慧的知识属于少数阶层和这个阶层里很少一部分人，即属于首领和管理者。看来，自然产生这样的人是少数，他们独有特权具有这种知识，在所有的知识中，只有它被能称为智慧。（150）

——这点再对不过了。

——这样，我们就找到了城邦四个特点之一，也找到了它存在的地方。

——我认为较好地找到了。

——现在轮到勇敢了，我们称城邦是勇敢的，但是很难找到勇敢在城邦里栖息的地方。

——那怎样找？

——一个城邦被称作是胆小的或者勇敢的，除了在战士和保卫者阶层还能在哪里寻找？

——当然没有别处。

——因为，我假设，其他公民是胆小的或者是勇敢的，并不能决定这个城邦就是胆小的或者勇敢的。

——真不能决定。

——一个城邦的勇敢有赖于这个城邦公民中的一个阶层，该阶层能够永远捍卫立法者发布的关于可怕事物的思想。你不认为这就是勇敢吗？

——我没有完全明白你的意思，请重复一遍。

——捍卫我们教育法律关于可怕事物的思想，即这思想和可怕的事物是什么。我要说，要永远捍卫和不放弃这个思想，不论国家处于痛苦中还是欢乐中，无论处于希望之中还是恐惧之中。如果你想听，我用一个比喻讲给你听。

——我怎能不想听？

——你知道吗，染工为了把毛染成红色，首先要选择白色的毛，经过仔细和长时间加工，让毛保持本色不变，最后再染色。用这方法染色，颜色稳固，无论你用肥皂如何清洗，颜色永远不会褪掉。相反，如果不用白色的毛，或者用白色的而没有经过仔细加工的毛，你知道结果会是怎样的。

——我知道会褪色，结果会令人恶心。

——你想想，我们也是尽量这样做的，我们挑选了战士，通过音乐和体育培养他们，你认为除了让他们更好地接受法律之外，我们还有别的企图吗？正如染色一样，要让应对可怕事物和其他意外情况的思想稳固地和长久地扎根在他们的心灵里。正如肥皂洗不掉染好的色一样，无论是比肥皂和碱水厉害得多的享乐，还是痛苦，还是恐惧，还是任何欲望，都无法改变他们的思想。这种永远保持应对可怕的和不可怕的事物的能力,我认为就叫勇敢。除非你有不同的见解。

——绝对没有。但是,假如你认定这种思想不是通过合法的教育培养出来的,比如在动物或者奴隶身上,你不会称之为勇敢吧。

——你说得正确。

——那我就接受你关于勇敢的定义。

——你还要接受,勇敢同时是公民的美德,那样的话,这个定义就更确切了。关于这个问题,如果你乐意,我们以后还可以进行更深入的讨论。因为现在要讨论的不是它,而是正义的问题。关于勇敢我们已经讨论得足够了。(152)

——你说得对。

——我们还剩下两个问题没有讨论,节制和正义,这也正是我们整个研究的重点。

——很好。

——我们能不能直接找到正义而不去寻找节制呢?

——至少我不知道,而且我也不想先找正义,除非我们不再需要讨论节制;如果你乐意,还是先找节制吧,这样我会更满意。

——我不这样做是不公平的。

——那就开始吧。

——我开始。据我现在的判断,与我们以前谈论的话题相比,这个美德更像是和谐和协调。

——怎么会?

——节制是一种优美的行为,如人们所说,是掌控享乐和欲望的龙头,我不知道怎样表达更贴切。一个人要做自己的主人,及其他类似的情况,从这里显示出这种美德的痕迹。不是这样吗?

——是的。

——这种表述:做自己的主人,看起来是不是有些可笑?因为自己的主人也是自己的奴隶,结果既是主人又是奴隶,因为说的是一个人。

——是啊。

——但是,我认为,这个表述的意思是,人的灵魂里存在两个方面,一个较好的,一个较坏的。当较好的一面占上风时,他就是自己的主人,就要受到赞扬。而由于教育不好或者习惯不好而让较坏的一面占上风时,我们就指责这个人,说他是放纵的,是自己的奴隶。

——是这样。

——现在,你审视一下我们的城邦,你将发现,这里是好的一面占上风。所以我们理所当然地说,城邦是自己的主人,因为到处都是较好的一面多于较坏的一面,这样说,城邦是当之无愧的。(153)

——我看你是对的。

——但是,我们经常在孩子、妇女和奴隶们中间,甚至在我们称为自由民和底层为数众多的人群中看到各种各样的欲望、享乐和痛苦。

——是的。

——但是,简单的、有限的、基于正确判断并受到理性控制的欲望却在很少数人身上找到。这些人天生素质好,且有良好的教养。

——非常对。

——你没有看到,这也发生在我们的城邦里吗? 即,多数人不好的欲望受到少数好人理智的控制吗?

——我看到了。

——所以,假如我们说一个城邦是自己的主人,是欲望和享乐的主人,就是我们所说的这样的城邦。

——毫无疑问。

——还有,假如有一个城邦,这里的统治者和被统治者在怎样管理城邦上意见一致,也是我们理想建立的城邦。或者你不承认?

——我没有任何相反的意见。

——在这种情况下,你认为在哪些人中,统治者中还是被统治者中,能够找到节制?

——我觉得两者都有。

——所以,你看,当我们说节制和和谐有些相像时,我们说对了。

——为什么?

——因为这与勇敢和智慧不一样。我们说过,勇敢和智慧只存在于城邦一少部分人中,而节制却扩散到整个城邦里,在城邦的高、低和中等阶层所有公民之间,无论在理智,在力量,在人口数量上,还是在财富等你能想到的方面,都取得了一致,我们就能够称呼这个城邦为有节制的城邦。无论城邦还是个人,都能在较好的和较坏的两个方面之间取得天然的一致,这样的人就应该管理城邦。(154)

——我完全同意你的意见。

——很好。到现在,我们已经找到了城邦四个特点之中的三个,剩下的是什么？是不是正义这个美德？

——很明显。

——现在,格劳科斯,我们应该像猎人那样,守候在丛林内,防止正义在我们眼前溜走和消失。正义一定隐藏在附近某一个地方。请你仔细观察,也许你首先发现并通知我。

——但愿如此。荣幸之至,假如你让我跟随在你身后,我能看到你指给我们的一切。

——那你就画十字吧,来。

——我听你的,但是,请你先行。

——好的,但是,我觉得这个地方不好,很暗,看不清,难寻找,向前走走。

——那就走吧。

我左右看了看。

——哎,格劳科斯,我好像发现了一些痕迹,我相信正义跑不了啦。

——谢天谢地!

——你知道到目前为止,我们干了什么蠢事吗?

——什么?

——从开始到现在几个小时了,正义就在我们眼前,我们却没有看见,真可笑。这就像有人在手里拿着正义,我们却到别处去寻找,结果忽略了眼前,跑到远处,让正义跑了。

——你说什么啊?

——你看,我们一直在口谈和耳听正义,却没明白这正是讨论正义的方法。

——对于非常渴望实质的听众来说,你这个前言太长了。(155)

——你看,我是不是有道理:我们开始谈论建立城邦时,规定的最主要原则恰恰是正义。我们说过,在城邦里,每个人要根据自己的天赋来完成一件工作。

——说过。

——我们说过,一个人只干自己的事,不要参与其他的,我们也听许多人说过,这就是正义。

——我们真的这样说过。

——我的朋友,这就是正义,即每个人都做自己该做的事。你知道,我是从哪里得来的吗?

——不知道,我想听。

——我觉得,在节制、勇敢和智慧之后,我们剩下要讨论的正是正义,在前三者诞生后,强有力支撑它们的是正义。我们还说过,找到三个之后,剩下的就是正义了。

——只能是。

——但是,要明确判断什么能够使我们城邦达到完美是非常困难的,是统治者和被统治者之间的完全一致,或者是战士们保持法律教育的应对可怕和不可怕事物的思想,或者是统治者的智慧和警觉,最后或者是孩子、妇女、奴隶、自由民、手艺人、统治者和被统治者都各司其职而不干预其他的美德。哪种?

——这实在太难判断了。

——无论如何,这一点,即每个人各司其职,对于城邦达到完美的贡献一点也不比智慧、克制和勇敢差。(156)

——当然。

——这个美德就是正义,你认为对于城邦达到完美的作用,和其他三种是并驾齐驱的吗?

——完全是。

——如果你同意,我们按此方法讨论一下,个人之间分歧的解决,是不是要交给统治者?

——还能找什么其他的人?

——还有,假如不允许一个人拿他人的东西,或者不让他人占有不属于自己的东西,是不是应该找法官?

——只能这样。

——因为这是正义的。

——是的。

——这再一次证明,正义就是每个人从事只属于他的行业。

——是这样的。

——现在,请注意,假如你赞同我的话,假如木匠要干鞋匠的活,或者鞋匠干木匠的活,如果他们交换各自的工具和所得,或者这个人要兼做两种活,你认为会对城邦造成大的危害吗?

——不会很大。

——如果一个天生的手艺人或者一个商人,由于获得了财富,或者依靠他的党,或者依靠他的势力,或者依靠其他的,企图进入到战士阶层;或者一个战士要进入议员或者统治者阶层,而他本人又不能胜任;或者他们之间相互交换工具和工作岗位;或者一个人企图同时把这些做了,我觉得你会承认,这种变化和整体

的混乱,会给城邦带来毁灭。(157)

——只能有这个结果。

——所以,城邦里这三个阶层之间的混乱和他们相互干涉彼此的工作,是最大的灾难,我们有理由称之为最大的坏事。

——对。

——这种损害城邦的坏事,我们是不是可以称之为不正义。

——不然又能叫什么?

——这就是不正义。

——对的。

——现在我们可以反过来说了。当城邦这三个阶层的每一个人,工人、战士和统治者,各司其职,不干涉他人的事物,这就是正义,城邦也是正义的。

——我也觉得只有这样才是。

——我们还是不要这样肯定和毫不怀疑,假如我们能够在每一个人身上都证明这个正义的定义,我们再承认也不迟。在相反的情况下,我们到哪里去寻找呢? 现在,我们还是继续我们的思路,即我们尝试,首先在最大的里面找到正义,然后再在个人身上查看正义的本质是什么。这个最大的就是我们建立的完美的城邦,我们相信,在这样的城邦里存在着正义。我们把这城邦里找到的正义放在个人身上。假如效果很好,就是成功。假如不成功,我们就再回到城邦里,重新开始尝试,在他们之间进行对比,如人们常说的那样,让他们相互摩擦,直到正义闪出火花,正像炼钢时迸出的火星一样。这才能让我们确信正义的存在。(158)

——这是一条正确的路,我们就这样做。

——我们谈论两样东西,一个较大,一个较小,东西是一样的,那么,和它们一样或者同名的东西是不是相像?

——当然相像。

——那就是说,正义的人在正义的性质上和一个正义的城邦是没有区别的,是相像的。

——是相像的。

——我们也承认,当组成一个城邦的各个阶层的每个人按自己的天赋只干自己的工作时,这个城邦就是正义的。同样我们也说过,这三个阶层具有其他特质时,城邦是克制的、勇敢的和智慧的。

——是这样。

——同样,我们应该要求个人在他的灵魂里有与这个城邦三个阶层相适应的三部分,每一部分都要有相对应的特点,这样才能赋予这个人和城邦一样的名称。

——必须这样。

——这样,我的朋友,我们就陷入了纠缠不休的关于灵魂的问题,即灵魂里有没有这三部分。

——可能与我们想象的不一样,真如谚语所说的,好事多磨。

——看来是这样。你要知道,我的好人格劳科斯,按照我的想法,用我们到现在在讨论中使用的方法恐怕找不到我们要的结果。把我们引导到目的地的是另外一条道路,远得多和复杂得多。但是,也许解决到目前为止的问题,这个方法还是值得用的。

——难道还不够吗? 至少我认为这个办法是令人满意的。

——我也觉得足够了。(159)

——那就不要扯远了,开始吧。

——是不是绝对需要承认,我们每个人身上都必须具有城邦里存在这些特质? 因为它们不能来自别处。真的,假如有人认为,激情在某些民族中存在,比如色雷斯,西徐亚和一部分北方人,比如好学,是我们民族的特点,比如爱钱是腓尼基人和埃及人的特点,但不是他们的原则,不是它们的特质,显然是可笑的。

——当然。

——事情是这样的,就不难理解了。

——一点也不难。

——困难正是从这里开始的,假如我们的灵魂是不是能具备所有的品质,或者这三种中的一种。学习是一种能力,激情也是一种能力,饮食、生育的欲望是另一种能力,诸如此类,或者用全部灵魂来做这些,这都是我们难以明确的。

——我也看到了。

——所以我说,我们试试寻找,这三种能力是相互关联的还是每一种都不同。

——怎样?

——很明显,一个人在同一时间内,不能对同一个客体,同时作出正反两个动作。如果我们在任何地方能够找到这样的示例,那么我们结论就不是这个,而是更多。

——这……

——请注意我的话。(160)

——说吧。

——以此观点,一个事物是静的,同时又能是动的吗?

——不可能。

——让我们说得更准确些,以防产生任何疑问。假如有人对我们说,一个人站在那里,他的手和头在动,那么这个人就是同时又静又动。但是,我们会提出,他的说法不对,因为这个人只是一部分静,而另一部分动。是不是这样?

——是的。

——还是这个人,为了证明他的才智,会坚持说,当陀螺位于一个中心点不移动,而整个陀螺在不停旋转时,或者任何一个物体在以轴心为准旋转时,就是既静又动。我们就说,应该把这个物体分成两部分,直线的轴心和圆周线的外围。如果直线的轴心一点也不移位,它是静止的,而外围是旋转运动的。当轴心的直线或者向左或者向右,或者向前,或者向后发生偏差时,就不能说它是静止的了。

——完全正确。

——所以,即使他们这样对我们说,也吓不倒我们。也不能说服我们,即同一事物在同一时间内可以有正反两个动作。

——至少永远也不能说服我。

——但是,我们不要在各种假设理由上浪费时间,还是遵循我们的设想直接前进。只是有一点保留:如果我们突然发现有错误,我们建立在这个设想上的结论就需要全部撤销,认为是无效的。(161)

——这是最好的办法。

——现在请你告诉我:一个人画一个点,说他想要什么,或者画一个点说他不想要什么;期望获取一件东西,或者拒绝获取这件东西;或者接受,或者拒绝;你认为这些行为或者欲望(因为在这一点上是没有区别的)是相反的或者不是?

——当然是相反的。

——还有,渴和饿作为欲望,同样,希望和意图,所有这些,你是不是也归于我们现在谈论的事物种类之中?比如,一个人的灵魂趋向他所期望的,或者期望他要得到的;或者期望给他什么,如果有人问他,就表示出来,要实现自己的愿望。

——是的。

——那么,不期望,不祈求,不愿意和拒绝,排斥和推诿是不是一样的?灵魂的这些活动是不是与上述相反？

——是的。

——就是说,在我们所说的欲望中,有些是很明显的,如上面说的渴和饿。

——是的。

——一种是对饮料的欲望,一种是对食物的欲望。

——对。(162)

——渴,就是渴,没有别的,只是灵魂里对渴的欲望,我们说的对吗？比如,渴是渴望热饮还是冷饮,或者是要喝多还是喝少,或者其他什么饮料？或者,如果对渴加上热的概念,就是渴望热饮;如果加上冷,不就是要冷饮吗？或者,加上许多其他概念,渴就有许多种,就要满足渴的多种需要;如果是少的,就要满足少的需要吗？但是,单纯的渴,不可能有其他的欲望,就是自然的客观需要,即解渴的饮品。同样饿也只要求食物,对吗？

——对,是这样。一种欲望按其自然是对客观的一种需要。至于这类或者那类欲望,需要另外加补充概念。

——请注意,可能有人站出来反对我们,说,人不只简单地需要饮料,而是好的饮料,不是简单的食物,而是好的食物。因为所有的人总是要好的东西。渴既然是欲望,就欲望好的东西,不管是饮料还是其他东西。

——这样说的人也有一定的道理。

——是的,但是,我们所说的事物仅限它们本身,并没有单独谈论一个事物。

——我不明白。

——你不明白,最大的不是和另一个相对而言吗？

——这我明白。

——是相对比较小的吗？

——是的。

——最大的是对最小的而言？

——对。

——一,一倍,或者是未来出现的更大的,不是关系到这个一,一倍吗？或者未来出现的较小的,不也一样吗？

——明白。(163)

——多和少,两倍和半倍,重和轻,快和慢,热和冷,以此类推,不都一样吗？

——明白。

——科学不也一样吗？科学本身就是指某一种特定要学习的知识。比如,当建造房屋成为科学时,它就有别于其他科学,我们不就称呼它为建筑学吗?

——有什么不是吗?

——除此而外,它与别的科学相像吗?

——当然不。

——不相像,是因为它有自己的对象。而其他的技艺和科学不也一样吗?

——是这样的。

——现在你明白了,当我说具体的事物时,只关系到事物本身和它的对象。不能绝对理解为,这个事物就是它关系到的对象。比如,关系到健康或者疾病的科学,就说这个科学是健康的或者疾病的;关于美好和邪恶的科学,就说这个科学是美好的或者邪恶的;因为这门科学,医学,是关于健康和疾病的,而别的科学没有这个对象,所以才形成了特定的科学,我们就不能简单地称之为科学,而要根据它的对象称为医学。

——我现在明白了,觉得很对。

——那么关于渴,你不觉得它关系到一种对象吗?

——当然,关系到饮料。

——这种渴或者那种渴与这种饮料或者那种饮料无关,只是单纯的渴,与饮料的多或者少,好或者坏也都没有关系,渴就是渴,需要饮料,仅此而已。(164)

——当然。

——所以,渴的灵魂不要别的什么,只要喝,解渴就行。

——这很明显。

——假如灵魂渴时,有一种东西牵制她,不让她去饮,那这个在灵魂里的就是另外一个不感觉渴的东西。因为我们说过,一个事物在同一时间内不能对同一客体做出相反的两个动作。

——当然不能。

——我觉得,这就像说射箭手一样,我们说他的手既拉弓又放弓是不对的,而说他一只手在拉弓,另一只手在放弓,才是正确的。

——很对。

——现在,你说,有没有这样的人,他们渴,但是却不想饮?

——怎么没有? 很常见。

——对这样的人,只能假设在他的灵魂里有一种东西,命令他不要去饮,这种阻止他去饮的东西强于要饮的欲望,对不对?

——我也这样认为。

——现在要考虑的是,阻止他去饮的力量难道来自某种理智,而驱使他去饮的是什么欲望和疾病?

——好像是。

——所以我们说,灵魂里有两种独立的和不同的存在,灵魂思考的那部分我们称之为理智,而另一部分,爱、渴、饿,而且会马上投身于这种要求,我们称之为欲望,无理智,是满足和享乐之友。

——我们这样区分完全有道理。

——灵魂里存在的这两部分,欲望和理智,我们已经确定了。现在来看激情和起因,我们把它们看做第三部分,或者从其本性讲,属于那两部分中的之一?

——也许属于欲望那部分。

——我听说过这样一个故事,我相信是真实的:阿格来翁之子来翁提奥斯一次从比雷埃夫斯返回,经过北墙时,发现一些尸体倒在执行死刑的场地,他想前去看看,但是同时,内心的厌恶又阻止他,开始时,他还对抗自己的欲望,遮住了眼睛。最后还是被欲望打败,跑到尸体附近,睁开眼睛,说:“看吧,混蛋,把这美景看个够吧!”

——是的,我也听说过这个故事。

——这个故事的寓意是,灵魂的冲动有时会抗拒欲望,和欲望是不同的。

——是这个意思。

——但是,我们注意到,在许多情况下,当一个人感觉到被欲望推动去干理智禁止的事情时,他开始咒骂自己,对使他陷进去的欲望愤怒,就在两者争斗时,激情插入进来,会和理智站在一起吗? 不,当理智阻止我们去做某种事情时,激情却和欲望站在了一起,对抗理性。请你告诉我,你的灵魂是否有过这种情况,或者在其他人有过。

——看在神明的分上,没有。

——再者:当一个人感觉到自己有错时,不管他有多么勇敢,在遭遇到诸如饥饿、干渴、寒冷等不幸时,也会和他人一样愤怒;当他认识到,有人用这种方法惩罚他是有道理时,永远不会允许他因愤怒去反对这个人,对吗?

——真是这样。(166)

——但是,当一个人感觉自己被冤枉了,是不是他的愤怒会被激发,会发狠,会加入到他认为正义的一边去? 他又没有能力战胜遭受的饥饿、寒冷等不幸,他的愤怒就无法控制,最后或者得到满足,或者死去,或者像牧羊犬被主人召唤一样,被理智唤回,他才能平静下来。对吗?

——真的,你所说的例子时有发生。所以我们应该承认,在我们城邦里,战士必须像猎狗服从牧羊人一样,听从城邦的统治者。

——你非常正确地理解了我想说的话。但是,除此之外,你没有想到别的吗?

——什么?

——现在我们面前出现的愤怒之情,和我们开始时所说的不一样了。我们说过它也属于欲望之列,但是,当灵魂里发生纷争时,它却总是拿起武器,站在理智一边。

——是这样。

——它和理智有别,或者与理智关系密切,那么,在灵魂里存在的不是三种而是两种,只有欲望和理智?或者,如同在我们城邦里有三个阶层——工人,战士和统治者——一样,在灵魂里也有第三部分,即激情,激情按其本质是理智的守卫者,至少在没有受到不良的培养情况下。对吗?

——应该有第三部分。

——是的,但是,我们已经证明了它与理智有别,现在还要证明,它和欲望也有别才行。

——不难证明。我们注意到,孩子一生下来就充满激情,而理智,我觉得,只是在一些孩子身上,而且是很晚才出现的。(167)

——真的,看在宙斯的分上,你说得真对。这一点,甚至在动物身上也能发现。荷马的一段诗可以为我们提供证明:

继而他捶打胸部,内心自责地说……

荷马在这里呈现两种不同的东西,一个斥责另一个,一个对好与坏进行判断和思索;另一个不思索只行动。

——你说得对。

——我们再总结一下,尽管比较费劲。我们已经证明,在每个人的灵魂里有三种势力,和城邦里的三个阶层一样。

——对。

——城邦是智慧的,没有必要采用同样的方法来证明人也是智慧的,对吗?

——对。人是勇敢的,城邦也同样是勇敢的。一句话,城邦的美德也是个人的美德。

——这是必然的。

——同样,格劳科斯,我们用同样的方法,既能说明城邦是正义的,也能说明个人也是正义的。

——这也是必然的。

——当然我们不能忘记,当组成城邦的三个阶层里的每个人都各司其职时,城邦是正义的。

——我不相信我们忘记了这一点。

——让我们记住,如果我们灵魂里的三个部分中每一部分别也只各司其职,我们每个人就是正义的,就要完成自己的任务。

——一定记住。

——既然理智有智慧,能够控制灵魂,理智的任务不就是领导吗?而激情只能服从和作为同盟来协助理智吗?(168)

——是的。

——也像我们说过的,音乐和体育的混合教育使两者(理智和激情)和谐,用美好的语言和课程培养和加强理智,而用和谐的魅力和旋律驯顺和平稳激情。

——没有疑问。

——理智和激情通过这种方式培养、学习和教育,而后驾驭每个人灵魂更大和本性更贪婪的欲望。要关注,防止肉体无节制的享乐,欲望膨胀,以至于不能安分守己,甚至要去控制和支配它无权问津的部分,彻底毁了人的生命。

——正确。

——这样,理智思考和决定,激情在理智的统帅下战斗,勇敢地完成理智的决定,不就以此捍卫灵魂和肉体的安全,防止受到外部敌人的伤害吗?

——是这样。

——如果一个人灵魂里的激情,能够在享乐和痛苦之间,不偏不差地执行理智关于可怕的或者不可怕的事物指令,我们就称他是勇敢的人。

——很对。

——同样,如果一个人的理智能够完全掌控灵魂,深知下达的指令符合三部分和整体的利益,我们就称他是有智慧的人。

——是的。

——如果三部分之间友好和谐,理智担任领导,另外两部分服从,认同理智为最高权威,根本不与其争执,这个人不就是有节制的人吗?(169)

——的确,这既是城邦的,也是个人的节制美德。

——最后,什么是正义的人我们说过了,而且已经反复说明了。

——是的。

——但是,是不是有什么妨碍我们承认,每个人身上的正义就是城邦的正义呢?

——我觉得没有。

——我觉得,我们将完全相信,假如在我们的灵魂里存在某种怀疑,会采取有效的措施。

——什么措施?

——比如,事关我们的城邦和每个人,无论是由于天生,还是由于受到的教养,都和城邦一样,是正义的。我们要检查一下,假如委托他保管黄金或者白银,他会像一个与他不一样的人那样去侵吞吗?

——当然不会。

——他也不会亵渎神灵,盗窃,背叛朋友和城邦吗?

——同样不会。

——会违背誓言或者任何一个协约吗?

——不会。

——会通奸,不孝顺父母,不敬神,或者和其他人一样作出他不该有的行为吗?

——当然不会。

——所有这些的缘由不就是灵魂里的三部分都各司其职,或者服从,或者领导吗?

——只有这样。

——你还坐在这里寻找除了给我们个人和城邦这种力量以外的正义吗?

——我当然不会了,看在宙斯的分上。

——到此为止,我们的梦想实现了,这个梦开始时还是模糊不清的。到现在我们城邦的设计才成型,是某一位神帮助我们实现了正义的雏形。(170)

——真的。

——格劳科斯,真的出现了一幅正义的画面,符合我们的目标,即在我们城邦里,无论是鞋匠、木工,还是任何一个人,都只专注从事天生赋予他的本行。

——是的。

——看来,这就是正义,不看外表,而看其内部,灵魂的三部分是不是各司其职,不去干预其他人的事务。既然各司其职,灵魂的三部分都是各自的主人,相互之间是朋友,和谐相处,和其他相关的也能和谐,节奏一致,那无论做什么,挣钱也好,保养身体也好,参与政治也好,私人经商也好,都称之为是正义的,是好的行为,都永远保持和谐,智慧和知识掌控自己的行为。破坏和谐的是不正义,破坏秩序的是愚昧无知。

——你说的这些,苏格拉底,都非常正确。

——很好。这样的话,我觉得,就不用怀疑我们已经找到了,什么是正义的人,什么是正义的城邦和他们之间的正义美德是什么了。(171)

——不用怀疑。

——同意了?

——同意。

——现在就剩下讨论什么是不正义了。

——对。

——不是别的,只能是灵魂里三部分冲突,各行其是,参与与己无关的事务,灵魂里的一部分为了取得不属于他的控制权而对抗整体,而她天生就应该工作和服从领导。引起无秩序,动乱,就是不正义,放纵,怯懦,愚昧无知,一句话,全部邪恶。

——真是这样。

——既然我们清楚了什么是正义和不正义,也就明白了什么是不正义的和正义的行为。

——怎么会?

——因为健康和有害之间没有任何区别。只不过一个是对灵魂的,一个是对肉体的。

——什么意思?

——健康的东西带来的是身体健康,而有害的东西引起的是疾病。

——这对。

——同样的理由,正义的行为产生正义,而不正义的行为则产生不正义吗?

——对。

——当我们所说健康的带来健康,指的是,人体各个成分之间自然平衡,相互协调。有害的引起疾病指的是,一个成分违反自然法则,凌驾于另一个成分之上,或者屈从于另一个成分之下。

——这是对的。

——同样,产生正义意味着,灵魂里的各个部分,根据自然法则是平衡的;而不正义不就是灵魂里的一部分违法自然法则,凌驾于另一部分之上或者反对另一部分吗?

——很对。(172)

——所以,看起来,美德就是灵魂的健康,善良和有力;而邪恶则是灵魂的疾病,丑恶和软弱。

——是这样。

——所以,善良的行为产生美德,丑恶的行为产生邪恶。

——是的。

——现在我们剩下要讨论的是,一个人行正义和做一个正义的人,不管是人们承认或者不承认,有利呢?还是行不正义和做一个不正义的人,甚至不怕惩罚和惩罚之后改过自新,有利呢?

——但是,苏格拉底,我看现在还坚持讨论这个问题太可笑了。因为,当人体的自然平衡被毁灭之后,活着就非常艰难,无论多么丰衣足食,腰缠万贯和荣誉满身,也都无法改变这种状态。如果我们赖以生存的自然因素被搅乱和毁灭,就不能使灵魂摆脱邪恶和不正义,不能提供正义和美德,因为我们已经找到根据证明了。

——是可笑。但是,我们既然已经涉及了这点,可以非常确定地证明这个真理,不应该怕劳累。

——当然不怕劳累。

——来吧,值得劳累来看看,邪恶有多少种类。

——我在听你说,指出来吧。

——从我们谈话达到的高度,我只看到了一种美德,而邪恶却无数,其中有四种一定要牢记。

——你想说什么?

——我想说,有多少种政体,就有多少种灵魂的方式。(173)

——到底是多少种?

——五种政体,五种灵魂方式。

——说说看。

——我说一种政体方式是我们已经描述过的,可以给她两个名称:如果最高统治者只有一个人,是专制;如果最高统治者是多数,是贵族政治。

——对。

　　——我说的只是一种简单的政体,因为无论是一个首领还是多个首领,如果他们坚定不移地遵循我们规定的培养和教育的美德,都不会改变我们城邦的基本法律。

　　——当然。

卷五（174）

——这样的一种政体,无论是对城邦还是对个人,我都称之为好的。如果这是唯一正确的政体,那么其他的所有政体,无论是在管理城邦方面,还是在个人性格培养方面等都是恶的。这些恶的政体在数量上有四种。

——哪些?

于是,我开始按顺序历数这些政体。这时坐在阿迪曼托斯附近的宝来尔马豪斯把手伸到他的肩上,拉他的衣服,俯身对他耳语,我听不清他们的话,只听到:"我们让他继续呢还是要做点什么?"

——不能阻止他! ——阿迪曼托斯大声说。

——你们说的他是谁? ——我这时问。

——你!

——我? 为什么,请问?

——我们觉得你开始厌倦,企图抽调讨论的整体内容,只说些无关紧要的话。看来,你认为,只要你简单地谈一些什么朋友之间可以共有妻子和孩子这个明显的问题,就可以逃避我们。

——怎么? 你不觉得在这个问题上我是有道理的吗?

——当然有道理,但是,跟其他道理一样,这个道理需要详细解释。因为这个共有或许有许多的和不同的理解方式。你不应该回避,要告诉我们,你赞成哪一种方式。我们满怀希望等了好长时间,希望你总要涉及这个问题。即女人怎样怀孕,孩子们生下来后又怎样抚养,还要说明怎样共有妻子和孩子们。因为我们认为,城邦在这方面有很多事情要做,或者说,这完全取决于城邦。现在,在澄清这个问题前,你就想谈论其他政体,所以我们决定,正如你听到的,我们想阻止你展开政体的谈话。(175)

——我赞成你们的决定。——格劳科斯说。

——苏格拉底,你要知道,我们这里所有的人都同意这样做。——司拉西马霍斯说。

——你们阻止我干什么呀! 你们凭什么又要从头讨论城邦问题! 我本来认为你们已经接受了我的观点,回避了继续辩论。但是,现在,你们知道你们的要求会引起多么大的辩论吗! 这正是我意料之中的,所以才试图回避,以免过于劳累。

——什么! ——司拉西马霍斯说,——你以为这些人到这里是来熔化金子的而不是来听你谈话的吗?

——当然,但是要有限度。

——对于有头脑的人,——格劳科斯说,——苏格拉底,用整个生命来听这样的谈话都是不够的。你不要替我们着想,不要回避我们提出的问题,尽量阐明你的思想,你认为在我们的卫士之间怎样共有妻子和孩子? 孩子们从生下来到开始接受教育前,在他们最需要关怀的年代,怎样培养? 你要尽量把这些问题给我们解释明白。

——我的好人啊,事情没有那么简单。尽管我们开始谈了很多,还是会产生很多怀疑。首先,没有人会相信,这是能够实现的。第二,即便是相信,也不会承认这是最好的。所以,我对于开始这样的谈话犹豫不决,唯恐我将说的一切只是空想的愿望。(176)

——尽管如此,你也不要犹豫。要听你谈话的人当然不是傻子,也不是怀疑一切的,更没有对你不怀好意。

——啊,我的好人,难道你跟我说这些话是为了给我勇气吗?

——当然。

——唉,我说,你这样做只会适得其反。因为,假如我确信我深知要谈的话题,你的鼓励就是正中其怀。因为在有知识的人和朋友之间,一个人可以满怀信心和大胆地谈论他们关心的重大问题,谈论他确信的真理。但是,如果对于要谈的话题没有这样的自信,就像我现在这样,那是错误的,也是危险的,当然还是可笑的——这种担心是孩童式的——但是,如果陷入这样的谈话,不仅本人会迷失真理,还会误导他的朋友们。对于我要讲述的话题,我要呼唤涅墨西斯①,因为我相信,无意杀人与在美、善、正义和法律这些问题上欺骗他人相比,罪过要小得多。如果一个人对待敌人冒这样的风险是可以的,而对朋友呢? 所以,我的朋

---

① 涅墨西斯:希腊神话中的报应女神,专司报应。——译注

友格劳科斯,你给我的不是勇气。

格劳科斯微微一笑,说:

——苏格拉底啊,假如我们因为你的谈话而受害,我们保证不会追究你,你既不是杀人犯,也不是骗子手。所以,鼓起勇气,开始吧。

——根据法律,得到宽恕的凶手是无罪的,这也应该适用于我们现在的情况。

——说吧,不用担心。(177)

——我不得不回过头去阐述那个本来早应按计划谈的问题。既然你要求,也许现在女人登场是正确的了,因为男人的戏剧已经结束。对于人,无论从自然本身,还是从我们承担的教育来说,我认为除了我们开始时确定的对于女人和孩子们占有和使用道路外,不需要再做什么,那时我们把男人比作羊群的护卫者。

——是的。

——让我们遵循这个想法,承认女人也有同样的自然本性,也受到同样的教育,看看能不能成功。

——怎样做?

——这样:我们让母犬也和公犬一样去守卫羊群,和公犬一起去狩猎;或者相反,让母犬只留在家里,因为它们天生是要生育和抚养幼犬的,它们没有能力去受累保护羊群。这样行吗?

——应该让它们一起干,除非我们把母犬当做弱者、公犬当做强者使用。

——一个牲口,如果我们没有用适当的方式对它进行养育和培养,它能适应需要的工作吗?

——不能。

——如果我们像使用男人那样使用女人,也应该对她们进行和男人一样的培养和教育。

——对。

——我们通过音乐和体育培养男人。

——对。

——所以对女人也应该进行这两种技能的培养,对她们进行军事训练,以便能像男人那样,到处使用她们。

——按照你所说的,至少应该这样。(178)

——也许我们说的这些,其中一部分在实践中是可笑的,因为不符合我们的风俗。

——可能。

——你看什么是可笑的？女人和男人一样在健身房赤身裸体锻炼，不仅有年轻的，还有上了年纪的女人，她们和上了年纪的男人一起锻炼，皮肤松弛，满脸皱纹，看上去是不是不够愉悦？

——是的，真的，在目前的道德标准下，是很可笑的。

——但是，我们既然开了头，那些看到女人们体育锻炼，接受音乐教育，进行使用武器和骑马训练而说风凉话和嘲讽的聪明人士就不能阻止我们这项改革。

——你说得对。

——既然我们已经踏上征途，就不要理会这世俗的粗野，继续走下去。我们只是请求那些先生们放弃固有的成见，严肃一些。我们还要提醒他们，在不久前，希腊人还和现在的野蛮人一样，把一个人裸体看成是可耻和可笑的；当克里特人和斯巴达人进行裸体训练时，那个时代的爱开玩笑的人用喜剧来嘲讽他们。是这样的吗？

——是的。

——既然经验已经证明，裸体比遮盖住身体各个部位训练效果更好，眼见为可耻而实际是正确的，就不再是可笑的了。这同时也证明，那些把丑恶以外的事物都看做可笑的，那些总是从另一面或者从邪恶和愚昧的一面嘲讽事物的人，那些企图把美看成其他的或者看成不美的人，才是愚昧无知和幼稚可笑的。

——你说得太对了。（179）

——你们看，是不是应该这样：首先，我们达成共识，假如事情是重要的或者相反，给所有的人，不管轻浮者还是认真者，参加讨论的自由，和我们共同探讨，从人的本性看，女人是不是和男人一样，能胜任所有的工作，或者不能，或者只能胜任其中的一部分；如果属于后者，战争是不是包括在内；如果按此方法讨论下去，结果是不是会很好？

——非常好。

——我们要不要也承担反方的任务，避免在讨论中反方的论点得不到辩护？

——没什么不可以。

——那我们可以站在他们的立场说：苏格拉底和格劳科斯啊，一点也不需要你们任何新的论据，因为你们在开头确定正义城邦的基本原则时，就定下了每个人只干由于天赋而适合自己的工作。

——是的，我们是这样定的，那又怎样呢？

——但是，在天赋本性方面，男人和女人之间的差别巨大吗？

——当然巨大。

——是不是应该按照天性差别而给他们分配不同的工作?

——怎么不?

——那么,尽管男女之间在天性上差别巨大,你们现在却提出男女可以从事同样的工作,不是自相矛盾和犯了大错吗? 亲爱的格劳科斯,你怎样回答?

——这可是出人意料,不容易回答。但我还是非常愿意请求你,现在就请求你,如果你可以,请你代表我们来回答。(180)

——这个,还有其他许多,都是我开始就预料到的,所以,在触及妻子和孩子的问题上犹豫不决。

——真的,说实话,不像看起来那么容易。

——当然不容易。事情是这样的:假如一个人跌进水里,不管是小水池还是大海,别无选择,只好游出去。

——当然。

——那我们为了获救就要在这个谈论中游下去,期望会遇到一条海豚,把我们托在它的背上或者会出现意想不到的救星。

——完全可能。

——好,那就开始吧,也许会找到出路。我们都同意,人因天赋不同而从事不同的工作,男人和女人的天赋不同,但我们现在却要让他们从事同样的工作,你们是不是这样指责我们?

——是的。

——啊,格劳科斯,反方的技艺多么强大有力呀!

——你为什么这样说?

——因为我觉得,很多参与争论的人并不真了解争论的内容,只是简单地你来我往唱反调。所以会这样,是因为他们不能综合各个因素去理解一个概念,而只是在字面上寻找反对的理由,把讨论变成纷争。

——是的,很多人这样。我们现在是不是也面临同样的情况?

——完全可能。尽管我们不情愿,但面临陷进去的危险。

——怎么会?

——关于根据不同的天赋从事不同的事业这一概念,我们勇敢的反方是按字面去理解的。我们之前是确定过的,人根据不同的天赋而要从事不同的工作。(181)

——我们是这样确定的。

——那我们就有充分的理由提出一个问题,秃头的人和长发的人都有自己的天性,如果我们同意他们天性不同,是不是可以提出,秃头的人能做鞋匠而长发的人不能做鞋匠,或者相反,长发的人能做鞋匠而秃头的人不能做鞋匠。

——那实在太可笑了。

——还有一个原因更可笑,就是我们绝对地看待了人的天赋,而没有根据不同职业对天赋的不同要求来考虑。比如,我们说一个人有从医的天赋,就可能成为医生,对不对?

——对。

——医生和木匠作为人的天赋是不同的,对不对?

——毫无疑问。

——如果男人和女人天赋的区别局限于从事某种技艺或者工作上,我们就不能让他们都从事同样的技艺或工作。但是,如果这种区别仅限于怀孕生子,那么,我们就要坚持自己的论据:男女之间的差别不会影响我们的卫士和他们的妻子们共同从事军事活动。

——很正确。

——然后,我们要请反方明示,在我们有教养的城邦里,哪种技艺或者职业由于男女天性不同而适合不同性别的人呢?（182）

——问得有理。

——也许会碰到一个人来回答我们的问题,他会像你刚才做的那样,不会马上给一个令人满意的答复,但是略加思考后,就不那么难了。

——也许。

——你是否同意,我们请他听我们讲下去,也许我们会向他证明,在城邦里没有任何一种工作只专属于女人?

——同意。

——那就来吧,我们将对他说,让他来回答我们:按照你的想法,一个天资聪慧的人和先天不足的人之间的区别是不是在于前者学习容易而后者难?是不是前者从小就能学会一样知识且能举一反三,而后者尽管学习很努力,但却转瞬即忘?是不是前者的身体条件有利于其思维发展,而后者的身体条件却成为其思维发展的绊脚石?根据你的想法,这些是不是天资聪慧者和先天不足者之间的区别,或者还有别的什么?

——不能再提出别的什么了。

——你是不是了解,人在出生后,男人有哪些先天特点胜过女人?更不要说纺织和厨艺,假如女人发现在这些领域她们弱于男人,会认为是最大的耻辱,对吗?

——你说的这些都对。一般来说,女人落后于男人,但是,也有许多胜过男人的女人。从一般情况看,你说的是对的。

——所以,我的朋友,一个城邦里的职业,没有一种专属女人,也没有一种专属男人。两个性别的天赋是平等的,他们的天性适合所有的职业,区别仅仅在于,女人比男人弱一些而已。(183)

——这是对的。

——假如我们把所有的事情都交给男人,而不让女人干任何工作,可以吗?

——那怎么行?

——实际上是行不通的,我们可不可以这样说:一些女人适合搞医学和音乐,而另一些女人不适合?

——怎么不是?

——有些女人有运动和爱好战斗的天赋,而另一些女人没有?

——这是对的。

——同样,有些女人,从天性上说,适合担任卫士,而另一些女人不适合。再有,智慧和勇敢是不是我们挑选城邦卫士的基础?

——是的。

——那么,女人是不是也和男人一样,能够担任城邦的卫士,区别仅限于能力的大小而已。

——看来是这样的。

——所以,应该让这样的女人们和这样的男人们住在一起,共同担任保卫城邦的任务,因为他们具有同样的天赋。

——毫无疑问。

——那么,同样的天赋是不是应该赋予同样的职务?

——对。

——这样,我们又回到了问题的起点,而且取得了一致意见,即:天赋并不妨碍担当卫士的女人们从事音乐和体育训练。

——非常正确。

——所以,我们理想的立法是符合天性的,不认为在实践中是不可能的,也不是简单的愿望。而目前的做法恰恰是违反自然的。(184)

——看来如此。

——我们现在面临的问题是,我们所说的这些是不是行得通,是不是最好的。

——对。

——我们已经同意了,是行得通的。

——对。

——那么,现在只需要证明是最好的就行了?

——很明显。

——为了让女人有能力承担卫士,除了对她们进行和男人一样的培养教育外,还需要增加别的吗,既然她们和男人的天赋是一样的?

——当然不再需要。

——你对我下面的问题怎样看?

——什么问题?

——你认为所有男人的价值都是一样的,还是有些人高一些,有些人低一些?

——当然高低不同。

——那么,你认为,在我们建立的城邦里,我们教育培养的卫士是不是比受过专业培训的鞋匠高一些?

——这是个可笑的问题。

——我想说,跟其他的公民比,卫士是不是更好一些?

——这是对的。

——那么,担任保卫城邦的女人是不是比其他女人更好一些?

——她们是最好的。

——那么,在一个城邦里,还有什么比找到最好的男人和女人更有利呢?

——没有。

——那么,结论就是,按我们所说的办法,让女人接受音乐和体育训练,对不对?

——怎么不对?

——这样,你看,我们确定这样的法律,对城邦来说,不仅是可行的,而且是最好的。

——是的。

——所以,要成为城邦卫士的女人在体育训练时就应该是裸体的,而不是按道德标准穿衣服;应该参加战斗和保卫城邦,而没有其他职责;只是我们要把一些较轻的任务分配给她们,因为从性别上说她们是比较弱的。那些嘲笑为了一个良好目标而裸体训练的人会自食被嘲笑的后果,看来他根本不知道嘲笑什么和干什么;有益则美,有害则丑,这在现在和将来都是至理名言。(185)

——是的。

——以上所论,只是我们在女人这个话题上躲过的第一个浪头,没有沉没下去。我们的男女卫士应该共同承担所有的责任,这是可行的和有益的。

——你躲过的可不是一个小浪头。

——但是,当你看到下一个浪头时,你会说,它并不算大。

——说吧,让我们见识一下。

——按我们论证的结果看,需要的立法是下面这样的。

——什么样?

——我们战士的妻子是全体共有,没有一个女人只和一个男人单独生活在一起。孩子们也是共有的,子不识父,父不识子。

——这样的法律真是令人难以相信,能行得通和有益吗?

——我认为,在是否有益的问题上,不会遇到强烈的反对,他们不会否认,如果可能,共有孩子和妻子是社会最大的财富;但是,我认为,最大的怀疑,这是否行得通。

——这两点都会受到质疑。

——那我就要在这两方面受到攻击了。我本来认为你会赞同是有益的,这方面我是可以躲过,只要论述是否可行就够了。

——我已经察觉到你企图躲过去,但是,现在,你要把这两个方面都讲清楚。(186)

——我接受这个惩罚,只是有个小小的请求,给我一个假期,正如那些懒散的精灵一样,当他们的思维放松时,习惯用幻想喂养自己。你当然知道,他们在思考一个问题时,为了不劳其神,常常先按着头脑中的愿望,认为就是可行的,而且开始高高兴兴安排后来的计划,这样,他们灵魂的天性就更懒惰了。现在也一样,我在困难面前畏缩,想拖延讨论是否可行的问题,假如你允许,我要跳过去,先讨论城邦的管理者为了实现这个设想要采取哪些措施;我还要证明,对于卫士和城邦,这是最有益的。我想和你首先共同讨论这个问题,如果你允许,然后我们再讨论其他的。

——我同意,开始吧。

——我认为,如果我们的管理者,同样,我们的战士们也一样,都是名副其实的话,就执行命令,会根据法律来发布命令,或者当我们允许他们独立判断时,根据法律的精神行事。

——自然。

——那么,你作为立法者,也像挑选男战士那样,挑选女人,尽可能依据相同的性格,把女人分配给男人。他们同住同吃,谁也没有私有财产,他们无论是训练还是被派往驻地,总在一起,我认为,天性会导致他们两性结合。或者,你不认为这是需要的必然结果吗?（187）

——根据需要是,但这不是几何学的必然,而是性欲的必然。性欲的必然远远大于几何学的必然,这会有助于说服和吸引民众。

——非常正确。但是,格劳科斯,这种无序的结合或者其他行为在人们生活幸福的城邦里是不合乎天理的,也是管理者不允许的。

——当然,因为是不合法的。

——还有,很明显,我们还要把婚礼办得尽量神圣,越神圣越有益。

——当然。

——但是,这样有益吗?由你,格劳科斯,来回答这个问题。因为我注意到在你的家里有许多公猎犬追逐异性,你注意到它们寻偶和生育了吗?

——什么?

——第一,尽管这些动物都是纯种,会不会从其中生育出更好的呢?

——当然。

——而你对所生下的后代是无所谓呢,还是希望得到更好的?

——当然想得到更好的。

——这更好的是来自幼小的、最老的,还是最佳年龄期的呢?

——当然是后者。

——假如你没有做这样特别的选择,你是不是认为你的犬和家禽会很快退化?

——当然。

——你不认为马和其他兽类也如此吗?

——我若是反对才枉然呢。

——哎呀,我亲爱的格劳科斯,如果这同样适用于人,我们的管理者需要有多大的才能啊!

——当然适用于人,他们该怎么办呢?

——在用药时,对于一个本来不需要药物,只要改变膳食的病人来说,我们

认为,只要一般的医生,甚至差一点的医生,就足够了。假如真的要对症下药,我们都知道,就必须要有高明一些的医生。(188)

——这是对的,但是,你为什么说这些?

——因为,为了公民的利益,我们的管理者有时不得不使用谎言和欺骗,正如我们以前说过的那样,这也像一种药物,有时是有用的。

——这是正确的。

——你说的这个正确在婚姻和生育领域有更大的天地。

——什么意思?

——需要,既然我们同意上述观点,为了避免我们种群的退化,就需要让杰出的男女之间的性接触尽量多,而让较差者之间尽量少接触;要养育前者的孩子,而不养育后者的。而这一切的进行,除了管理者外,任何人都不得知道,这是为了保持战士们之间的和谐不受破坏。

——非常正确。

——还需要立法规定一些节日,在这样的节日里把新郎和新娘集聚在一起,用祭神和那些在歌颂婚姻神圣中出类拔萃的诗人所做的颂歌陪伴他们;我们授权给管理者决定婚礼的次数,他们根据战争、疾病和其他因素,永远保持男人们的数量,还要尽量保证我们的城邦不要过大,也不要过小。

——对。

——我们还要准备一些签,让那些较差的人凭运气,靠抽签来寻偶,以免抱怨管理者。

——这很聪明。

——还有,对于那些在战争中和其他领域表现突出的年轻人,除了奖章和奖金外,还要给他们经常接触女人的权利,尽量让他们生下更多的孩子。(189)

——完全正确。

——这些生下的孩子由专门的机构收留,机构的组成人员可以是男人,也可以是女人,也可以是男女一起;因为我们说过,这样的机构对两性都是开放的。

——对。

——把杰出者们的孩子送到公共养育院,交给保育员,由他们抚养。他们住在城邦里一个单独的地区内。对于那些较差者们的婴儿,或者生下来先天不足的婴儿,应该放在一个秘密的地方,绝对保密。

——这当然是为了保持战士们后代的纯洁。

　　——专职人员负责关照婴儿,在母亲奶水充足时,把母亲引导到养育院去给婴儿喂奶;但是要采取严格措施,不能让母亲认出自己的孩子。如果母亲的奶不够,就找其他母亲代替,但是,喂奶时间不宜过长;至于守夜和其他的劳累的工作,均交给保育员或者其他女人完成。

　　——这样的安排,战士们的妻子生子就很容易了。

　　——这是应该的。我们继续开始的话题。我们说过,生子应该在最佳年龄期进行。

　　——是的。

　　——你觉得我们规定女人 20 岁,男人 30 岁怎么样?

　　——你认为年龄界限是多少?

　　——女人 20—40 岁,男人可以过最焦躁期,到 55 岁。(190)

　　——的确,这两个界限对男人女人来说,无论从身体上,还是从精神上,都是最佳年龄期。

　　——如果有公民在此年龄界限前或者后,违反城邦的婚姻法,我们就宣布他犯有严重不公和亵渎罪,因为他播下的种子如果生育下来,是黑暗和非法放纵的果实,他的婚姻没有得到神职人员和城邦的祝福,也没有向神祭献,这是每次婚姻前必须做的;这样做的目的就是为了让杰出的父母生下最好的后代,让优秀的父母生出更优秀的后代。

　　——很正确。

　　——婚姻法也适用于下列情况:尽管男女双方都符合法定婚姻年龄,但他们在没有得到管理者允许的情况下结合,他们生下的孩子被认为是私生子和亵渎神明的。

　　——非常对。

　　——如果男女都到了法定婚姻年龄,我们就给男人接触女人的绝对自由,当然女儿、母亲、孙女和祖母除外;把同样的自由也给女人,儿子、父亲、孙子和祖父除外。在给他们这种许可的同时,还要明确宣布,他们结合的果实不能见到光明,若不然,城邦不能抚养他们的后代。

　　——这些都正确,但是,怎样区分你说的父亲、女儿和其他亲属呢?

　　——根本不用区分。因为从一个战士完婚那天算起,在第七个月和第十个月之间生下的所有男孩都看做是他的儿子,所有女孩都看做是他的女儿;而他们的孩子们又都是他的孙子和孙女;反过来,这些孩子们也称呼他为父亲和祖父。在男女法定年龄完婚的同一时期生下的孩子们都是兄弟姐妹,他们之间不允许

有我们所说的两性关系。但是,只要是抽签决定和皮西亚①神谕允许,兄弟姐妹之间的禁婚法律无效。(191)

——这很好。

——朋友格劳科斯,这就是我们城邦卫士之间妻子和孩子的共有制。剩下要证明的是,这和城邦的其他政治制度是否一致,是否最有益。这难道不需要证明吗?

——当然需要。

——在开始求证前,我们先给自己提个问题:在立法者的眼中,我们城邦组成的最大善是什么,最大恶是什么? 继而探寻,我们现在谈论实行的共妻制的足迹是否能把我们引向最大的善和远离最大的恶?

——很对。

——对城邦来说,有比把一个城邦分裂成许多城邦更大的恶和把许多部分联合成为一个城邦更大的善吗?

——没有。

——欢乐和痛苦共有是不是会带来这样的结果:一个城邦的公民尽最大可能共同分享幸福的欢乐和共同分担丧失的痛苦?

——毫无疑问。

——如果每个人都只有自己的私人情感,那么还有人和城邦以及第三者同欢乐共痛苦吗?(192)

——怎么会?

——这种情况发生,是不是因为所有的公民对于同一情况会有不同的表达:这是我的,这不是我的,这跟我无关?

——真是这样。

——如果一个城邦里的大多数公民在这种情况下能异口同声地说:这跟我相关或者这跟我无关,这样的城邦是不是就非常容易管理?

——当然。

——这就和一个人一样:当一个人的手指受伤,由于身体和心灵是统一体,整个人都会感到手指的疼痛。同样,所有的感觉、欢乐和痛苦,对于个人来说都是共有的。

——正如你所说的,这和一个城邦一样,这样的城邦便于管理。

———————————————

① 皮西亚是德尔菲阿波罗神庙的女祭司,她代表阿波罗神向朝拜者发布神谕。——译注

——我认为,一个公民,仅仅一个公民,只要遇到好事或者遭遇不幸,整个城邦就会和他共享欢乐或者共同分担痛苦。

——这是一个社会秩序良好的城邦非常需要的。

——早该回到我们自己的城邦了,看看我们所说的这些在这里是不是比在其他城邦更行得通?

——对。

——在其他城邦,是不是和我们这里一样,也有管理者和民众?

——怎么没有?

——在其他城邦,除了共同的名称之外,民众怎样称呼他们的管理者?

——在大多数情况下,他们将管理者称为首领。

——在我们城邦里,民众还怎样称呼管理者?（193）

——他们的救星和保卫者。

——管理者怎样称呼他们的公民?

——纳税人和供养者。

——在其他城邦管理者怎样称呼公民?

——奴隶。

——管理者之间呢?

——管理同事。

——我们城邦呢?

——护卫同事。

——你可以告诉我吗? 在其他城邦,在管理同事之间,是不是把一些人看做自己人,而把另一些人看做外人?

——这很普遍。

——他们是不是把和自己联系紧密的看做自己人,而其余的人不是?

——经常这样。

——但是,在你的城邦里,护卫者能把同事之间某一个人称为外人吗?

——根本不会,因为每个人都会把看到的人认为是自己的人,或者说兄弟姐妹,或者是父亲母亲,或者是女儿孙女,总之是长辈的亲戚或者是晚辈的亲属。

——你说得很好。但是,请你告诉我,你说的这些亲属关系仅仅限于口头上,还是要立个法? 规定所有人在行动上也要对称为父辈的人真心尊重,完全忠实,充分顺从,该法要求所有晚辈都得遵守,不遵守的人就被认为是不孝顺不正义,就得不到神和人们的眷顾。全体公民从小就要受到这种教育,作为长辈要向晚辈灌输这些法律规定,让这些规定不绝于耳。对不对?

——这毫无疑问,因为如果只是在口头上谈论亲属关系,而不能落实在行动上,是荒谬的。

——这样,我们的城邦和其他所有城邦不同,在这里所有的人都和谐相处,感同身受,只要一个人境遇良好或者不好,如上所述,全体都会说,我的境遇好或者不好。(194)

——很对。

——我们是不是说过,凡是以这种思想为主和经常听到这样言论的地方,人们就共享快乐和同担痛苦?

——说过,而且很有道理。

——所以,我们的公民没有私有财产概念,正因为这样,才有感同身受,对吗?

——对。

——在我们城邦的组成上,除了守护者的妻子儿女共有制外,还有什么制度会有同样的效果?

——只有它。

——我们承认这是城邦最大的善,我们把管理城邦比作人体,各个部分都能同时感觉到任何一部分的快乐和痛苦。

——我们承认了这种观点。

——结论就是,城邦最大的利益就是在守卫者之间实行妻子儿女共有制。

——同意。

——这个结论和我们以前的说法是一致的,你还记得吗,我们说过,我们的战士们不应该有私有的房屋,私有的土地,和其他任何私有财产,由其他人供养他们,作为他们保卫城邦的报酬,他们有共同的开销,只有这样,他们才是真正的城邦护卫者。

——对。

——那么我们先前规定的和现在所说的,是不是能造就真正的护卫者和防止城邦分裂? 如果发生下面的事情:当所有人都不说"这是我的"时,另外的人却相反,其他人不同,他试图获得自己的房屋和其他财产,有的人就效仿他,结果有了自己的妻子和儿女,有了他独享的欢乐和痛苦,是不是各有各的感受了? 在相反的情况下,每个人都把他人的利益看做自己的利益,所有的力量都为了一个目标,他们不就能同甘苦了吗? (195)

——毫无疑问。

——除了身体之外，一切都是共有，那么人与人之间还会上法院打官司吗？这自然的结果是不会在人们之间因财产分割，或者因妻子儿女，或者由于其他亲属之间的原因而产生怨恨和纷争，对吗？

——自然会摆脱了。

——他们之间也不会发生暴力和拳脚相加，因为我们要教育他们，同龄人要相互帮助，他们的任务是保护共同的利益。

——很正确。

——这个法律的正确性还在于，一个人能够依此方式平息自己瞬间的愤怒，不使事态扩大。

——毫无疑问。

——管理者要监督年轻人，有权力进行处罚。

——这是自然的。

——还有明显的一点，在没有管理者按规定发布命令的情况下，年轻人不得对年长者有暴力行为或者拳脚相加。我认为，也不允许采取任何方式羞辱年长者。有两个因素阻止他们这样做：畏惧和敬重。这两点会阻止他们向自己父辈一样的人动粗。畏惧指的是：他们明白，如果动手，其他的人，或者作为儿子，或者作为兄弟，或者作为父亲，都会出手相助的。（196）

——会的。

——这些法律能保证我们公民之间永远和谐相处。

——对。

——只要他们和谐相处，就不怕有人挑动他们纷争，也不怕在其他公民之间制造分裂。

——当然不怕。

——我不敢去历数那些他们将摆脱的卑微琐事，如穷人不得不阿谀奉承富人，以减轻养儿育女的烦恼和痛苦；或者为了维系数目不小的奴隶，去挣钱，借债，还债，等等，这类不值得劳神去说的事情。

——真的，只有瞎子才看不见这样的事实。

——我们的人完全摆脱了这些可悲的麻烦，生活得比奥运会获胜者还要幸福。

——怎么会？

——他们比奥运会获胜者享受的幸福还要多。他们的胜利更光荣，得到公众的奉养更彻底;因为他们的胜利拯救了整个城邦,所以,他们一生和他们的儿女会永远得到供养。在世时,城邦给予他们名誉和奖赏;过世后,也会有豪华的墓地。(197)

——这是他们应得的。(197)

——不知是谁在此之前指责我们说,我们的战士一点特权也没有,其他人可以有财产,而他们却一无所有,他们有什么幸福可言? 当时我们没有回答,我认为会有机会讨论这个问题。我们的目的是造就真正的卫士,为了整个城邦的幸福,而不是单独照顾某个阶层的特权,你还记得吗?

——记得。

——怎样? 现在证明了我们的战士的生活比奥运会获胜者还要好,还要优越,还有必要去跟鞋匠,或者其他工匠,或者农民的生活相比吗?

——我看完全没有必要了。

——那么,我完全有理由重复我当时说的话:假如我们的战士用那种不符合城邦卫士身份的方式去追求幸福,假如他不喜欢一般的,但是有保证的,在我们看来最好的生活,而被一种荒谬的、幼稚的幸福观主宰,推动他为占有城邦的财产而耗费精力,那他就会理解赫西俄德①说"**半途毁全程**"是多大的智慧。

——如果,他想听我的劝告,他还是不要来过我们确定的这种生活好。

——那么你赞同按我们所说的方式,男女之间一切,包括供给,孩子和保护其他公民,全部共同承担? 女人们在城邦里,参加战争,也像母犬那样,参加城邦守卫和狩猎,尽可能时时和事事参与男人的工作,确信他们所做的一切都是为了城邦的利益,而不违反男人和女人的天性,而是共同过着一种自然的生活?(198)

——我赞同。

——现在,剩下要讨论的问题是,人之间的这种如同在其他动物之间一样的共有制,采用什么方式才能实现?

——我正想提这个问题。

——我认为,关于战争,去打仗就是了。

——怎么进行?

——他们共同参加动员,还要带上他们已经成熟的孩子,和其他行业的孩子们一样,见识一下将来他们长大后要做的事情;此外他们还要关照自己的父母,

———————————
① 赫西俄德:希腊古代叙事诗诗人。——译注

在战争中尽量做一些辅助的工作。或者,你是否注意到,其他工匠们,例如制陶工的孩子,在他正式坐在转盘前,也需要很多时间观看?

——我注意到了。

——或者,他们比卫士们更加关照自己的孩子,为了让他们通过观察掌握他们的工作所必需的经验?

——这种假设是可笑的。

——每种动物在幼子在场的情况下,是不是搏斗得更勇敢?

——是这样。但是,苏格拉底,也存在不小的危险,胜败是兵家常事,如在战斗中失败,除了他们本人,他们孩子们的性命也要搭进去。结果是整个城邦无法承受这样巨大的损失。

——你说得很对。那么,你认为我们第一要关注的,就是不让他们面临任何危险吗?（199）

——绝非如此。

——如果需要,让他们在一定会取得胜利的情况下去冒险,他们不会受到更好的锻炼吗?

——这是显而易见的。

——你认为,让这些未来是战士的孩子们见识战场,受益小,不值得冒险吗?

——不,是很有益处的。

——所以,我们首先要让孩子们去见识战场,同时要尽量采取保护措施,保证他们的安全,不出任何事故,不是这样吗?

——是的。

——再说,他们的父辈们作为有经验的战士,一定很了解哪些战斗是危险的,哪些不是。

——自然。

——有的要带领他们参加,有的就要保护他们。

——对。

——还要找年龄成熟和有经验的,而不是随便什么人,担任他们的首领和向导。

——应该这样。

——还应该说明,战场上是千变万化的,什么情况都会发生。

——是这样。

——所以,为了防止意外,我们如果能给孩子们装上翅膀,在需要时,他们就会展翅逃离。

——你指的是什么?

——从小就要教会他们骑马,要让他们骑马上战场,不要那种烈性的战马,而是速度快的驯马,在出现危险时,他们就容易和首领迅速撤离。

——现在我明白了,你说得很对。

——在战争中战士们应该怎样对待自己人,怎样对待敌人,你认为我将说的是否正确?

——说吧,我们听听。

——在战斗中凡是因为胆怯而逃跑者,放下武器者,或者有类似行为者,不应该把他们降到工匠或者农民阶层吗?(200)

——当然应该。

——如果一个战士被敌人活捉成为俘虏,是否把他们赏给敌人,任其处置?

——理解。

——而在战场上表现勇敢,战绩突出的人,要与年轻的战士和孩子们区别开来,在战场上就授奖。

——对。

——要不要让大家与他握手祝贺?

——也需要。

——像我说的那样你可能不会赞同。

——什么?

——让他去亲吻大家,大家亲吻他。

——相反,我不仅赞成,还要在法律上补充,一个在战场上表现杰出的人,如果他乐意,可以去亲吻,甚至爱一个男人或者女人,被爱者无权拒绝,尽一切可能给予他奖赏。

——很好。正如我们前面所说,一个勇敢杰出的男人,有权接触更多的女人,比其他男人更有优先权,由他生出更多的孩子。

——我们是这样说过。

——但是,对于勇敢杰出的战士,荷马说得好,还要有其他的奖励方式。比如,埃阿斯在一次战役中立了大功,据说在晚宴上把"**整个牛脊背的肉**"奖给他一个人吃了,这不仅是荣誉,还增加了他的体力。

——太对了。

——所以,至少在这一点上,我们要以荷马为榜样。在祭祀典礼上和在其他庆典上,用赞歌和其他如前所述的方式表彰他们,请他们入上座,请他们吃最好的肉,用大杯饮酒,除了荣誉,还让我们杰出的男女战士增强了体力。

——非常正确。(201)

——而对于战死沙场,壮烈牺牲的战士,我们是不是首先把他们列入黄金一代?

——完全应该。

——我们也同意赫西俄德在诗歌里赞颂的,属于黄金一代的人在死后,是"活在大地上纯洁善良的神灵,驱赶邪恶远离人们"。

——当然同意。

——接下来,我们要不要去神庙求神谕,请明示我们对于神灵和这些死亡的勇士们应该做些什么?

——怎么不应该?

——我们要不要把他们当做半神顶礼膜拜,去朝圣他们的墓地? 我们要不要把同样的荣誉也赋予那些在生活中道德优秀、因年老或者其他原因亡故的人?

——这至少是公正的。

——现在,讨论一下,我们的战士应该怎样对待敌人?

——指哪些方面?

——首先在奴隶问题上,你认为希腊人把战败的希腊城邦的人变为奴隶是正义的吗? 或者禁止他们这样做,相反,作为希腊族饶恕他们,而只把蛮族变为奴隶?

——这还用讨论吗!

——这样,希腊人就没有一个希腊奴隶,我们要不要建议其他希腊人也这样做?

——毫无疑问,因为这样做就使希腊人之间避免敌对,而集中力量对付蛮族。

——还有,在战胜敌人时,除了按常规剥夺敌人的武器外,搜刮敌人的尸体是好的行为吗? 或者,这给了那些胆小鬼勇气,在敌人活着时他们不敢面对,而只是在敌人死后扑到他们的尸体上,仿佛这是他们的任务之一,但是实际上这种行为不已经多次断送战场的胜利吗?(202)

——是这样。

——搜刮敌人尸体是不是卑劣的贪财? 把死者的尸体看做敌人,而让活着的敌人只丢下用于战斗的武器远走高飞,不正表现了他们心胸狭窄、目光短浅吗？你不认为这和那些只对石头狂叫而不去进攻扔石头打它的人的狗儿一样吗？

——完全一样。

——所以,我们的战士应该远离敌人的尸体,要允许对方来收尸。

——对。

——还有,不能把战败者的武器带到神庙,作为祭献战利品悬挂在那里,尤其战败者是希腊人时,如果我们想保证与其他希腊人友好的话。如果神谕有示,那另当别论。

——非常正确。

——你说,我们的战士对于践踏希腊的土地和烧毁房屋应该怎样想？

——我非常愿意听你的想法。

——我认为,这两者都不可为,要做的很简单,只取走当年的收成,你想听我的理由吗？

——当然。

——我觉得战争和内讧是两个不同的概念,反应的是两个不同的客观事实。其中之一指亲情相连,而另一个纯属外部;亲情相连的我们称之为内讧,而纯属外部的我们称之为战争。

——你这样分是正确的。

——如果正确,请你注意:我说亲情相连时,指的希腊民族之间;而外部和他们毫不相干,是蛮族。(203)

——很对。

——当希腊人和蛮族发生冲突,或蛮族和希腊人发生冲突,他们战斗,我们自然说这是战争;而希腊人之间发生冲突,他们天然是朋友,这种冲突我们称之为内讧。

——我也赞同你的说法。

——所以,当一个城邦发生内讧,公民之间分裂,如我们界定的那样,如果他们相互毁坏田地,焚烧家园,你当然认为双方都是叛逆,是自毁祖国;不然他们就不敢践踏养育他们的母亲土地。胜利者只要拿走战败者当年的收成就足够了,这就意味战争不会永远打下去,最后总要和好。

——这样的愿望是非常人性化的。

——你看,我们奠定的城邦不就是希腊城邦吗？

——毫无疑问。

——那么,在城邦里的居民是不是善良的和文明的?

——非常善良和文明。

——他们不爱希腊人吗?不把希腊作为共同的祖国吗?没有共同的宗教吗?

——这还用说吗?

——所以,他们之间的任何冲突都称之为内讧,而不叫战争。

——对。

——所以,在他们相互冲突时,是不是应该表现得有一天要重归于好的样子?

——当然。

——所以,只能用妥善的方式加以惩戒,而不是把战败者沦为奴隶或者消灭,他们都只是惩戒者而不是战斗者。(204)

——对。

——既然都是希腊人,就永远不会毁灭希腊,不会烧毁家园,更不会把城邦里所有的男女老幼视为敌人,敌人只是少数制造动乱的人;所以,既然大多数人是朋友,就不能毁坏土地和掠夺家园,让多数人不受伤害,只要少数肇事者受到惩戒就可以了。

——我赞同希腊人之间这样对待反对自己的人。对待蛮族也应该像希腊之间那样。

——我们要制定法律,规定我们的战士不许践踏对方土地、烧毁家园?

——要制定,要知道,这个法和原来制定的其他法律都是正确无比的,但是,苏格拉底,我觉得没人赞同你这样讲下去,因为你忘记了没有说完的话题,没有涉及下面的重点:这样的城邦是可行的吗?怎样实行?我承认,如果能够实现,世界最大的善将集中在这样的城邦里。我还要补充你忽略的一些东西,比如,他们会非常勇敢地和敌人战斗,因为他们深知,只要相互之间呼唤兄弟姐妹、儿女和父母的名字,就会相互帮助。我还要说,女人出现在战场上更是使他们不可战胜,不管女人们和他们同在一个战壕里战斗,还是在后方提供后勤帮助,都会给敌人造成恐惧。我还注意到,在和平时期也有许多好处被你忽略了。你不要再继续唠叨细节了,只要这种城邦能够实现,你说的那些优越性,还有上百万的好处,我都承认。(205)

——你这是对我的谈话突然袭击,都不允许我喘口气。也许你没有意识到,我刚刚躲过两个浪头,你又迎面给我掀起了第三个、更加凶猛的浪头。当你看到和听到它时,你就理解我到目前为止对讨论这个难题犹豫不决的原因了。

——你越是这样对我们说,在你没有讲清楚怎样实行这样的制度前,我们越是不能放过你。开始吧,不要白白浪费我们的时间了。

——我们有必要回顾一下,我们是在讨论正义与非正义时才引起这个话题的。

——很对。这又怎样?

——没什么。但是,假如我们找到了正义的本性,我们就会要求一个正义的人不要脱离,而要完全符合这个本性;或者,和其他人相比,他更加接近这个本性,我们不就满意了吗?

——只要更加接近就足够了。

——我们还探讨了,假如真的存在,什么是正义和什么是正义的人,什么是不正义和什么是不正义的人;我们就有了这两种人的样板,并以此判断他们的幸福和不幸,我们必须承认,他们之间有相像的命运,而且相像之处很多,而不要让我们证明这种样板存在的可能性。

——这话是正确的。(206)

——你认为,一个画家绘制出一幅最漂亮的美男子样板,看到的人无不赞叹其完美无缺,但是,这不能证明现实中确实存在这样的人,这个画家的价值是否因此而降低了?

——当然不会。

——我们在这里除了用言辞绘制出一个完美城邦的样板外,还做什么了?

——真的什么也没做。

——这样的话,假如我们不能证明在我们设计的样板上可以建成城邦,我们所说的一切就失去价值了吗?

——当然不能。

——这就是问题的实质。我为你们来证明这样的城邦是能够建立的,我要求你们赞同我要引用的证据。

——什么证据?

——一件事情能够完全按描绘的那样实现吗?还是本质不变,尽量贴近实现?如果有人不同意,你如何选择?

——我赞同你的意见。

——你不要强迫我来证明,我们用言辞描绘过的,要分毫不差地实现。假如我们能说明,一个城邦用我们的原则来管理更加有益,你就要承认,根据你的要求,证明我们所说的是行得通的。或者,我们达到这个目的你仍然不满意?反正我认为这就足够了。

——我也这样认为。

——让我们努力寻找我们城邦现在管理不好的缺欠,看看做什么样的小变动就能达到我们设计的完美城邦;变动不限于一项,如果可能,可以是两项,尽量少,不是重大的。(207)

——很好。

——我认为,我们可以证明,只要有一个变动,城邦就可能改变整个面貌;这个很重要,也不容易,但是,不是不能实现的。

——哪方面的变动?

——我马上就涉及它,这就是我比喻的第三个、更加凶猛的浪头。哪怕这个浪头铺天盖地向我冲来,让我像婴儿一样可笑和丢丑,我也在所不惜。

——那就说吧。

——如果统治城邦的不是哲学家,或者,如果现在我们称之为国王和管理者们不能成为名副其实的哲学家;如果国王不能把政治权利和哲学结合在一起;如果不彻底清除那些现在管理城邦的尔虞我诈、争权夺利的人;我的朋友格劳科斯,那些伤害国家和整个人类的丑恶就永远清洗不净,我们设计的城邦也永无见天之日。我早就预见到,这样说会引起公众的反对,所以迟迟不敢出口。如果不进行这样的变动,找不到另外的能使个人和公众都得到幸福的办法。

——苏格拉底啊,你会看到,这些话一出口,将有很多人赤膊上阵,顺手抓起碰到的第一件武器,扑向你,好好修理你。假如你不能用语言武器维护自己而摆脱他们,你就等待受惩罚吧。(208)

——这不是你造成的吗?

——我做得很好。但是,我向你保证,我不会让你任凭命运摆布,将尽可能用利益鼓励和帮助你,也许我比其他人更适合回答你的问题,你找到了我这样的帮手,就尽全力向那些抗议者证明,你的话符合实际。

——既然你这样慷慨支持我,我们共同试试吧。我觉得,首先要做的,假如我们要摆脱掉你说的这些人,就要向他们说清楚,哪些人是哲学家,哲学家应该管理城邦;在他们明确这个概念后,能够支持他的思想,证明这样的人天生就有智慧,能够治理好城邦;而其余的人不要干预,只要坚决服从就行了。

——是该解释清楚的时候了。

——那你注意听我的,看我的解释够不够。

——说下去。

——我需要提醒你,当我们说某人爱一个客体的时候,是真正意义的爱,那么,他不仅爱这个客体的某个部分,而是全部,对吗?

——看来,是需要你提醒我,因为我不完全理解你说的。

——说这话的人应该是他人,而不是你。一个像你这样多情的人,不会忘记,花季年龄总能使青年人心神不定,没人否认他们的爱和柔情;说实话,你面对英俊男孩,有没有过这样的遭遇:如果一个男孩有宽阔的鼻子,你会称赞他可爱;如果有鹰钩鼻子,你说他有王子像;如果处于两者之间,你会说他匀称得体;皮肤黑一些的你会说他们雄伟健壮,皮肤白的则说他们宛如圣子下凡;而对如蜜一样黄的赞许只能是情人的专属,是不是用'清瘦浅黄'这个亲密的词来称呼美少年?简言之,这些词语都是为了形容那些处在美妙年龄的人。(209)

——假如你要在我身上兑现你关于爱的言论的话,为了讨论,我可以原谅你。

——还有,你没看到爱喝酒的人,他们会用一切词语来赞扬所有的酒?

——是这样。

——我觉得你知道,那些爱荣誉的人,如果不能被本族人选上将军,当个连长也行;如果得不到巨大的和重要的荣誉,小一点的、无关紧要的也行;他们唯一的奢求就是有一种荣誉和头衔。

——没错。

——那我就要求你回答我,是或者不是:我们说某人爱一个客体,是爱它整体还是一部分?

——整体。

——用同样方式来说一个哲学家,他是爱全部哲学呢还是爱其中一部分?

——当然全部。

——如果一个人不爱学习,而且他还年轻,不足以判断有益和无益,我们不会把他称作是爱学习和爱智慧的人;如果一个人嗅不出饭菜的香味,不想吃饭,我们就不能说他没有胃口,也不能说他贪吃,而只能说他厌食。(210)

——这样称呼是正确的。

——而一个人天性就爱学习各种知识,学习起来不知疲倦,满怀激情,我们可以说这种人是爱智慧的,对不对?

——对。——格劳科斯回答,——但是,这样的人很多,我不相信他们能在哲学家中占有一席之地。因为不如此,就应该把那些爱看热闹的也包括进去,他们什么都打听,而不参加任何像我们这样的讨论,而在城里乡下东奔西跑,不漏掉任何一个酒神节,仿佛他们的耳朵是租来的,到处去听歌队合唱。我们能把这些到处打听、专事微不足道小把戏的人称为哲学家吗?

——他们实际上不是、而只是像哲学家而已。

——那你把什么样的人称为真正的哲学家呢?

——热爱真理的人。

——这样说无疑是对的,但是,我要你解释,你是怎样理解的?

——对他人来说不容易,但是我相信,你一定会赞同我将说的。

——什么?

——因为美是和丑相对而言的,所以是两个东西。(211)

——怎么不是?

——是两个,分开又各是一个,有别。

——那还用说。

——这同样适用于正义和非正义,善和恶,适用于所有的概念。就本身而言,是一,但是在我们的行为、身体和它们发生关联时,这个"一"就到处显现出"多"。

——有道理。

——以此为准,我来把那些爱热闹、耍小把戏的人和我们所说的值得称为哲学家的人区分开来。

——怎么区分?

——第一种人爱热闹,到处打听,他们的爱仅局限于美好的声音,漂亮的色彩和图案,以及艺术创作出的成果,但是,他们的智力不足以让他们真正理解美的实质而去爱美。

——真有这样的事。

——那些真正达到美的高度,从本质去欣赏美的人是少数,对吗?

——很对。

——你看,有一种人,他们欣赏美,但是认识不到美本身,也不能追随那些引导他的人去认识,你认为他活在梦中还是现实中?想想看。一个人把本来相似的事物看成了事物本身,他不在做梦又在干什么?

——当然,我也认为他在做梦。

——与此相反的人不仅能够认识美本身,不仅能看到这个美,还能看到本质上与其相像的其他美,并且不混淆它们;你说这种人是在梦中还是清醒的?

——当然是清醒的。（212）

——所以，这种建立在客观实际上的认识，理所当然称为科学，而建立在幻想上的，只能是见解。对吗？

——当然。

——对于后者这种只有幻想而无真知的人，假如他们对我们发火或者抗议，认为我们说的不是真理，我们不说什么，只要暗示他本身有问题就行了。

——至少应该这样。

——你想想，我们应该怎样对他说，我看这样：首先，我们要使他确信，我们不妒忌他，相反，非常乐意倾听他的见识，只想请他回答我们一个问题：一个有知识的人，是认知一些事物呢，还是一无所知？请你代替他回答。

——认知一些。

——他认知的事物，是存在的呢，还是不存在的？

——当然是存在的，不存在的怎么认知？

——那我们就能确定，一个存在的事物是能够被认识的，而不存在的是不能被认识的。

——完全确定。

——那么，如果一种事物既是，同时又不是，它是不是就介于存在和不存在两者之间？

——是。

——既然如此，认识存在的事物是知识，而不认识不存在的事物是无知，那是不是也要找到一种表现介于两者之间的说法？

——应该。

——是不是有一种说法叫"见解"？

——有。

——见解和科学一样呢，还是不同？（213）

——不同。

——见解和科学各有各的客体，能力也不同。

——对。

——科学不仅要认识存在的事物，还要认识事物是以何种方式存在的？或者，也许我们先要澄清一个概念。

——什么概念？

——能力，我们说能力，指的是某种存在，由于它我们得以完成特定的功能。

比如,听觉,视觉的功能,我想你能理解这个名词的一般所指。

——理解。

——你听听我对这问题的看法:我看不到能力是有色有形的,也看不到它与其他事物间相互区别的特点;我能看到的只是能力达到的目标和结果,我用此法来区分各种能力。以各种能力达到的目标和结果来确定不同的能力。你如何区分?

——我也这样区分。

——回到我们原来的话题,你把科学视为能力还是别有归类?

——能力,最大的能力。

——见解呢,见解也是能力吗,或者我们把它另归别类?

——不行,因为通过见解我们能够判断现象。

——可是你在刚才还承认,科学和见解不一样。

——毫无疑问,因为一个用智力观察同一事物的人,怎么会把一个错的和一个对的混淆起来呢?

——很好。那我们承认,见解是一码事,知识是另一码事。

——对。

——它们各有各的对象,各有各的能力。

——根据需要。

——科学不仅要认识存在的对象,还要认识其存在的方法?（214）

——对。

——而见解只是判断现象的能力。

——对。

——同一个事物,科学认识它是存在的,见解能把它看成是另一个事物吗?

——不可能,因为我们承认科学和见解是不同的,各有各的对象。当一个事物被科学认识时,就不能被见解看成另一个事物。

——既然科学的对象有"存在",那么,见解的对象就有"不存在"。

——继续下去。

——难道是"不存在"? 或者,"不存在"不可能是见解的对象? 你想想看。有某种见解的人,是不是针对一个事物的见解? 或者,有见解,却看不到任何事物?

——不可能。

——那就是说,一个有某种见解的人,总是针对一个具体事物。

——对。

——那"不存在"就没有一个具体事物,我们就可以准确地称之为零。

——对。

——我们还承认,根据需要,"不存在"也是知识的对象。

——正确。

——这样一来,见解的对象既不是"存在",也不是"不存在"。

——都不是。

——那么,见解既不是知识,也不是无知。

——看来如此。

——见解在两者之外,它比知识更清楚呢,或者比无知更模糊?

——都不是。

——那你就认为见解比知识模糊些,而比无知清楚些了?

——正是这样。

——介于两者之间?

——对。

——所以,见解处在知识和无知之间?

——非常正确。

——我们之前说过,假如我们找到什么,它既是,同时又不是,那它就介于真正的"存在"和"不存在"中间,它既不是科学的对象,也不是无知的对象,而是位于科学和无知之间的一种能力。

——正确。

——我们现在就找到了这个位于两者之间的东西,我们称它为见解。
(215)

——是的,我们找到了。

——现在看来,我们剩下要寻找的是这样一种东西,它既在"存在"里,又在"不存在"里,又不完全是前者和后者。如果找到它,它就是见解的对象,是三种能力之一,是终端的终端,是中间的中间,你同意吗?

——同意。

——现在,我们要向那位好友提问题了,他不相信真正的美和美的理念,永远对一切都固执己见,只能认识繁多表面的美,不值得向他阐述真正的美,阐述真正的正义,等等;我们对他说,好人,请你回答我们:"在所有的美里,就没有一点丑,在所有的正义里就没有一点不正义,在所有的圣洁中就没有一点不圣洁吗?""不,同样一个东西,能显现出是美的,也能是丑的。其他问题也一样。""怎么? 很多双重,那么,许多美是不是也是整体的一半?""当然。""同样,大小和轻重,不都是相对的吗?""当然,它们都既是彼,又是此。""许多东西是多,或者并不多,对吗?""这正如在餐桌上给孩子们说的谜语那样:'**太监打蝙蝠,用什么打,打在什么上**?'你说的也一样,都有双重意思,是,又不是,你不能确切地说,是二,是一,还是另个。""你如何处置这些,或者你把它们放在哪里为好,是不是只有放在存在和零之间? 因为不比'不存在'更模糊,更不存在;也不比'存在'更清楚,更存在。""是这样。"这样看来,我们就找到了:一般人赋予美的或者其他特性的事物,游动在真正意义上的"存在"和"不存在"之间。

——是的。

——我们此前一致认为,如果找到这个东西,我们称它为见解的对象,而不是科学的对象,是游离于中间的一种能力。

——对。

——那些只注意许多美而认识不到美本身,也不能追随他人指导他认识美,正义等事物的人,我们说他只具备简单的知识,而没有对事物的真知。

——是这样。

——与此相反,那些注意观察事物本身的人,能够看到事物的本质,我们就说他们不是简单地认识事物,而有真知灼见。

——对。

——所以我们说,他们热爱和研究的东西是科学的对象;而其他人的是见解的对象,对吗? 或者,你还记得,我们说过的一种人,他们的爱仅局限于美好的声音,漂亮的色彩和图案,以及艺术创作出的成果,却看不得真正的美,或者认为不存在?

——我记得。

——假如我们称他们为有见解的人,而不是哲学家,会冤枉他们吗? 或者,他们会对我们生气吗?

——不会,假如他们愿意相信我的话,对真理生气是不对的。

——所以,我们只能把那些献身于研究客观存在本身的人称为哲学家。

——一点也不反对。

(第一部完)

第 二 部

卷六（219）

——唉，经过漫长的讨论，费了九牛二虎之力，我们总算弄清楚了，谁是真正的哲学家，谁不是了。

——不漫长可不容易。

——我不信。我觉得，假如我们一开始安排得好一些，只讨论这个问题，而不跑题，去讨论什么是正义人和不正义人的生活差别的话，就容易多了。

——得啦，说说我们还有什么没有讨论的吧。

——除了下面的问题还有什么：一种人是哲学家，是能够认识永恒不变事物的人，另一种人只知道忙忙碌碌，在繁多和变幻无常的事物面前转来转去；你说，他们之中，谁应该是城邦的统治者？

——怎样探讨这个问题才能得到最准确的答案呢？

——我说，我们应该选择那些有能力捍卫城邦现有法律和秩序的人去担当卫士。

——对。

——一个担任保卫任务的好卫士，应该是瞎子还是目光敏锐的人，难道不是一目了然吗？

——当然一目了然。

——你认为下面这样的人和盲人有区别吗？他们对存在事物的认识摇摆不定，心灵里没有一个清晰的样板，就像画家要在眼前放一个最真实的样板，绘画过程中时时仔细观察细节一样。这样的人却要盲目地去制定关于美、正义和善的法律，如果制定了，还要警觉地捍卫成文的法律。

——他们和盲人没有多大区别。

——我们任命他们为卫士呢，还是任命与他们相反的人，那些人能够认识每个事物的本质，经验丰富，能力也不差？

——如果他们有最主要的认识事物的能力,别的方面也不差,不任命他们才荒谬呢。

——现在,我们要讨论的是,他们怎样才能够具有这些品德,尤其具有其中最重要的品德。

——对。

——首先,正如我们谈话一开始说的那样,第一要弄清,他们的天性和特点。假设这个问题我们深入地讨论清楚,就不难承认,他们具有上述那些优秀品德,不需要再找其他人来管理城邦。

——怎么会?

——我们首先考虑,哲学家的精神是满怀激情,热爱学习,学习使他们得以发现永恒不变的、不受诞生和耗损影响的事物的本质。

——我同意。

——然后,他们热爱全部学知,而不有意偏废任何较大的、较小的、较重要的和较不重要的部分,如我们所说,对爱荣誉的人和爱慕者一视同仁。

——你说得对。

——现在请你注意,如果需要,除上述品德外,在他们的天性中,还要有另一种品德。

——什么?

——仇恨谎言,热爱真理。在任何情况下都不容忍谎言有意进入他们的灵魂。

——很自然。

——我的朋友,不是自然,而是绝对需要,爱慕者爱一个客体,不仅爱他本身,还爱与其相关的一切。

——对。

——你还能找到比真理更紧密连接智慧的东西吗?

——怎么可能?

——那么,爱智慧的天性能够同时也爱谎言吗?

——永远不会。

——所以,真正爱学习的人从小就要热爱真理,满怀激情寻找真理。

——很对。

——我们知道,如果一个人的欲望全部集中在一个特定的事物上,那他对其他事物的欲望就会减弱,这正如一条奔向目的地的河流一样。

——对。

——全部欲望都集中在求知和科学上的人,他的心灵不关注任何其他的欢乐和享受,藐视肉体的物质享受,假如他是真正的,而不是冒牌的哲学家的话。

——绝对需要这样。

——这样的人不可能没有节制,不可能爱钱,因为迫使人追求财富、满足巨大开销的诱惑对他们毫不起作用。

——是这样。

——在你分辨真正的哲学本质时,还要注意一点。

——什么?

——不要被卑微和心胸狭隘困扰,因为烦琐、斤斤计较和一个永远探求神的和人类整体事物的哲学心灵是水火不相容的。(222)

——言之有理。

——能够把握超越时空永恒理论和阿派朗①本质的伟大思想,会特别注重人的生命吗?

——不可能。

——那么,这样的人,能把死亡看成是可怕的吗?

——当然不会。

——所以,胆怯和心胸狭隘的天性与真正的哲学毫无关系。

——我看没有。

——一个人善于控制自己的欲望,不爱财,不胆怯,又摆脱了狭隘意识和自私自利,可能为人尖刻、不知退让和办事不公吗?

——不可能。

——因此,在你考查一个人是否具有真正哲学心灵时,还要注意考查他年轻时是温和的,公正的,还是尖刻的,偏激的。

——对。

——下面的也不能忽略。

——什么?

——思维敏捷,学习容易的人;或者你要找干什么都情绪不高,干点工作就

---

① 阿派朗,原词为 ΑΠΕΙΡΟΝ,希腊哲学家阿那克西曼德认为万物的本源为阿派朗,意思为"没有","无",也有人译为"无定","无定型"。——译注

喊累而毫无成效的人?

——当然不会找后者。

——还有,假如一个人记忆力不好,记不住自己学习的东西,他能够掌握科学吗?

——不能。

——如果他经过努力,历经辛苦,也毫无结果,他会不会厌恶所选择的事?

——怎么不会。

——所以,健忘不能是哲学家的天性,我们要求是天生记忆力强的。

——很对。

——但是,一个无修养的和粗俗的天性,除了导致行为无分寸,不适度,还能有别的吗?

——不能。

——你说,真理更接近适度呢还是不适度?

——适度。

——所以,除了其他的品德,我们还要求具有哲学思维的人热爱适度和文雅,这种天性能引导他去研究每一个存在的事物。

——是这样。

——等等,你是不是想过,我们上面历数的所有品德,对于一个要彻底认识存在的天性来说,不是相互自然关联的,也不是绝对必要的?

——正相反,我认为都是绝对必要的。

——我们找到了这样一种人,他天生记忆良好,善于学习,心灵温文尔雅,热爱真理和正义,勇敢而理智,让他从事哲学学习,你看还能找出什么不足吗?

——就连莫摩斯①也找不到不足了。

——如果他们完成学业,年龄成熟,积累了经验,不应该把管理城邦的大权只交给他们吗?

这时,阿迪曼托斯接过话茬,说:

——苏格拉底,没有人怀疑你所说的这些都是正确的。但是,经常和你讨论难题的人往往会有下面的遭遇。他们因为没有经过认真的问答训练,在提问时常被误导而犯一点小错,等到谈话结束,小错积累成大错,就发现得出的结论完

---

① 莫摩斯,希腊神话中夜女神之子(一说夜女神之女),专职挑剔是非,嘲弄和指责。——译注

全违背他们的初衷。这就像玩塔弗利①一样，弱的一方被强的一方最后逼得连要投放的棋子都没有了。他们在不是用棋子而是用语言为武器的游戏中，最后也无话可说。尽管如此，真理并不在你这里。我这说的是这次讨论。的确，没有人能对你的每个看法提出异议，但是在实际生活中，那些在年轻时热衷于学习哲学的人只是为了补充完成自己的学业，到后来他们中的很多人变得很怪异，不要用更不好听的言辞来说他们；这些从事了你所赞扬的这个职业的人大多数对社会是无用的。（224）

我听了他的话，就对他说：

——阿迪曼托斯，你认为他们说得不对吗？

——我不知道，只想听听你的想法。

——那我就告诉你，他们所说的，全都在理。

——那你怎么坚持说，如果不让哲学家管理，城邦永远摆脱不开鞭挞它的丑恶，哲学家对社会都是无用的呀？

——你这个问题迫使我要用比喻来回答了。

——你没有别的办法，只好用比喻了。

——我看你是在讥讽我，很好，是你把我投入到很难找到出口的语言迷宫里的。你一定要听我的比喻，你也就能看到，在这个迷宫里我多少还有点吉兆。对哲学家在城邦里的遭遇，你很难与其他遭遇相比；为了给出一个完整的画面，他们的辩护人必须把许多因素拼凑起来，就像许多画家绘画鹿、羊和其他怪兽那样。你设想一下，一条船，或者很多条船当中的一位船长，他比其他所有船员都个子高，体魄健壮，但是，他的耳朵背，视力不太好，也没有完全掌握航海技能。于是，船员们开始争吵，每个人都认为自己应该担任船长，尽管他们没有学过航海，也不能证明谁是他们的师傅和向谁学习过，而且还宣称，航海技术是不能传授的。如果有人不同意，他们甚至准备把他碎尸万段。他们纠缠在船长身边，请求他把船舵交给他们；如果没有成功，船长选择了他人，他们就把当选的人杀死，扔进海里。然后，他们或者把我们的好船长灌醉，或者强迫他饮下毒药，或者干脆采取手段彻底摆脱他。这样，他们就成了船的主人，一头扎进船的储藏室里，开始大吃大喝，你可以想象，现在的船是如何航行的。此外，赞同他们并不惜一

① 塔弗利，希腊民间常玩的一种游戏。在一个类似棋盘的长方形镶有立边的盒子里画有直条格道，玩者各有 15 枚类似棋子的小圆片。以掷骰子所得点数用小圆片占据格道数决定胜负。——译注

切手段帮助他们夺得船长席位的人,就被选为杰出船员,说他们技艺精湛,而其他的人则被宣布为无用的人;他们根本无法理解,一个真正的船长,对于天象、星辰、气候、季节、风向等与航海有关的学问都要精确地掌握。要驾驶一条船,不管船员中的一些人愿意或者不愿意,是必须经过专门训练和掌握特别驾驶技能的。当船上发生夺权事件后,你认为船上的船员会怎样看待真正的船长?是不是会说,他除了看星星,什么都不会干,是废物?(226)

——是这样。

——我相信,我也有必要向你证明,在城邦里完全是用同样的方式对待真正的哲学家的。我认为,你理解我想说的话。

——是的。

——那么,你首先要把这个情景呈献给那些对哲学家在城邦不受重视而感到惊讶的人,同时你要努力让他们理解,如果哲学家们受重视才是怪事呢。

——是的,我要这样做。

——有的人认为哲学家,甚至很杰出的哲学家无用,是有道理的,但是,责任不在哲学家本人,而在那些不用他们的人。因为,船长请求船员允许他管理船,智者主动前往富人处提供服务,都是不符合常规的。患病者无论是穷人或者富人,他都要主动去求医生给他看病,相反则是可笑的;所以,一个真正的统治者不能请求他的臣民接受他的管理。如果,你把现在城邦的统治者比喻成我们所讲故事中的水手,而把被他们称作废物、只善于观察星辰的人比作真正的船长,你是不会被嘲笑的。

——很对。

——这只是一个方面,实际上,那些从事最高职业的人也是很不容易的,因为受到对立面的干扰。对哲学最大和最坏的诽谤恰恰来自那些号称哲学家而实际不是哲学家的人,由于他们,指责哲学的人才说,哲学的信徒狡猾无比,他们当中稍微好一些也是无用的。他们说的是这样的事实,所以我才赞同,对吗?(227)

——对。

——这样,我们不就看到真正的哲学家无用武之地的原因了吗?

——是的。

——你想要我们现在讨论那些号称哲学家不可避免玩弄狡猾伎俩的原因吗?我们同时也要证明,不能把责任归罪到哲学身上。

——当然想讨论。

——让我们回到原来谈过的关于人天性优点的话题。你是否记得我们说过:一个天性真正智慧的人,第一美德就是热爱真理,时时处处追求真理,和那些自以为聪明的人完全相反,自作聪明与真正的哲学毫不相干。

——是的,我们说过。

——在这一点上,和我们今天的观点不正好相反吗?

——毫无疑问。

——我们要向反方的人说,真正的哲学家生来就要探求每一个存在,永远不会在繁多的表面现象前止步,而是满怀永不冷却的爱直奔他的目标,直到他的灵魂与存在的本质相结合。真正完成这一结合后,就诞生了存在的奴斯和真理,只有这时,才掌握了真正的知识,也只有这时,才摆脱了分娩之苦,婴儿得以生存和哺育。(228)

——这是对他们最好的回答。

——你说,这样的人爱谎言,还是憎恨谎言?

——一定憎恨。

——既然打头领舞的是真理,邪恶和缺陷就不能紧随其后。

——对。

——相反,带来的是良好的风俗,正义和节制。

——正确。

——现在有必要回过头去再历数一遍我们说过的哲学家的天性。你当然记得,必需的天性是勇敢,心胸开阔,善于学习和有良好的记忆力。阿迪曼托斯,你在这里打断了我们,说尽管大家不得不同意我们的说法,但是,实际上它们是无用的,其中很多人充满邪恶,狡猾多端。我们探讨了这种指责的缘由。现在我们要讨论,为什么很多哲学家变坏了,这又迫使我们再一次从头来界定真正哲学家的本性和特点。

——是的,是这样的。

——我们要研究的是,这种天性是怎样被败坏的,为什么大多数走向毁灭,而少数却没有。正因为如此,才没有把少数称作狡猾的人,而只说他们是无用的。接下来,我们考察虚假的和纯粹模仿的哲学家的天性,他们霸占了高于他们能力和价值的职位,干出无数荒谬的事,造成了你所说的哲学坏名声。(229)

——这种败坏的原因是什么?

——我尽力来给你把话题展开。设想,所有人都会同意,只有少数人才具有真正哲学家的天性和品质,你同意吗?

——很同意。

——请注意,这少数人又面临众多的被败坏的危险。

——哪些危险?

——你一定觉得非常奇怪,我们所证明的哲学家必备的天性就能够败坏具有这些天性的人,使他们远离哲学。这些天性就是勇敢,节制,等等。

——这一点,谁听起来都觉得奇怪。

——还有我们所说的全部优越性,比如美,财富,身体健壮,亲属很多,等等,都能败坏他。我想你能理解我的所指。

——我是能理解,但是我还是想请你准确地解释解释。

——你只要记住一个基本原则,就不会认为我说的这些是奇怪的了,你反而会认为这是极为自然和不言而喻的了。

——什么基本原则?

——我们都知道,任何动植物的种子都需要合适的营养、气候和季节,种子的天性越是强壮,必要的生长条件对其影响越大;恶与善比,恶与不善比,前者的反力更大。

——是这样。

——这是有原因的:良好的天赋更容易受不利条件的影响。

——是的。

——因此,好友阿迪曼托斯,我们要考查,天性最好的灵魂如果得不到良好的培育,就会变得更坏吗? 或者,你认为,最大的罪恶和极端的狡猾,源自一般的灵魂,而不是天赋特别好而受到恶培育败坏的,相反,一个天资较差的灵魂不可能作出最大的善或者最大的恶?(230)

——我接受这个观点。

——所以,一个哲学家的天赋,在得到良好教育和栽培的情况下,会达到完美的程度;如果被播种在不适宜的土地上,受到恶的培育,就会得到完全相反的结果,只有某一位神灵出手相助是例外。或者,你也和其他人一样相信,存在着被诡辩家败坏的青年。有一些这样的堕落诡辩家,或者,恰恰说这些话的人本身是最大的诡辩家,他们才有能力去影响青年和老人,男人和女人?

——怎么去影响?

——他们在人们聚集的场合,教堂,法庭,剧院,军营等人多的地方,大声鼓噪,或者赞成或者反对现实中议论的或者施行的事,他们有时会歇斯底里吵闹,所在场地的石头都会发出回声,使吵闹升级。在这种场合下的一个青年能怎么样？无论他多么例外，无论他受到怎样的教育，在这样赞同或者反对的大浪中，他怎么能抵抗得住而不沉没？潮流能不把他卷进去吗！在事关善与恶这样的大是大非问题上人云亦云，完全违背他所受教育的初衷，最后沦落为和他们一样的人。是这样的吗？（231）

——必然会这样。

——可是，我们还没有提到更大的必然呢。

——什么必然？

——就是那些诡辩家和教师们使用语言达不到目的时，必然要采取行动。你不知道吗，他们采用剥夺政治权利、财产，甚至生命来惩罚不服从他们的人？

——我知道，而且知道得很清楚。

——那你认为，什么样的智者或者私人教师能在授课中战胜他们？

——我相信没有。

——是的，就连试图这样干都是很荒唐的。因为现在没有，过去没有，将来也不会有一种真正的心灵美的教育能够和这些人的说教相抗衡。朋友，我说的是人的能力，神助例外。所以，你要记住，在这种情况下，如果一个人获救，成为应该成为的人，我们可以毫不畏惧和毫无虚假地说，这是神的恩赐。

——我也这样想。

——你还得有个想法。

——什么？

——那些收取报酬的私人教师们，老百姓把他们称为智者，他们的授课除了向年轻人重复同样的原则，同样的理论外，和他们在公共场合所有的演说没有什么区别。这就像一个驯养野兽的人，他要注意掌握一个凶猛巨大野兽的本能和习性，应该怎样接近它，应该抚摸它哪个部位；了解它何时和为何发怒或者温和；在什么不同的情况下发出什么不同的吼叫；听到什么样的声音会暴躁或者安静；过了一段时间，驯兽人掌握了这些后，就称之为智慧，并把这些作为自己的技能，开始教授这些技能。但是，他并不知道，在野兽的本能和习性中什么是善与恶，什么是美与丑；什么是正义与不正义；只是根据他对野兽本能的了解来判断，野兽让他满意时，他就称之为好，野兽暴躁时，他就称之为坏；他没有其他的鉴别能力，因为他本人没有能力理解，也不能向他人指出，绝对好和相对好之间的本质区别。假如你碰到这样一位教师，你不认为他不正常吗？（232）

——当然。

——你认为，这样的人和驯兽人有区别吗？他们认为熟知大众的本性和爱好,在集会上大谈政治,绘画,音乐,认为这是智慧。很明显,如果有人决定在公众集会上展示他的诗歌作品,或者他的其他技艺成果,或者对公共有益的设计,他的成功又取决于公众的评判,他就不得不迎合公众的喜好和认同。到现在为止,你听说过在他们这类作品中,有哪一件经过论证是真正美的和善的?

——到现在没有,我也不相信将来会听说。

——此外,你还要思考,一般公众能够相信并承认以下的说法是正确的吗?即美只有一,与其他许多美是有区别的,如果它本身成为一,就独立于其他类似的事物。(213)

——不,根本无法理解。

——所以,大众不可能是哲学家。

——不可能。

——所以,那些企图成为哲学家的人必然受到多数人的鄙视。

——是不可避免的。

——所以那些和这群人紧密联系在一起的私人教师,诡辩家就期望和他们保持良好的关系,讨他们喜欢。

——很明显。

——既然如此,你看什么是拯救哲学家天性的希望,以便能够坚持下去,最后达到目的?你根据我们先前所说的,自己判断一下。我们说过,真正哲学家的天性是好学,记忆力强,勇敢和心胸开阔。

——没错。

——这样的人在他的孩童时期不就是同龄人中的佼佼者吗,如果身体素质也和心灵一样的话?

——怎么不是?

——当他长大成人后,他的家人和同龄人都非常乐意为了切身利益而使用他。

——当然。

——于是,他们为了他将来获得的权力,便开始帮助他,照顾他,千方百计讨好他。

——一般都是这样。

——如果他恰巧生活在一个大城邦里,家庭富有,出身显贵,本人英俊,有引人注目的外表,你觉得他会怎样?他会不会产生危险的期望,甚至幻想自己生来就要管理希腊人和蛮族,结果欲望膨胀,变得狂妄自大和自私自利?(234)

——会这样。

——假如有人想方设法靠近处在这样背景下的他,把真理大胆地告诉他,说他的大脑缺乏必需的奴斯,要想得到奴斯,必须付出艰苦的努力,你认为他会听吗?

——绝对不会。

——即使有这样的人,由于天性好,善于听人劝告,被引导到正路上来,一头扎进哲学里,你认为那些害怕失掉他的帮助和友谊的人会怎么样? 他们难道不会倾尽全力,语言的,行动的,把他拉回去并反过来攻击那位劝说他的人吗?

——一定会这样。

——那被说服了的人还会去学习哲学吗?

——不会了。

——你看,我们说得没错:那些构成哲学天赋的好条件,假如没有经过认真培育,反而会成为具有天赋的人远离哲学的原因,这不也和财富、类似的所谓美一样吗?

——你说得太对不过了。

——亲爱的朋友,那些具有天赋、本来可以得到最好职位的少数人却以此种方式而败坏而消失。他们当中会出现对城邦和个人都造成巨大危害的人,相反,如果他走上正道,也会成为为城邦带来巨大好处的人。而一个天生平庸的人,永远不会对城邦和个人造成巨大的伤害,也不能带来巨大的好处。(235)

——有道理。

——那些天生就应该从事哲学的人被迫半途而废,过着一种与他们不相匹配的、不真实的生活,而让哲学孤苦伶仃,无人保护。一些无价值的人却趁虚而入,玷污哲学,使哲学降低到可悲的程度。所以,你所提到的那些人才说,搞哲学的人一文不值,大多数是愚蠢的和狡猾的。

——他们是这样说的。

——他们并没有说错。因为一些小人看到哲学还有闪光的名字,令人羡慕的头衔,就抛弃了自己原来从事的卑微职业,一头扎到哲学的怀抱里,正像那些犯了罪的逃犯躲进神庙里一样。尽管哲学沦落到如此地步,和其他职业和技能比,毕竟还处于优越地位,具有最庄严的价值。这才招来那些没有天赋、因体力劳动而身体变形、灵魂扭曲人的羡慕。难道不是这样吗?

——你说得对。

——你看,他们和一个可怜的铁匠有什么区别? 这个家伙本来命运就不好,还是秃头,刚刚离开监狱,偶然机会得到一点钱,先去洗了一个澡,穿上新衣,打扮得跟新郎一样,准备去娶师傅的女儿,女儿因为贫穷和孤独,也不得不嫁给他。(236)

——没太大的区别。

——你还能期待他生出的第二代不卑贱吗?

——根本不会。

——同样,那些不学无术、毫无价值的人去搞哲学,你能期望他们产生什么概念和思想? 除了被人们理所当然称为诡辩外,能带来什么真正的哲学典范吗?

——绝对什么也带不来。

——那么只剩下为数极少的名副其实的哲学家了。或者某一例外,因为逃离现实或者没有被腐蚀,得以从事真正的哲学研究;或者诞生在某个小城邦的伟大灵魂,因为藐视权贵而从没参政;或者本来从事某种技能、后来因不屑这种技能而放弃的人,他的本性就热爱哲学;还有一些有能力的人,他们受到我们的朋友塞阿格斯龙头的掣肘而坚持哲学。赛阿格斯具备一切可以脱离哲学的条件,但是身体欠佳,不得不远离政治,专心研究哲学。至于我本人,不值得去谈我的灵异,因为类似的情况至今再没有出现过。正是这些少数人尝到了或者正在品尝哲学的甜头和幸福,看到许多人的疯狂和城邦管理的可悲状态,难以找到和他们共同捍卫正义的盟友;害怕落到凶猛野兽群里的危险,他一方面拒绝与他人不正义的行为同流合污;另一方面,也不愿意在没有给祖国和朋友作出任何贡献时就无谓牺牲;考虑到这些,他宁愿安分守己,只管自己的事。这就像一个人,当突然间恶劣天气发生,他只好躲在一堵墙下,躲避灰尘和风暴一样。看到他人卷入非法和罪恶之中,他庆幸自己干净地活在世界上,没有做过任何不正义和罪恶事情,离开这个世界时也就会感到问心无愧,充满了美好的期望。(237)

——如果能够正义地离开生命,这也是不小的成就啊!

——不大的成就,因为生不逢时,没有找到适合他的城邦。因为只有在那样的城邦里,哲学家才能达到更高的水平,对城邦和个人都有用,也算是真正的救星了。

——我们已经充分讨论了指责哲学的原因,当然这些指责是不正确的;我看已经足够了,你还有什么要补充吗?

——对这个问题我没有补充了,我只想听你说说,现存的政治体制中,哪一类适合哲学?

——绝对没有。我正要谈这个问题,没有任何一个政治制度适合哲学本性,所以我们才看到哲学被歪曲和堕落。这正像一粒种子,如果被移植到另外的土地上,它会蜕变,最后适应新的土地,但却不能保持其原有的自然本性和特点。如果有成功的政治制度,其完美程度完全适合哲学,那时就可以证明,一切都是神圣的,至于其他,特点啊,成就啊,都是人为的;现在,你一定要问我,这是什么样的政治制度?(238)

——你没猜对。我本来就没有想问这个,我要问的是,是不是我们奠定了城邦制度或者是其他的。

——这是我们理想的城邦,但还缺少一点。我们那时不是说过,我们应该找到一个办法,维系城邦的精神,你在这里制定了基础法律?

——是的,我们说过。

——但是,当时我们并没有展开,因为你们担心那将是一个冗长和难缠的话题。现在我们要讨论这个剩下的话题也不是很容易的。

——你具体指的是什么?

——应该采取什么措施,才能在我们城邦里保障并维系哲学。任何大工程都是有风险的,正如俗语说的,好事多磨。

——但是,那个话题也不应该放下来,那点也需要详细解释。

——我非常乐意,但是,也许缺少必要的能力妨碍我解释清楚。关于我的愿望,你在这里可以看到。你马上就会看到,我会用巨大的勇气,甘冒风险来说明,研究哲学要采用与现今惯用的完全不同的方法。

——具体指什么?

——现在,凡是要学习哲学的人,都是从小,几乎刚刚结束童年时代就开始;要把时间分配给哲学、经济学和商务之类,当学到哲学最困难的部分,即辩证法时,就不再继续,认为已经掌握了哲学。很多人也认同,如果有人聘请他们出席哲学辩论会,如果他们决定去,也仅仅是为了消耗时光。当年老时,除了个别情况,他们对哲学的热情比赫拉克利特①的太阳熄灭得还要彻底,也不会再升起。(239)

——那该怎么办呢?

——完全相反,在他们童年和青年时期,教育和学习要符合他们的精力和体力,同时要增强他们的体质,对这一点要特别关照,以便有一天他们有足够的精

---

① 赫拉克利特,希腊公元前6—前5世纪哲学家,其基本主张是:火是万物的本源,万物均从火产生出来。——译注

力学习哲学。随着年龄的增长,心灵也逐渐成熟起来,就让他们从事更为困难的研究。最后,他们的精力已经衰退,既不能参加战争,也不能从政时,就让他们自由自在,全身心投入到哲学里。什么都不干,只安度幸福的晚年,死后在另一个世界能够找到好运,过上和在这里一样的生活。

——真的,苏格拉底,你是用极大的热忱和欲望说这番话的。但是,我觉得,你的大部分听众,第一个就是司拉马霍斯,准备以更大的热忱来反驳你。

——你不要在我和司拉马霍斯之间挑起纷争,我们已经是朋友了,当然这之前也不是敌人。我将竭尽全力,只要可能,来说服他和其他人。或者至少我对他们是有用的,当他们再一次来到这个世界并恰巧也进行同样讨论的话。(240)

——我看,你为他们规定的界限实在太小了。

——和时空的阿派朗比,就是零。再说,我对于大多数人不赞同我的说法并不感到奇怪。事实是,他们没有看见所说的这些成为现实。他们习惯听叙述客观存在的语言,而不是空洞的词汇堆砌。这就像对你说一个人完全符合完美道德的样板,而他们却没有看见这个人在同样符合完美样板的城邦里当首领一样。你反对吗?

——不反对。

——他们没有机会参加严肃的自由人的讨论会(本来是应该经常出席的),那里人们用全部热忱和简单的方式来探寻真理,鄙视那些为了显示自己反辩才能的哗众取宠和诡辩,正如在法庭辩论和聚会演说那样。

——这是真的。

——基于上述原因,考虑到这些,我对于毫无保留地说出自己的意见犹豫不决。但是,我最后还是被迫说了实话,即:不可能有完美的城邦、完美的政治制度和完美的人,除非命运的安排,让今天称为不狡猾的,无用的少数哲学家掌管城邦,这个城邦又能服从他们;或者由于神的启迪,真正哲学的爱之箭射中了现在当政的国王和统治者,或者他们的儿子。无论前者还是后者,或者两者都不可能实现,说出我的思想根本毫无意义。正如我们坐在这里大谈空想的愿望一样,只能被人嘲笑。不是这样吗?(241)

——是的。

——假如在穿越至今的时空阿派朗里,或者在现实中距离我们所知的遥远某个蛮地,或者在未来某个时候,真正的哲学家掌握了城邦的管理权,我们就可以有理由说,只要哲学缪斯掌控城邦,一个和谐的城邦存在过,存在着和将存在。这不是不可能实现的,我们也没有说过是行不通的,只是非常困难而已。我们不

否认这一点

——我也同意

——你不会又要重复说:很多人不同意?

——也许。

——唉,我的好人,你不要冤枉这很多人。你还是看看他们是怎样想的,你不要和他们对立,而是要努力用智慧与他们和解,打消他们对这个问题的成见。如果你能让他们明白,什么是真正的哲学家,像我们所做的那样,说清楚哲学家的真实本性和他们的实际工作,不要让他们以为你所说的哲学家是他们想象的那种;或者看不清这些,一直坚持反对你;或者你认为会有这样的人,他从来没有做过坏事,是一个平和、温顺而不爱嫉妒的人,他会去嫉妒他人吗? 我来替你回答:在众多的人中,这样的人少有。(242)

——我也赞同你的回答。

——那么,你是否同意我下面的看法:人们反对哲学,对哲学有恶感,原因在于有那么一些人,他们酒醉后,没经允许就闯入不适合他们的地方,开始争论不休,谩骂攻击他人,散布敌意,这和哲学是毫不相干的。

——我同意。

——是啊,我的朋友阿迪曼托斯,一个真正献身于真理研究的人,根本没有时间去关注人们的习惯和日常琐事,不会和他们混在一起,在自己周围产生妒忌和敌意。相反,他的注意力集中在有一定秩序和不变的事物上,这些客观事物从不相互伤害,而是维护它们之间理性和内在的关系,他本人也忠于和模仿它们;你认为,如果一个人和他的崇拜物永远生活在一起,他能毫不受影响、不去模仿它吗?

——不可能。

——哲学家研究的都是遵循不变秩序的神圣事物,他们在自己的行为上也变得神圣和有节制,对他人至少是这样的。因为在所有人身上总能找到共同点。

——有道理。

——如果某种需要迫使他不仅要完善自己,还要求他把研究的和看到的实施在人们的道德上,为公众及个人生活立法,你认为他会成为蹩脚的导师,而不是节制和正义及一切政治美德的倡议者吗?(243)

——绝对不会。

——如果人们最后理解了我们关于哲学家的说法全部是真理,还会继续对哲学家有恶感,不相信我们的说法,即一个城邦除了画家为了观看描绘的天堂规划外,不可能有真正的幸福吗?

——如果他们明白了真相,会改变看法的。但是,哲学家怎样才能作出这种幸福的规划呢?

——他们要把城邦和人的灵魂看成一个画板,首先要绝对纯洁;这可不是一件容易的事。你要知道,他们和其他人是不一样的,在没有得到干干净净的画板前,或者在他们没有亲自动手把画板清理干净前,他们是不会触动它的,更不用说立法了。

——很对。

——你当然理解,他们必须把画板上原有的痕迹全部清洗掉,然后开始重新绘画,成功的标志是,这里人的灵魂受到神的喜爱。

——按此方法,这将是一幅最美丽的画卷。

——所以,现在至少有希望说服那些你所说的扑向我们的人们,让他们相信,规划出美丽城邦的画家正是我们给他们描绘的哲学家,他们应该掌握城邦的管理大权;他们听到这些后,是不是会平静下来?(244)

——如果他们有脑子的话,应该会。

——那他们用什么反对我们呢?会提出哲学家不爱客观存在和真理吗?

——那是站不住脚的论据。

——或者他们会说,我们描绘的哲学家的性格和天性并不是最好的?

——也不会。

——或者,具有这样天性的人,经过教育,会比其他人更能掌握美德和智慧吗?也许他们会赞成被我们否定的所谓哲学家?

——不可能。

——有没有这样的担心:当我们对他们说,只要哲学家不掌控管理城邦的全部权力,无论是城邦的,还是个人的灾难都不会终止,我们规划的城邦也不能实现,他们会不会对我们发怒?

——也许会有的。

——我们先把你这个"也许"放一放,假设我们完全说服了他们,或者他们真相信了这一切,如果不是这个,也不是那个,但是由于不好意思,至少会赞同我们?

——我也期望这样。

——那我们就认为在这一点上他们是赞同我们的。现在要提的问题是,现在还有人怀疑我们的说法吗?即国王或者首脑人物的后代生而有哲学家的天赋是可能的。

——没人怀疑了。

——这样的人诞生后,会有人说他们必然要腐败变质吗? 我们承认,不能完全确定,避免腐败是非常困难的。但是,有人能够断定,在漫长的时间进程中,就没有一个人能避免吗?（245）

——怎么会?

——那好,只要有一个这样的人就够了,城邦能够听从他的统治,我们认为行不通的那些设想,就都能够实现了。

——真的,有一个就足够了。

——只要有这样一位统帅,他能够按我们的设想制定法律和规矩,公民是会遵守这些法律和规定的。

——完全可能。

——那么,如果把我们设想和同意的东西重新灌输到他们的脑子里,他们会觉得奇怪和不可能接受吗?

——不会了。

——这样,我认为,我们已经充分证明,我们的设想是最好的和可能实现的。

——对。

——我们最后的结论是,我们的立法,假如付诸实施的话,将是完美无缺的。是困难的,但不是行不通的。

——可以得出这样的结论。

——既然我们费了很大力气把这个问题解决了,就要研究下面的问题了,即:对有能力保证我们的政治制度不退化腐败的人进行怎样的教育和培养,在他们什么样的年龄开始学习?

——应该研究。

——我的智慧帮了我的大忙,那时我要求回避讨论妻子儿女共有制和选择首领难题,因为我非常清楚,完全实现是会引起极大反感的。现在却有必要重新回到这个问题上来。关于妻子和儿女的问题已经彻底解决,就必须回到选择首领的问题上。如果你还记得的话,我们说过,为了城邦,他们必须有极大的热忱,这种热忱要经过幸福和痛苦的考验,无论是痛苦,无论是恐惧,还是任何其他变化,他们都不会忘记自己的使命;没有经受考验的人就要被淘汰,而没有变质的人,就像经过火炼的金子一样,要成为首领,生前和死后都要得到荣誉和赞赏。这是我们那时说的话。由于担心挑起更多的争论,我们有很大的保留,现在又回

到这个问题上来了。(246)

——你说得很对,我都记得。

——我当时犹豫不决,不想说的话,终于可以出口了。现在,第一步已经实现。可以大胆地说,我们任命的卫士应该是哲学家。

——就这样说吧。

——但是,你想想看,具有这样天赋的人是很少的。因为,我们所阐述的哲学天赋,很难集中在一个人身上,而是分散在不同人身上。

——你这是指什么?

——那些天生就好学、记忆力强、思维灵活和敏捷及具有其他相关品质的人,一般来说,一方面是有宏图大志的人,另一方面又不能循序渐进,用安宁和稳定的精神来安排自己的生活,因其性格敏感,接受影响而受牵累,就像投掷骰子撞大运一样,最后他们的稳定性消耗殆尽。

——你这话有道理。

——相反,那些性格稳定和不轻易动摇的人,可以更加信任地使用他们,战争中他们无所畏惧。但是在学习上会遇到同样的情况,反应迟钝,精神涣散,如果让他们去完成一件重要的学业,他们会打瞌睡,昏昏沉沉。(247)

——真是这样。

——我们也说过,这两种品质都应该提到更高的境界,不然的话,就没有必要辛辛苦苦培养他们,给他们最完美的教育,把他们提升到掌管政权的荣誉地位。

——对。

——你现在承认具有这些品质的人是少数的?

——怎么不承认?

——所以,如我们前面所说,应该让他们经受痛苦、恐惧和享乐的考验,此外,我们过去忽略了一点,即让通过大量学习锤炼自己,以便我们观察他们,看他们是否有能力掌握大量学识还是胆怯,正如在体力竞技场上发生的那样。

——对,应该这样考验他们。可是,你说的大量学识指的是什么?

——你一定还记得,我们分析过灵魂的三个部分,确定三个部分分属的正义,勇敢,克制和智慧。你理解吗?

——我不理解就不配听下面的讨论。

——你还记得我们怎么说的吗?

——什么?

——我们说过，为了给每部分确切的定义，我们要走很长的路，才能成功；前面的论证肯定对这个问题有帮助。你们也说过，第二种方法已经很满意了。我认为，这个问题已经精准解决了，你们是权威人士，有何看法？

——我是满意的，我觉得其他人也是。（248）

——但是，我的朋友，作为问题的重要性，证据中缺少哪怕一点点，永远是不充足的，所以，必须继续讨论。

——是的，但很多人懒于动脑子思考。

——这个缺点可不是城邦卫士和法律应有的。

——对。

——所以，我亲爱的朋友，卫士应该跑很长的路，学习上吃苦受累，不亚于体力训练。不然的话，我们说过，他永远跑不到适合他的至高学识终点。

——怎么？不是还有更高的，我们说过，正义和其他美德之类吗？

——是的，有。我们说的这些美德，像现在这样只勾画线条是不够的，相反，应该精加工，成为完美的作品。因为，对比较小的问题我们已经精心讨论了，而对于重大的却没有更精确更明白的阐述，是很可笑的。

——你的想法是对的。你认为，我们会放你过去，而不向你提出你说的至高学识是什么这样的问题吗？

——当然不会。你问吧！到现在为止，我也不是一次二次听你这样说了。也许你不记得，或者你有意给我出新难题。我相信是后者。因为你听到多次了，至高学识是关于善的概念，正义和其他美德，让这些成为有用和有益的。现在你也清楚，我正要谈这个问题，我们都明白，关于善这个概念的讨论是不充分的。如果我们没有搞清楚，你知道，谈论其他都是没用的；没有善，你认为掌握其他知识是有用的吗？或者，假如这些美德不是美的和有益的，掌握了全世界的知识有用吗？（249）

——我不相信有用。

——你当然也知道，一般人认为善指享乐，而较为精细的人却认为善指学知。

——是的。

——持后一种观点的人没有指出，什么是善的学知。

——这是可笑的界定。

——怎么能不可笑呢，他们一方面指责我们不认识善。然后又要跟我们谈善。他们说善的学知，我们就必须得明白，他们开口说的善究竟指什么。

——对。

——同样,那些把善界定为享乐的人不也会造成不小的误导吗? 或者,他们不得不承认,还存在恶的享乐?

——当然。

——结论就是,我认为,他们承认同一事物既是善,又是恶。对不?

——对。

——很明显,围绕这个问题会提出许多疑问。

——对。

——同样明显的是,关于善和正义,他们中的很多人并不满足表面现象,而是抛开现象,寻求真正的善。(250)

——毫无疑问。

——每个灵魂都追求事物,寻求事物的本质是什么,困难在于不能给事物的概念一个确切的定义,他们得不到成果。对于这样重大和重要的问题,我们允许城邦最优秀的人含糊不清、认识不足,而完全信任地把城邦的一切都交给他们吗?

——当然不能。

——我相信,城邦的卫士如果只知道美和正义的概念,而不知道美和正义与善的关系,就没有多大价值;我设想,一个人在没有充分认识善之前,是不能充分理解美和正义的。

——你的设想是对的。

——完全监督城邦的卫士,如果真正理解美和善的科学,我们的城邦制度不就尽善尽美吗?

——是必须的。但是,苏格拉底,你到底主张什么:善是科学,或者是享乐,或者还是什么其他之物?

——你真好。这一点我以前就已经讲得很清楚,你不是一个人云亦云的人,他人怎样看对你是远不够的。

——因为我认为,苏格拉底,如果用很多时间讨论问题,一个人只了解其他人的看法而不说出自己的意见是不合常理的。

——很好,那你认为一个人谈论他不了解的问题是符合常理的吗?(251)

——当然不是。但是,他完全可以把自己认为可能的揣测说出来。

——那怎么行? 难道你不知道,那些不是建立在科学基础上的看法是多么荒谬吗? 或者,其中较好的看法也不过是盲从? 或者你认为,他们建立在理性支持上的理论和盲人在一条笔直的路上没有走错是一样的？

——没有什么不同。

——你本来可以从其他人那里听到正确的和清晰的理论，却宁愿选择去听丑的、盲目的和昏暗的看法吗？

——万岁，苏格拉底！——格劳科斯说，——请不要停在这里，以为到终点了。如果你能够像解释正义、节制和其他美德那样来阐述善的话，我们就心悦诚服了。

——我也会心满意足。但我怕这超出了我的能力，尽管我愿望良好，怕适得其反，成为笑柄。请你们听我的，暂时把善的问题放一放。这需要我们长时间探索，按照我们到目前为止开辟的道路走下去，我很难向你们解释我的思想。我要先探索善的儿子和类似的东西，如果你们同意的话；如果不乐意听，就放下。

——你就探索吧，既然你探索儿子，关于父亲，就算你欠我们的债，有时间再谈。

——我恨不得一下子彻底还清所有债务，让你们收回债权，而不是像现在这样，仅把我所说的善之子作为利息收下。但是，请小心，不要被我无意欺骗了，用假钞来付利息。（252）

——你放心，我们会采取必要措施的。你快说吧！

——在谈论之前，我想提醒你们，我们之前已经探讨过的许多东西，你们是同意的。

——哪些？

——我们说过善有许多，我们把许多中的每一个都称作善。

——是的，我们这样说过。

——同样存在着单个美的和单个善的东西，个别的整合在一起，总体上也是美的和善的。我们要做的就是对整体的美和善提出一个简单的思想和理念。

——同意。

——客体是对感官而言，而思想不是对感官而是对奴斯所言。

——完全同意。

——通过什么来看看的客体？

——视觉。

——听的客体则是通过听觉，以此类推，对吗？

——对。

——你注意到没有，我们的感官创造者制造的视觉远比其他感觉复杂得多？

——我真没有太注意。

——你按此方法思索下去。听和发音需要第三者,即需要听的客体和发音的主体,如果没有第三者,能听到,能发音吗?

——不能。

——我觉得,许多其他的感觉,我不能说所有的,就不一定都需要第三者,你看呢?

——不需要。

——而视觉,你是否观察到,还需要另外一种东西。

——什么?

——眼睛要有视力,有了视力可以观看要看的客体是不是有颜色,但是,只能看看得见的颜色,而不能看看不见的颜色。如果没有大自然给缔造的第三者,视觉的功能就不能发挥。(253)

——你指的是什么?

——这个什么你称之为光。

——你是对的。

——视觉与其他感官相比有很大的特点,它与客体之间必须要有一个类似轭的东西,价值高于其他。除非你认为光无价值。

——怎么会?有价值,太有价值了。

——你认为,哪位天神是这个功能的主人,依靠这个功能,光能让眼睛更清晰地看到被看的客体?

——你和其他人的看法可能是一致的,当然指的是太阳。

——视觉和这位神就是这种关系。

——什么关系?

——太阳既不是视觉,也不是视觉的器官,不是眼睛。

——当然不是。

——但是,眼睛和其他的感觉器官相比,和太阳有更大的相似之处。

——对。

——眼睛所具有的这种能力,不是从太阳那里租借来而是源自太阳吗?

——当然。

——所以,太阳不是视觉,而是视觉的缘由,正是依靠这个,太阳才能被看见。

——是这样。

——这样一个事实,请你想象一下,我指的是,当我说善之子时,是相对生育他的父亲而言。这与太阳在视觉世界和视觉及视觉客体的关系是一样的。同样,这与思维和奴斯及思维的客体的关系是一样的。

——怎么回事？请你详细给我解释。

——你知道,当眼睛不是在白天阳光下,而是在夜晚月光下看东西的时候,能勉强看见客体,但是模糊不清,像没有视力的盲眼。（254）

——这点我知道。

——而当眼睛去看在阳光照射下的客体时,就清晰可见,眼睛也就有了视力。

——是这样。

——你可以据此想象一下灵魂,当灵魂把目光转向被真理和客观存在照耀的客体时,认识清晰准确,得出概念;而去看处在昏暗中的客体时,客体时隐时现,看不清,只能构成印象,印象会因时隐时现而变化不定,所以不能产生理性思想。

——看起来是这样的。

——这个赋予被思索客体真理的东西,也给灵魂思索的能力。你要了解,善的理念是科学和真理的原因,因为善的理念是认识的客体。不管真理和知识多么美好,你可以大胆确信,好的理念与同时存在的更好是不同的;这正像我们所说的,光和视觉与太阳的关系是一样的。这里正确的看法是,知识和真理与善有共同之处,但是它们并不是善本身,善本质上的价值要高得多,不可比拟。

——善的美是无法表达的,因为如你所说,善提供真理和知识,但是又比真理和知识要美好得多。这样说来,你所说,就是享乐了。（255）

——上帝保佑！但是,你还要特别注意我将按此方法给你呈现的画面。

——什么？

——我相信,你承认太阳不仅能使视觉的客体能够被看见,还能让客体诞生、发展,赋予它们营养,但是,太阳本身并不生育。

——我承认。

——按同样的方式你就能够说,思索的客体不仅能有利于思索的善,而且是存在和本质,而这个本质在价值和能力方面又超越存在。

格劳科斯以玩笑的方式说:

——啊,阿波罗啊,你快说,这是魔鬼般夸张！

——你是罪魁祸首。——我对他说,——是你强迫我说出了对这个事物的看法。

——那就不要停留在此,如果漏掉其他什么,至少把善和太阳的比喻讲述清楚。

——真的我漏掉了许多东西。

——不要漏掉,哪怕一点点。

——我一如既往尽力而为,努力不漏掉什么。

——这就对了。

——你设想,善和太阳是两个国王,善是思维世界的国王,太阳是可见世界的国王,我不说是天上的国王,以免你说我玩文字游戏。就是两种:思维的和可见的。

——这明白。

——你想象画一条线,把线分成不均等的两部分,分别为可见世界和理念世界。在这两个世界中,都有一部分是有清晰可见的,另一部分是模糊不清的。可见世界的模糊不清部分接收影像;我指的影像首先是影子,然后是客观存在物体反射在水里、光滑物体表面等类似的东西上的形象。你理解吗?(256)

——理解这点。

——而另一部分接收的是客观存在的真实影像,即指各种动物、植物,包括所有自然的和人为的客观事物。

——很明白。

——如果我们要来区分真理和非真理,你承认客观存在的物体和其影像的关系,与知识和猜想的关系是相像的吗?

——对,很相像。

——现在请注意,怎样来划分理念世界。

——怎样划分?

——还是分为两部分,其中一部分灵魂被迫寻求可见世界接收过的影像,根据某些假设,不是向上走向原理,而是向下走向结论。第二部分,灵魂思考假设,独立于假设向原理走去,不依靠我们所说的影像的帮助,而是采用纯理念方式。

——你说的这些我可不理解。

——你马上会明白的。因为上述那些会帮助你理解。你一定知道那些研究几何、数学和类似学科的人总是提出一些假设。比如总是根据要证明的对象,提出偶数和奇数,各种图形,三种角等;他们认为这些假设是众所周知的,无论对他们本人还是其他人,都不需要做任何解释,是明显不过的。他们从这些假设开

始,从推理到推理,最后不容置疑地证明他们要证明的东西。(257)

——这点我很理解。

——你当然还知道,他们利用可见的影像,通过影像进行推理。他们感兴趣的并不是这些影像,而是影像所反映的客观事物。把推理落实在客观事物上。比如四角形里的对角线,而不是绘出的图形。这同样适用于所有图形,或者制作的或者绘画的,包括它们反射在水里的影像;所有这些他们只是作为手段加以利用,目的是为了认识只有通过思考才能得到的东西。

——你说的这点是对的。

——这只是理念世界的一部分,灵魂被迫通过假设寻求,因为灵魂不能突破假设,所以得不到原理;但是,灵魂利用这些大地上存在的和感觉到的影像来思索、假设,在它们的帮助下,得以理解和认识它们真实的图形。

——我理解你讲的是几何学和与其相仿的科学的研究对象。

——你再理解一下我说的理念世界的第二部分。灵魂通过推理直接接触辩证法。还运用假设,但是这里的假设不再是纯粹的假设,而是真正的假设,作为基础和缘由,不受任何假设的局限,直接抵达原理。牢牢抓住原理,不再依靠任何可以感觉到的影像,而是只靠纯粹的思想,从思想开始到思想结束,得出结论。(258)

——我理解点,但不很清楚。因为你对问题的阐述理解起来非常困难。我认为,你企图证明,我们通过辩证法获得的客观存在和理念的知识,比利用假设获得的所谓人工技艺知识要明晰得多。从事这些技艺的人被迫利用观念而不是感觉,依靠假设,没有上升到原理,从微观考查事物,你就判断他们对客观事物没有认真思索,假如原理是在思维之后的话。所以,我认为你给予几何学家的不是理解能力,而是思考能力,思考能力是介于认识和纯粹理解能力之间的。

——你非常正确地理解了我的意思,你要注意四个部分,可见的和理念的、影像的和灵魂的四种能力。理解能力最高,思考能力第二,第三是信念,最后是猜度。请你根据四种能力表现的清晰程度排列一下。

——我明白,按你的意见排列。

卷七（259）

——现在，我们来探讨受过教育与没有受过教育的人在本质上的区别。我通过如下的画面向你说明。请你想象一下，有个岩洞，洞内有一条通往外界的出口，光沿着出口照射进来。洞内有一群人，他们从小就在这里，腿脚和脖子被捆绑，不能移动，只能看到前面。在他们后面，一段距离外，高于他们的地方，有燃烧的火，火光照射他们。在火和被束缚的人群之间有一条通往上面的路。你再想象，沿这条路有一堵墙，就像变戏法的人和观众之间的屏障一样。

——我已经想象到这全部情景了。

——你再想象，有一些人沿墙边走过，他们举着许多物件，用石料、木料或者其他材料制成的人、动物等，这些物件都高于墙，让人们看得见。那些举着物件的人有的相互对话，有的沉默。

——奇怪的景象和奇怪的被束缚的人。

——但是，他们和我们是一样的人。这些人除了看到自己和火光把自己投到墙壁上的影子外，还能看到别的什么吗？（260）

——他们脑袋和身体被束缚，不能转动，当然什么也看不见。

——还有从他们背后经过的那些物件，他们也只能看到影子。

——当然。

——假如他们之间对话，会一致同意给那些影子以真实物件本身的名字，对吗？

——根据需要。

——还有，当举着物件的人对话，墙壁有回音时，他们是不是会认为是影子在说话？

——当然。

——他们会不会认为，除了这些影子，再没有其他的真实存在？

——必然会的。

——现在你想想,假如解除他们的束缚,医治他们的迷茫,会发生什么情况? 其中一个人摆脱束缚,站起来,转动脑袋,向发光处走去,他一定会眼花缭乱,双目剧痛,刺眼的光使他看一切都不如原来看影子那样真实,对吗?

——是的。

——如果强迫他去看光,他不仅会感到双目疼痛而想逃避,而且要回到原来能看到的地方,认为那里看到的比现在指给他的更清晰更实在吗?(261)

——当然了。

——假如这时候有一个人从岩洞强拉硬拽他,让他登上那条艰难的向上之路,走向太阳光,对他是巨大的折磨,他会对用此方法迫使他离开而感到无比愤怒! 当最后来到光明处,他的双眼充满白天明亮的光,他能看见我们称之为真实存在的东西吗?

——这样突然,至少不能马上看见。

——为了能够看见,首先需要适应。开始时,他比较容易看到阴影,其次看到水里人和其他物体的倒影,最后,才能看到客观实物。接下来他能够转向天空,开始时他发现,借助夜晚的星光和月光比白天的阳光观看更容易。

——是这样。

——最后,我认为,他不仅能够看到太阳在水里的倒影或者在其他位置的影像,而且可以直接在太阳所照射的位置看到太阳本身了。

——是的。

——经过这一切后,他开始思考并得出结论,是太阳造成四季轮换年代更迭,主宰和统领可见世界;正是太阳通过某种方式使他在岩洞里得以看见。

——的确,正是通过这些,一步一步得出的结论。

——再想起他过去的居所和那时的智力,他难道不会为自己的变化感到庆幸,为过去的同伴感到遗憾吗?(262)

——一定的。

——假如在岩洞里的那些人当中,对能够看清楚影像队伍,记得先后走过的顺序并能预见未来某个时刻出现情景的人有所奖励和荣誉的话,你认为会怎样? 这个走出岩洞的人会去争吗? 会嫉妒因此而被选为领袖的人吗? 或者如荷马说阿咯琉斯那样,宁肯在上面世界当穷人的奴隶,忍饥挨饿,也不愿在下面享有荣誉?

——我认为他宁可选择其他生活方式,也不要生活在下面世界里。

——请注意这个人,假如他愿意重新下到岩洞里,回到原来的位置,这种从太阳光到黑暗的陡然变化,不会使他变成瞎子吗?

——自然。

——在他的视力完全恢复前,什么也看不见,恢复视力需要不短的时间;如果在这段时间在被束缚者中间进行观看行进影子的比赛,他会成为大家的笑柄,因为他上去之后反而损坏了视力,没有人会期望到上面去,假如有人试图解开他们的束缚,拉他们到上面去,被他们抓到手里,能不能把他杀死?(263)

——一定会的。

——这个画面,亲爱的格劳科斯,要用到我们前面讲过的事情上。下面被束缚的世界是我们通过视力看到的世界;照耀岩洞的光是我们的太阳;如果你现在承认,那个曾被束缚的人从岩洞升上来并观看,看到一切,就像灵魂从可见世界来到理性世界,只要你记住我说的话,你就能理解我的想法。只有神知道,这个想法是否正确,我的感觉是:在理性世界最后和最高的位置是善的概念,这是要花很大力气才能确定的。如果人看到它,不能不得出结论,它诞生一切好和美,因为在可见世界它诞生光和光源的太阳,在理性世界它是主人,提供真理和思维,那些期望用理智来管理个人和公共生活的人,应该永远向善。

——如果我理解正确的话,我也同意你的结论。

——来,你再考虑一下,不要奇怪,那些达到这个高度的人,已经不能满足人们日常生活习惯的琐事,他们的灵魂总是奔向更高,这自然和我们前面想象的画面是完全符合的。

——自然。

——你看怎样?假如一个人从那个神圣的理性世界来到可悲的人世间,还没有完全适应这个世界的黑暗,被迫到法庭或者其他地方去描述正义的影子或者雕像的影子,如同我们在想象画面里提到的那样,去反驳那些从来没有见过正义的人关于正义的观念,他会不知所措,甚至会成为笑柄吗?(264)

——这一点也不奇怪。

——但是,任何一个有奴斯的人都记得,视力受到的冲击有两种,一种是从光明到黑暗,一种是从黑暗到光明。同样也适用于灵魂。假如灵魂受到冲击,不能分清所见之物,不要愚蠢地嘲笑,而要思考两种可能性,或者由于来自光明的世界,不习惯这里的黑暗,或者由比较愚昧的世界来到更加活跃、更加光明的世界,巨大的光亮反差令视力迷茫。在第一种情况下他应该为这种变化感到幸福;在第二种情况下,应该表示同情,如果要嘲笑的话,嘲笑灵魂的人更为可笑,因为灵魂来自光明的国度。

——你说得对。

——如果这些都是正确的话,我们就可以得出结论说,教育不像以教育为职业的人宣称的那样,他们说,灵魂没有知识,是他们通过教育给灵魂输入知识,正如把视力赐给盲人的眼睛差不多。

——他们是这样说的。

——我们现在有理由说,灵魂有学习的能力,学习能力落实在适当的器官上。正如眼睛要看到目标,人的整个身体就要转动,从黑暗转向光明一样,这个器官和灵魂也要转动,转向客观存在诞生和耗损的方向,直到把目光集中在客观存在的光明处,我们称之为善,是这样吗?(265)

——是的。

——这就牵涉到转向的技巧问题,即灵魂以最轻易的方式转到对它最为有利的方向,而不是将视力输入到灵魂里,灵魂本身具有视力,它的任务是矫正视力不正确的方向,令其看到正确的、应该看到的。

——这看来是对的。

——灵魂其他的特性与人体的特性大致相仿。这些特性不是生来俱有的,而是经过教育和实践发展起来的。认识和判断的能力与其他能力相比,是神圣的本能,它永远不会丧失自己的能力,根据它所观察的方向可以是有用的和有益的,也可以是无用的和有害的。或者,你没有注意,我们称为狡猾,同时又很聪明的人,他们灵魂渺小,当观看他们感兴趣的事物时,视力敏锐,分辨清晰;当他们要做恶时,视力不会减弱,相反,视力越强,做恶越大。

——我注意到了。

——如果从小就把本能中的恶砍掉,这种恶像铅坠一样把灵魂拖向卑微和庸俗的贪食美味佳肴和其他享乐,强迫灵魂一直往下看;摆脱这些恶,灵魂就会转向真理,会像现在看到它感兴趣的东西那样,也会敏锐地看到并分辨清楚真理。

——这是自然的。(266)

——不,不仅自然,是通过我们的论证得出的必然结论,即:没有受过教育的人和对于真理根本无知的人,那些毕生仅限于学习和研究的人,都不能管理城邦。因为第一种人没有一个安排私人和公共生活的固定目标,第二种人不能集中精力在现实生活上,甚至在他们还活在世界上的时候,就幻想自己已经进入到永生的幸福岛上了。

——你说得对。

——我们作为城邦的创建者，有责任迫使那些有杰出本能的人专心学习，学到和看到我们都承认的最高美德善；他们要努力提高善，让尽量多的人认识善，不允许他们回到现在的水平。

——这是什么意思？

——他们既然已经升了上来，就不能再回到那些被束缚的兄弟们身边，再也不能和他们共同分担痛苦和荣誉，无论把他们看做卑微也好，杰出也好。

——什么意思？难道我们能这样不公平对待他们，本来他们可以生活得更幸福，我们却让他们一辈子悲伤？

——你忘记了，我的朋友，法律没有责任去保证每一个阶层公民的幸福，要关照的是城邦整体。立法的目的是协调各种不同的成分，采用说服或者强制的办法使公民服从整体利益，每个人都为整体利益做贡献，同时也在城邦里培养男子汉；不允许他们各走其路，而是要共同维护城邦的团结。（267）

——你是对的，我忘记了这一点。

——此外，亲爱的格劳科斯，你再想想，我们也会公正地对待城邦里的哲学家，我们迫使他们去关心和保卫城邦是有理由的。我们会对他们说，在其他城邦，哲学家是自己诞生的，他们不愿意付出辛苦参与管理城邦是无可非议的，因为城邦没有培养他们，他们不欠城邦的，而在这里不同，我们的城邦是为了你们个人的利益，也是为了城邦的利益来培养你们的，正如蜂群一样，我们要培养的是领袖和蜂王；为此我们让你们接受远比他人高得多的完美教育，以便你们能够完成上述任务。所以，你们要轮流到一般人家的住宅去，和他们一起体验黑暗的一面。你们经过专业训练，一定比他们看得更清楚，你们能够认清每一个影像，认识这个影像是什么，是谁的影像；因为你们认识关于美的真理——正义和善。这样，为了你们个人的和我们的利益，真正实现城邦的管理，而不像其他的城邦，那里管理城邦只是个梦，那里统治者们为一个清晰的影子而争斗，为争权夺利而内讧，那里没有真正的善。真理是，一个城邦的管理者越是不争权夺利，城邦管理越是超群出众，和谐无比。与此相反的管理者，城邦管理的结果也与此背道而驰。（268）

——对。

——你说，我们培养的人能不听我们的，在大部分时间他们自由地生活在光明的国度里，而只是轮到个人的时候才来分担管理城邦的艰辛吗？

——不可能不听，因为我们有道理，对他们也是公平的，只要让他们每个人承担必要的任务,他们会心甘情愿承担。这与今天各式各样的城邦是完全不一样的。

——是这样,我的朋友。如果你能够为统治者找到比掌权更好的生活条件,你就能够找到一个管理好的城邦。因为管理这个城邦的是真正富有的人,他们富有的不是金钱,而是美德和智慧,这才是繁荣昌盛的财富。如果让没有自己财富的贫穷和卑微之辈争夺了权利,就会试图攫取他们没有的东西,就不可能有好的管理。这样势必造成争权夺利、内讧、内战和战争,不仅毁坏他们本人,也给整个城邦带来灾难性后果。

——太对了。

——你知道还有哪种生活条件,像哲学生活这样藐视政权和官衔吗?

——真的,没有。

——所以,如我们所说,政权应该掌握在那些不迷恋权势人的手里,如果让那些争权夺利相互嫉妒的人得势,就会引起分歧和战争。(269)

——毫无疑问。

——除了让那些比其他人受到明智和良好教育、又具有管理的技巧,同时还有比政治家更好的荣誉和生活的人掌管城邦外,还有更好的人选吗?

——没有比他们更好的了。

——现在,你想探讨一下吗? 我们怎样造就这些人,把他们带进光明,正如人们说的一些人那样,把他们从地狱提升到神的位置。

——我怎么不想?

——你要理解,这不是孩子们玩的翻贝壳游戏,我们要翻转的是灵魂,要把灵魂从黎明前的昏暗提升到存在的真实光明,我们称之为真正的哲学。

——很好。

——我们是不是该探讨一下,什么学问有这种能力?

——当然应该。

——我亲爱的格劳科斯,什么学问能够把灵魂从必将消亡的事物提升到存在本身? 说到这里,我想起了另外一件事,我们是不是说过,我们的卫士在青年时代就要被训练掌握武器和战争技艺?

——我们真的说过。

——我们说的学问除此以外还应该有另外的特点?

——什么?

——对于从事战争的人不能是没用的。

——如果可能,当然要这样。

——我们承认过,在我们的教育系统中,体育和音乐是基础,对吗?

——是的。

——体育关系到诞生和耗损的事物,因为体育的工作是人体力量的增强和减弱。

——是这样。(270)

——这不是我们要寻找的学问。

——当然不是。

——难道是我们曾经运用过的音乐吗?

——不,如果你记得的话,音乐和体育不同,它的工作是培养卫士性格的,是通过和谐培养他们随和的性情和节奏感的,而不是传播科学。为此目的也学习文学,或者是幻想的或者是现实的;但是,这个学问也不是你所寻求的。

——你完全正确地提醒了我。是的,这里也没有我需要的,可敬的格劳科斯,这个学问到底是什么呢? 当然不是机械技能,因为你评价了所有手艺。

——我们排除了体育、音乐和其他手艺技能,还剩什么?

——这和我们这里所说的毫不相干,那就让我们考虑最一般的学问。

——什么?

——非常一般,众所周知,无论是手艺人,搞科学的,还是研究理论的,都使用它。

——到底是什么啊?

——最普通不过了,就是叫我们区分1、2、3的,一般称为算数和计算。是不是所有的科学和技能都需要它?

——是需要它。

——帕拉墨得斯在自己的悲剧中让阿伽门农出尽了丑,把他描绘成最可笑的将军。你看到没有,帕拉墨得斯吹牛说,是他发现了数字,在数字的帮助下他设计了包围特洛伊城的军营,是他数清楚了战船和其他的装备,而在他之前,阿伽门农连数都不会数,自己有几只脚都数不清。真的。你对这样的将军印象如何?(271)

——如果这是真的话,不敢恭维。

——对于一个将军有比算数和计算更重要的学问吗?

——如果他要懂得最起码的战术,或者作为一个普通的人,是非常重要的。

——这说明你赞同我关于这个学问的想法?

——什么想法?

——我觉得它就是我们寻找的学问之一,它有能力把灵魂提升到纯粹的理性和吸引到观察客观存在的方向,尽管没有人知道怎样正确使用它。

——你指的是什么?

——我尽量让你明白我的想法。我来区分那些我认为适合引领灵魂的部分和我认为不适合引领的部分,你对我的阐述发表看法,同意或者不同意,我们就可以把这个问题讨论得更明确,如果和我的想象一致的话。

——你就说吧。

——首先我要对你说,假如你也看到的话,在众多感觉到的东西里有许多是不需要对所见物进行思考的,因为只凭感觉就能判断;另一部分则相反,绝对需要思考,因为感觉不能正确判断。

——你指的是位于较远地方看不清的物体。

——你没有猜对。

——那你指的是什么?

——不需要思考的是不能引起相反感觉的客体,需要思考的是同时能引出两种相反感觉的客体,我们不能分辨出到底是这个还是那个。这与客体的远近没有关系。最好你用三个指头的例证来思考:小指,无名指和中指。(272)

——好。

——现在我们从近处看它们,请注意我对你说的话。

——什么?

——看上去每一个都是手指,没有任何差别。无论位于边缘或者中间,无论是白的还是黑的,无论是粗的还是细的。在这种情况下,人的灵魂不需要去问思考,手指是什么东西。因为视觉从来没有看到手指以外的什么东西。

——本来就是手指么。

——所以我说,在这种情况下,不需要思考介入。

——自然。

——但是,视觉要判断手指的大小就不够了,或者视觉根本不感兴趣,一个手指位于边缘还是中间? 还有,触觉感到的粗或者细,软或者硬呢? 其他的感官对此都没有准确的答案呢? 或者感官的作用是这样:首先一些感觉是软的,同时另一些感觉是硬的,那么,感官传达给灵魂的信息不就是:同一个物体既是软的,又是硬的吗?

——对,是会发生这种情况。

——面对究竟是软还是硬,是轻还是重的这类问题,灵魂就必须思考,对吗?

——的确,这些信息在灵魂看来是够奇怪的,需要它来思考了。(273)

——这时,灵魂只好请求理智和思考来帮忙,努力判断,感官送来的这些信息指的是一个,还是两个。

——对。

——如果判断是两个,那么,每一个是单独的,各不相同。

——对。

——如果看上去是两个中的一个,一个和另一个加起来就是两个。当然这两个要分别来对待。因为如果不能分开,它们不就是一个了吗?

——对。

——正是在这种情况下,必须由思考来判断大或小,不是含糊不清,混在一起,而是分别开来,准确无误。

——是这样。

——所以,我原来就对你说,如果同时产生两种感觉,就需要思考帮助灵魂;如果只有一种感觉,就不需要思考介入。

——现在我理解了,完全赞同。

——那么,你认为"数"和"一"属于上述的哪一种?

——我不知道。

——你想想我们上面说过的话,如果我通过视觉或者任何一种感官足够认识到"一",就像我们说的手指一样,就不需要思考介入;如果我们感觉到这个"一"同时有相反的,我们感觉比"一"多或者与"一"相反,我们就需要找一个裁判,来区分究竟,灵魂为了解开这个谜,就要启动思考来回答,"一"究竟是什么。这样,"一"就属于灵魂必须动用思考面对存在那部分了。(274)

——的确,"一"出现两面性。因为我们看到它是一个存在,同时又是"数"的无限。

——这发生在"一"上,别的数字会不会也一样呢?

——怎么不会?

——算数和计算就是研究数字之间关系的。

——对。

——这两者都能引向真理。

——完全正确。

——这就是我们要寻找的学问。军事家需要掌握它才能确定战术;哲学家需要它,因为他们研究的是客观事物的诞生和耗损,需要它帮助证明,并找到事物的本质。否则成不了数学家。

——这些都是对的。

——我们城邦的卫士既是军人又是哲学家。

——对。

——所以,我们要立法规定,我们城邦未来掌握重要职位的人必须学习数学,不是一般浮皮潦草地学,而是要通过纯粹思考,达到能够充分认识数学本性和本质的程度;他们掌握数学不是像商人或者小贩那样用于商业目的,而是为了战争,为了方便灵魂从容易变化多端的事物转向客观存在的真理和本质。(275)

——你说得非常清楚。

——现在,通过谈论算数和计算这个学问,我注意到,一个人只要不是为了商业目的学习运用它,就是能达到我们期望的目标最美好的手段。

——怎样做?

——首先,如我们现在说的,它有能力把灵魂提升到神奇的高度,迫使灵魂用智慧认识数字的本质,不容忍把数字用在可见和可触摸到的客体中,因为你当然知道这样做的可怕后果。如果企图用幻想来分割这个"一",他们会嘲笑它,不听它的。假如你来用除法来分割"一",他们则会采用乘法来增大"一",因为他们怕这个"一"显现出的不是"一",而是许多份。

——你说得对。

——你认为怎样,格劳科斯,如果有人问他们:"你们说的是什么数字啊?你们认定的数字完全一样,它们没有任何差别,不都是由每个分数组成的吗?"你认为怎样,能够回答吗?

——这里所说的数字只有通过想象才能捕捉,别的办法行不通。

——你看,朋友,这个学问对我们来说,实在是必不可少的,因为它迫使灵魂用思考去认识真理。

——这是必然的结果。

——你注意到另外一点没有,那些天生善于计算的人,对其他学问也是敏感的;而那些天生迟钝的人,只要学习数学,即使没有其他收获,他们的精神也会得到改善,反应会快许多。(276)

——我注意到了,是这样。

——同时我也认识到,与其他学科比较,要学好数学,深入进去,付出的辛苦也最大。

——是在这样。

——基于这些理由，我们不应该忽略这门学问，应该让那些天赋最好的人学习数学。

——我同意。

——我们同意这是第一门功课，现在要讨论的是，与我们的目标紧紧相连的第二门功课。

——是什么？难道你指的是几何学吗？

——正是。

——很明显，我们需要，因为至少在有关军事技巧中提到过，安营扎寨，布置防线，占领地势，扩展军营，行军和作战中队形变化，等等，指挥官学没学过几何学大不一样。

——对。

——但是，要满足这个目的，只要有一点几何学和数学的知识就足够了。我们要考虑的是，这门学问高深的知识是否容易引导捕捉善的理念。这是我们所求的，所有的学问的目的就是迫使灵魂转向包含繁多客观存在的球，灵魂要用各种办法清晰地观察它，看到它。

——有道理。

——如果几何学迫使灵魂去观察存在的本质，就是我们的目标需要的；相反，如果只限于用在可变的事物中，我们就不需要。(277)

——毫无疑问。

——那些稍微懂一点几何学的人对下面这点是不会怀疑我们的，即这门学问的目的和一些人宣称的只用于实践是对立的。

——这是怎么回事？

——他们使用的语言就很可笑，他们不离口的是画四角形、延长、增加，他们所谓的知识是可以实践的部分。而这门科学除了知识外，并没有另外的客体。

——这是对的。

——还有一点，不知你是否同意。

——哪点？

——这里所提到的是永恒客观存在的知识，而不是有开始和结束的事物。

——我能接受这点。的确，几何学是永恒存在的知识。

——所以，几何学能够引导灵魂转向真理，加工哲学理念，有办法让我们永远目光向上,而不是像现在这样,只向下。

——尽量向上。

——尽量向上也迫使我们有责任教育城邦里的青年人,千万不要忽略几何学。就连这门科学附带和剩余的意义也是不小的。

——指什么?

——首先是你说过的,用于战争的排兵布阵。学过几何学的人再学习其他学科就容易得多。我们知道,接触过和没有接触过几何学的人,有极大的差别。

——是极大的。

——那我们就把几何学列为我们青年人的第二门功课吧?

——就这样。

——怎样,我们把天文学列为第三门? 你赞同吗?

——怎么不赞同? 因为天文学不仅对农业、航海,而且对军事必不可少,必须具有准确掌握小时、月份和年的知识。(278)

——你真是一个有趣的人,因为你担心有些人说你引进了没有用的学问。这些学问的价值不是能三言两语说清楚的,所以人难以理解。这些学问真的能净化和重新点燃每个人的灵魂器官,这个比一千只眼睛还要珍贵的器官会因为生活中的其他琐碎事务而熄灭和变盲。只有通过这个器官我们才能看到真理。那些听你说这些话的人,赞同者会为你鼓掌叫好,没有理解的人会认为你言之无物,因为他们没有看到切实的利益。你看,你和上面那两种人之中的那种人去谈,或者和谁都不谈,只是你自己思考?

——我宁可留给自己,跟谁也不谈,我自己说、问和答。

——如果是这样,我们再后退一步,因为我们在选择几何学时没有涉及应该选择的学问。

——那我们做什么了?

——平面以后,我们直接进入到运动中的立体,而没有先研究立体本身。顺序应该是二维,而后是三维,例如立方和深度。

——这是对的,但是,苏格拉底,我觉得,它们还没有被探索。(279)

——是的,原因有二。第一,没有一个城邦重视,从事这方面研究的人非常困难。第二,需要有人指导,没有人指导研究不会有任何结果。这样的指导者很难找,就是找到了,在当前的情况下,研究者也很难听他们的,因为他们固执己见。但是,如果整个城邦重视这项研究,给予足够的评价,那些从事研究的人会坚持不懈连续下去,最后会有令人愉快的结果,找到真理。就是在今天,尽管被歧视,有障碍,还是有一部分人认识到这门学问的真正作用,还在坚持,与日进步,最后总会达到他们期望的目的。

——的确,没有人否定这是一门有魅力的学问。请你更加明白地解释一下你刚才说过的,几何学是研究平面的。

——是的。

——可是,你先说的是天文学,怎么又退了回去。

——是的。我急于求成,想一下子都抓住,结果相反,欲速则不达。几何学之后,我本应该谈立体几何,不研究它只会有零的进步。我越过去了,想直接讨论天文学,天文学是运动中的立体。

——对。

——所以,假如人们承认我们忽略的立体几何是存在的,城邦重视它,我们就把天文学定位第四门功课。

——很自然。因为之前不久,你认为我没有充分认识天文学的价值,现在我赞成你的观点,赞扬天文学,因为众所周知,天文学迫使灵魂目光向上,把灵魂从人间引向天堂。(280)

——也许像你说的那样,众所周知,但是,我例外,我不这样认为。

——你想说什么?

——我觉得,你用一种奇怪的方法理解我关于向上的理论,因为这和一个人抬起头看天花板上的装饰是一样的,你认为他是用理智而不是用眼睛看,也许你是对的,我是无知的。我认为只有一种科学是向上看的,这个科学的客体是客观存在和不可见的。如果有人向上看,或者半闭眼向下研究可见事物,我认为他没有学习,因为这些可见事物没有一个是科学的客体。他的灵魂不是向上,而是向下,即使他躺在海面或者陆地上也一样。

——看来对我惩罚是公正的,应该嘲笑我。但是,你说说看,假如不用今天那些人教天文学的方法,怎样学习才能达到我们的目的?

——这样,那些天空上的装饰是可见的,我们是应该赞赏它们的美丽和排列的秩序,但是跟在天体相互运动关连上以数字和图形产生实际快与慢速度的真正美相比,是不够的。这个美超越了我们的视力,只能用理念和思考才能捕捉。你赞成还是反对?(281)

——不反对。

——我们应该将天上的美作为简单的画面或者样板,来理解不可见的,这正如看戴达罗斯或者某一位雕塑家或者画家精心加工创作的画面一样。因为一个经验丰富的几何学家一定会赞赏创作的杰出艺术,也一定会认为通过它们就能揭示相等、成倍或者类似的等,是非常可笑的。

——怎么能不可笑呢?

——一个真正的天文学家如果用同样的方法观察天体的运转,会有什么结果呢? 他一定会承认,那个制造和美化天体的人,真是竭尽全力,完美无缺。但是,你不觉得他会把下面的现象看成是荒谬的吗? 即:认为白天和黑夜的关系,每天和每月的关系,月与年的关系,星辰之间运转的关系,等等,都是永恒不变的,实际上表现为物质的和可见的,要在它们那里寻求真理。

——听你这样讲解,我承认你是对的。

——所以我们学习天文学,应用星辰要和几何学应用图形一样。如果我们学习天文学是为了对灵魂认识能力有利,就要把天体现象搁置在一旁,否则是没有用处的。(282)

——到现在为止,天文学有那么多相反的任务!

——我认为,我们的任务就是同样对待所有的学问,才能方便立法。你能提醒我,为此目的还有什么学问吗?

——我一时想不出来。

——运动,我认为,运动不是以一种,而是多种形式出现的。只有哲人才能把它们全部历数出来。我们能认识的有两种。

——哪两种?

——看起来,正如眼睛是为天文运动造的一样,耳朵是为了和谐运动造的。这两门科学,天文和音乐,是兄弟学科,毕达哥拉斯学派是这样主张的,我们也赞同。是这样吗?

——是的。

——因为这个问题很劳神,根据需要,现在我们只要了解他们对这两门学问是怎样阐述的就足够了。不过,我们要始终关注自己的要求。

——什么要求。

——我们的学生永远不要无效地去学习这些知识,得不到理想的结果,正如我们刚才所谈的天文学一样。或者你认为,也同样适用于和谐音? 只限于用耳朵听音调和和谐度,就像只知道看天象的天文学者一样白费力气。

——真的,我们的音乐家是挺可笑,他们不断向你讲述各种音调的色彩,把耳朵竖起来,设法捕捉到相邻的一个音。有人对你说,他能分辨出中间的音调,这是最小的单位,分割两个主音调;而另一些人持相反观点,认为两种音调完全

一样。他们是用耳朵,而不是奴斯来判断。(283)

——你指的当然是那些幼稚的音乐家,他们一刻也不让琴弦安静,而是折磨它们,用钥匙扭曲它们。我本可以扩展这个描述,说他们用琴锤敲打琴弦,好像琴弦很固执,拒绝发出他们要求的音调;但是我点到为止。我要对你说的是,正如刚才说的,仿佛我们向他们询问有关和谐音的音乐家。他们所作所为和天文学家完全一样。即通过数字关系来确定耳朵听到的和谐音,而不是探求哪些数字产生和谐音,哪些不能,不能的原因。

——你说得太好了。

——如果是为了探寻美和善,这门学问是有用的,如果为了另外的目的,则是无用的。

——非常自然。

——此外,我想,学习我们所需要的这些学问,如果能够达到认识这些学科之间的亲缘、密切关系和相互影响的话,对我们追求的目标则是非常有用。相反则劳而无功。

——我也考虑到了这一点。但是,苏格拉底,你说的这个工程非常漫长和艰辛。

——你认为这就是全部工程吗?也许你没有认识到,这些只是我们需要学习合唱的前奏和序言?当然,你不会认为,那些学习我们所说的这些学问的人,同时也精通辩证法。(284)

——当然不会,除了极少数例外。

——你想想,如果人不能解释或者听取所有事物的缘由,他们能够学习我们所说的学问和我们应该认识的一切吗?

——不能。

——这不就是辩证法要完成的合唱吗?这个辩证法尽管看上去是精神的,同时也能赋予我们视力,关于视力我们证明过,首先看到那些动物,然后看到星辰,最后看到太阳。同样,辩证法完全不用感官,只通过逻各斯抵达客观存在的本质,如果不半途而废的话,就能通过思维抓住善的理念,最后抵达理性世界终点。这就像那个看到太阳的人抵达可见世界终点一样。

——很对。

——这个向上不就是你说的辩证法的行程吗?

——怎么不是?

——你想想我们关于岩洞的比喻。那个解除束缚的人首先从影子转向人为的影像和照耀影像的光,然后从地下升上来到有太阳的地方,由于眼睛不能一下子适应,还不能看动物、植物和阳光,而只能看到水面上的倒影,但是这些已经是真实存在物的影像和影子,而不是岩洞里通过光照射出来的影像和影子。我们要求掌握的每一门学问都有这种能力和引出同样的结果。提升我们灵魂中最高尚的部分,观察全部客观存在中不可见的,正如提升我们身体敏感的器官去看观察物质和可见世界一样。

——你说这些,我不敢苟同。我认为,一方面难以接受,另一方面又难以不接受。我们讨论问题也不是第一次出现这种情况。我们还要继续讨论。现在还是回到你说的前奏。你说,辩证法的能力体现在哪里,有几种,有何种途径引向辩证法? 看来,这些途径能够把我们引导到行程的终点,到我们能休息的地方。

——我们的朋友格劳科斯,你还无能力追随我到那里。对我来说,愿望是有的,你不要看我所说的影像,而要看事物的本质,至少我是这样认为的。是否这样还不是问题所在,而是我们坚持的,存在着至少一个这样的事物。对吗?

——怎么不对?

——还有,只有辩证法能够揭示我们所主张学习的科学的精神,别无他法。

——可以接受这一点。

——还有一点,任何人也不会怀疑,即:没有其他手段可以通过正常途径抵达所有事物的个体本质,因为其他技艺,或者通过生产和制造,或者通过照料自然的或者人工的简单产品,来满足人的想象和欲望;还有其他学问,比如我们说的几何学,是关于客观存在的知识,但是仿佛是梦幻而不能清醒地看到,因为依靠的是假设,这些假设一成未变,就不能对客观存在给出明确的解释。有什么办法能使那些前提不清、展开过程和结论依靠未知数的学科有真知灼见? (286)

——没有。

——辩证法是唯一的手段,它放弃假设,沿路走向起点,在我们所说的学科帮助和合作下,把深陷在污泥浊水的灵魂眼光拉回来,慢慢引导向上。那些学科尽管有必要换上另外的名字,我们还是按习惯称之为科学,这个名称比意见明确些,比知识模糊些,只好用这个表达理智的术语。我们有更重要的问题要研究,就不在名称上下功夫了。

——当然不用。只要名称清楚地表达灵魂的状态就足够了。

——我的意见是,把第一部分称为知识,第二部分称为理智,第三部分称为信念,第四部分称为猜想。最后两部分是意见,前两部分是理性。意见是关于产生可变世界的,理性是关于客观存在的。客观存在与可变世界的关系即是理性和意见的关系。同样理智和意见,知识和信念,理智和猜想的关系以此类推。我的朋友格劳科斯,暂时还是把这个问题放下,不然的话,我们的讨论将是漫长的和争论不休的。

——就我听懂你的部分而言,我同意你关于其他知识的观点。(287)

——你能不把认识事物本质逻各斯的人称为辩证法家吗?你说那种他既不能给自己,也不能给他人说出这个逻各斯的人,是不是对这个事物缺乏理性思维?

——我怎么能不这样说?

——这同样也适用于善的理念。一个分不清善的理念和其他事物的人,还要给这个理念下个准确的定义,还要像一个战斗中的勇敢战士,不是运用意见,而是用纯理智去反驳不同的观点,你当然不能说他认识善的本质或者任何其他的善。如果他靠意见,而不是靠知识偶然抓到善的幻影,就在睡梦和幻想中度过自己的一生,还没有来得及苏醒就下到地狱里,到最完美地长眠里去了。(288)

——我赞同你的说法。

——当然,假如有那么一天,要你真正培养自己的儿子们,今天你只是口头培养和教育他们,假如他们像几何学里所谓的无理线那样,你一定不会让他们成为城邦的统治者或者掌握城邦大权。

——当然了。

——你不会立法强迫他们学习,让他们掌握科学知识,能够尽量科学地提问和回答所遇到的问题吗?

——没错,我一定和你一起立这样的法。

——现在你是否同意,辩证法是所有学科的至高无上的顶峰,它上面没有别的学科了,这样我们的教育科目到辩证法就完成了?

——我同意。

——现在剩下的是分科,谁来教和怎样教的问题了。

——很明显。

——你还记得当初我们选择什么人做统治者吗?

——怎么不记得?

——那时你本人提出,要选择那些本质上坚定勇敢的人,在可能的范围内,还要尽量有风度;光有这些身体素质好、情感丰富的条件还不够,还要有接受我们规定教育科目的天赋。

——哪些天赋?

——必须对学习的科目思维敏锐,容易接受授课,因为灵魂对抽象科学所遇到的困难,远远大于体育训练的艰苦。灵魂所经受的劳苦要灵魂本身独自承受,不能和身体共担。(289)

——你说得对。

——此外,要有良好的记忆力,强烈的愿望和吃苦耐劳的精神。不然的话,你认为,除了其他体力劳动外,他们能够胜任这样巨大的学习任务和脑力劳动吗?

——没有天赋的人是无法胜任的。

——现今存在的玷污和轻蔑哲学的错误,正如我先前说过的,是那些从事哲学研究的人就没有哲学自尊;从事哲学研究的人不应该是冒牌的,而应该是真正的知识分子。

——这是怎么回事?

——首先,踏上哲学道路的人不能是不健全的勤劳人,即一半不怕辛苦,而另一半逃避辛苦。举例子说,这就像一个体育和狩猎的爱好者,他能够热情饱满地投入到身体训练,却一点不爱学习,不喜欢讨论、对话和科学研究,怕吃这类的苦。不健全是那种一方面勤劳而另一方面又是相反,懒惰。

——有道理。

——同样道理,在对待真理方面,不健全的灵魂也是残疾的,一方面他憎恨有意的谎言,不允许发生在自己身上,对他人说谎感到愤怒;另一方面却对无意的谎言熟视无睹,发现自己无知时,也并不特别难过,这正如猪在乱泥滩中毫不在意弄脏自己一样。

——是这样。

——关于克制,勇敢和宽宏大量,我们也应该注意区分假和真,因为如果一个人或者城邦没有知识,把假作为自己的朋友或者作为城邦的统治者,那是非常危险的。(290)

——经常会出现这种情况。

——所以,我们要特别关注这一点。如果我们选择接受重要教育的人是身体和精神都优秀的人,就体现了正义的理念,也就能维护我们的城邦和政治体制;假如选错了人,不仅适得其反,我们反而造成了哲学被贬低的最大缘由。

——是我们的耻辱。

——巨大的耻辱。可是,我觉得好像现在出了什么事,让我不寒而栗。

——出什么事了?

——我忘记了,所有这些都是空想的计划,而我却把它们当成了崇高的目标。因为我在谈话中转向了哲学,看到哲学受到不公平的藐视,被激怒了,看来,我由于对卑鄙的小人愤恨和气恼,言辞极端激烈。

——并不那么激烈,至少对我这个听众而言。

——对我这个演说者来说是的。无论如何,我们不应该忘记,在过去的选举中,我们重视选择老年人,现在没有必要这样做了。我们不应该相信梭伦年老善学的说法。巨大的和繁重的劳累应该让年轻人承担了。

——有必要这样。(291)

——从年轻开始,我们要开始教给他们数学、几何等其他学习辩证法之前的预备科目,我们的教育方式一定不要是强迫性的。

——为什么?

——一个自由人不能被迫奴隶式地学习。因为,如果强迫劳累身体,不会对身体造成伤害,但是,强迫向灵魂里灌输学问,一般不会长久留存。

——是这样。

——所以,我亲爱的朋友,你永远不要强迫孩子去学习,而是要关照他们在游戏中学习;只有这样你才能更好地分辨出每个人的天赋。

——你这个建议有道理。

——你还记得吧?我们说过,应该把孩童骑手引导到战场上去看,在没有危险的情况下,让他们尽量靠前,尝到血腥,正如训练小猎狗那样。

——是的,我记得。

——凡是在这些方面,在吃苦耐劳,在专心学业和在恐惧危险中表现出最大承受力的人,你应该把他们选拔出来。

——多大年纪?

——在完成一系列体育课程以后,这个阶段,大概要 2 年或者 3 年,孩子不能干别的。过度劳累和睡眠不足是学习的天然敌人。此外,这也是一种不小的考验,我们可以考察每个人在体育课程中的表现。

——我也这样认为。

——然后,到 20 岁时,你给予那些表现好的年轻人比一般人更大的荣誉,把初级分散学习的功课集中起来,你要看他们是否有能力找到这些功课之间的关系,同时认识客观存在的本质。(292)

——只有采取这样的方法,才能巩固他们学到的知识。

——这也是考查他们是否具有学习辩证法天赋的最好手段,因为那些有能力把各门学科整体联系起来的,就是能掌握辩证法的人。反之则不行。

——我同意你的看法。

——你有必要注意,在这些年轻人中,把在学习,战争和所有考验中表现坚定的人挑选出来,在他们满 30 岁后,给他更高一级的荣誉,让他们经受辩证法的考验,你要努力去辨别,什么人有能力不靠眼睛和其他感官,而是凭借辨别真理的能力,就能提升到客观存在的知识的高度。这里,我的朋友,你要格外谨慎。

——为什么?

——你难道没有注意辩证法在当今造成多大的危害吗?

——什么?

——现在,在辩证法领域,占主导的是极度的混乱和无序。

——是这样。

——你相信这种情况没什么奇怪或者是可以原谅的吗?

——为什么?

——这和收养一个孩子是一样的,孩子被养育在宽裕的环境中,家庭富有,一些人百般讨好他。长大后他得知,养育的双亲并不是他的生身父母,而又无法找到他的亲人,请你告诉我,这个孩子在得知他的真实情况前后,对百般讨好他的人和养父母的感情会发生变化吗? 或者你宁愿让我来说? (293)

——还是你说吧。

——我猜测,在他没有了解真相前的那个阶段,他会更加尊重养父母和他们的亲属,而不是百般讨好他的人,对父母表现出全部的热情和忠心,不会在任何情况下用不恰当的言行对待他们;在重大的事情上,他宁肯听从父母的,也不听百般讨好他的人。

——这是很自然的。

——在得知真相后,我猜测,他的尊重和忠心对双亲会减弱,而对百般讨好他的人会增强,开始毫无保留地听他们,遵从他们的主意,毫无顾忌地和他们生活在一起,对于他的养父及其亲属很少关注。除非他天性特别好,才不会这样。

——真的,你说的这些是有可能发生的。但是,这个情景和你说的辩证法界的混乱有什么关系?

——是这样的:我们从小起就在正义和美德的哺育下长大,我们像对待自己的双亲那样敬重和服从它们。

——是这样。

——但是,不存在相反的成分吗? 这些成分引向享乐,讨好灵魂,以求灵魂听从它们,但是,却不能征服行为端正的人,他们总是信守父辈的教导,按最初学

到的美德行事。(294)

——是存在。

——但是,如果有人向他提出什么是美的问题,他就根据过去从立法者那里学来的知识给予回答,听到回答的人开始用很多论据,反复修正他,他最后便开始怀疑,难道这同一个事物不太丑或者美? 进而他不会对一向尊重服从的正义和美德等观念产生怀疑吗?

——这样,不会再像从前那样尊重和服从了。

——如果不像从前那样尊重父辈的道德原则,他自己又无能力找到真理,他能够摆脱开向他讨好、满足他欲望的生活方式吗?

——不可能。

——那样的话,这个从前守法的人,会变成违法的人。

——可能。

——开始研究辩证法的人有这样的遭遇是自然的,所以我说也是可以原谅的。

——挺可怜的。

——为了不让你的学生们成为可怜的人,在他们到 30 岁时,在把他们交给辩证法前,你是不是要尽可能采取保护措施?

——当然非常必要。

——不要让他们年轻时接触辩证法不是最好的保护措施吗? 你一定不会怀疑,如果在年轻时第一次尝试辩证法,他们会拿辩证法取乐,不断在辩论中使用,他们会效仿在讨论中的出口反驳,也追求出口反驳他人,这就像那些把落在嘴里的东西咬住,拼命撕碎的狗一样。

——你说得真好。(295)

——在他们多次批驳他人,也多次被他人批驳后,很快就不再相信过去的信仰。结果给了世人以反对他们和反对哲学的理由。

——你说得有道理。

——而年纪大一些的人不会这样,不会羡慕他们的疯狂,相反,会追随那些通过辩证法寻求真理的人,而不是那些把辩证法当儿戏的人。他们会成为有克制的人,提升这个职业的信誉,而不是像从前那样降低信誉。

——很对。

——我们所说的这些不单单是一种保护措施,而且我们要让那些具有天赋、严肃和精神坚定的人从事辩证法研究,而不是像现在这样,让那些不具备天赋条件的人学习辩证法,对吗?

——对。

——为了学好辩证法,我们规定学习时间是体育训练的两倍,而且要像体育训练那样,全神贯注,一丝不苟,足够吗?

——多少年,6 年或者 4 年?

——就定为 5 年吧。这一切完成后,把他们再派到那个岩洞里,迫使他们指挥战争和承担适合他们年龄的各项工作,取得和他人一样的经验;让他们经受考验,我们看他们在各种诱惑面前是坚定不移,还是误入歧途。

——这要多少年?

——15 年。当他们到 50 岁的时候,那些通过了学习知识和实践所有考验的人,我们就把他们引导到终点,强迫他们把灵魂目光转向上,去看照亮万物的光源。在他们这样认识了善的本质后,并把它应用在安排自己和城邦的道德生活上,大部分时光从事哲学研究。当轮到个人为城邦承担管理和掌权的重担时,他不是为了自己得到什么好处,而是作为义务,责无旁贷。等他们按自己的榜样为保卫城邦培养出自己的继承者后,他们就可以退居到长生之岛。如果德尔菲的皮西亚赞同,城邦将为他们立碑,作为半神,或者最幸福的人和圣人来祭奠。(296)

——啊,苏格拉底,你作为一个杰出的雕塑家塑造了我们城邦的统治者。

——还有他们的女人们,我亲爱的朋友,你不要认为,我说的只限于男人,也适用于那些有天赋有能力的女人。

——很对,因为我们说过,男女之间一切都是共有的。

——你现在怎样看?你是否同意我们所说的关于城邦和社会制度不仅仅是简单的祝福,而是,尽管困难,可以实现的;当城邦最高的统治者,一个或者多个,成为真正的哲学家时,他们藐视当今人们追求的荣誉,作为自由和守信用的人,只看重自己的任务,满足于为此应得的报酬,最重要的,把正义看做高于一切,他们是不是应当承担教育城邦的任务?(297)

——怎么不是?

——他们将把城邦 10 岁以上的孩子们全部迁到郊外,让孩子们远离当今的世俗,包括他们父母的影响,由他们依据法律来培养他们,正如我们先前说的那样。这样,依靠这年轻一代的新人,城邦便于更好的组织,他们所属的民族也将受益。

——毫无疑问,我认为你用最完美的方式描述了这一切,假设将来有一天能

够实现的话。(297)

　　——我们结束了关于城邦和适合于城邦的人,很明显,这样的人也符合我们的原则。

　　——明显,我们的问题已经阐述完美了。

卷八（298）

───我亲爱的格劳科斯，我们一致赞同：在一个管理优秀的城邦里，妻子、孩子、教育及战争与和平时期的所有工程都共有，在哲学和战争中表现非凡的人掌握城邦最高领导权。

───是的，我们取得了一致的看法。

───我们也一致赞同，首领一旦挑选出来，就要和他们的士兵们居住在我们描述过的营地里，除了住所之外，他们没有什么是私人的，你还记得，我们同意过他们应该有什么吗？

───我当然记得，不能像今天这样，他们不允许有个人的私有财产，但是，他们参加训练，承担战争和保卫城邦的任务，要为他们提供的服务给予工资做报酬，即提供一年需要的膳食。他们的任务只限于保证他们自己和城邦的安全。

───很正确。说完这些，让我们回忆一下，我们在何处走到岔路上去了，还是回到我们原来的话题吧。

───这不难。你是在讲述城邦时结束的，你描绘了完美的城邦和完美的人，你还列举了完美城邦和完美人的样板；你还说，我们的城邦是最完美的，其余的城邦都是有缺陷的。记得你还说过，有四种城邦制度值得研究，研究这些城邦和那里人的不足；我们论述过，认识到我们的城邦是最好的，其他城邦是可悲的，有很大差别。我当时要求你说是哪四种政治体制，在这里宝来马尔豪斯和阿迪曼托斯打断了我们，迫使你走到岔路上去了，到此结束。（299）

───你的记忆力真好。

───好了，我们要像摔跤运动员那样，让我抓住原来抓到你的地方，回答当时我提出的问题。

───我愿意尽力而为。

───我想听听你说的四种政治体制。

——你要听并不难。四种政治体制的名称很多人熟悉。第一种受到大多数人的赞赏,叫克里特式和斯巴达式;第二种是寡头制,在受到赞赏方面次于第一种,缺陷很多;第三种与寡头制相反,叫民主制,比较受尊重;第四种是有名的僭主制,是最坏的城邦制度。这是四种政治体制。你知道还有其他体制吗? 因为还存在花钱买国王的体制和其他体制,但是大多数在蛮族,而不在希腊。(300)

——是还有许多奇怪的政治体制。(300)

——你知道吗,人有多少种性格,就有多少种政治体制? 或者,你认为,政治体制是**由橡木或者石头**产生的,而不是由公民的习惯产生的,公民的习惯不影响政治体制的方向和拖累其他吗?

——是的,只是由公民的习惯产生的。

——如果有五种政治体制,不应该有五种不同的灵魂性格吗?

——当然有。

——那么,相对贵族制①的性格——我们对这种制度已经论述过是最正确的,是善的和正义的。

——对。

——然后我们要选出最坏的性格,权力欲望强烈和野心勃勃的人,这与斯巴达体制相对应;以下依次是寡头制、民主制和僭主制;我们只要认识了所有体制中最不正义的和最正义的,就能够比较出来极端的正义与极端的不正义之间以及幸福与悲惨之间的关系;我们就可以选择,是按司拉马霍斯选择不正义呢,还是按正确的结论选择正义。

——的确,这是我们要做的。

——那么,我们先考察体制的道德特点,然后再考察个人的道德特点,因为这样会更清楚些。如果你赞成,我们从权力欲体制开始(我不知道用其他名字来称呼它,或者我们可以叫它荣誉专政或者荣誉独裁),再考察与这种体制相对应的人;然后考察寡头制和相对应的人;接下来是民主制和民主人士,最后是个人独裁和独裁者的灵魂。这样,对我们提出的问题做一个合理的判断。(301)

——对,我同意。

——首先,我们考察一下,由贵族政治到荣誉专政的转变是怎么发生的。道

---

① 贵族制是中文的传统译名。希腊语原词是 ΑΡΙΣΤΟΚΡΑΤΙΑ,由 ΑΡΙΣΤΟΣ 和 ΚΡΑΤΙΑ 两个单词组成,ΑΡΙΣΤΟΣ 原文的意思是最好的,最高贵的,最优秀的,最有道德的,最善良的。ΚΡΑΤΙΑ 是掌控、统治之意。按原意,译为"精英制"更为合适。这里尊重传统,仍采用原来译名。——译注

理很简单,任何政治体制的转变都是由体制内部当权者之间发生纷争引起的,假如当权者之间保持和谐,哪怕是很少部分的和谐,也不可能发生体制变化。

——实际是这样。

——那你说,格劳科斯,我们的政治体制会变吗? 我们的领袖之间及他们和百姓之间的纷争来自何处? 或者,像荷马说的那样,我们要请求缪斯来告诉我们,首先纷争降落到他们之间,然后悲剧式地张开大嘴,像对小孩子似地教训我们?

——怎么教训?

——这样:当然,我们这样管理好的城邦是不容易变化的。但是,任何生总要走向亡,我们的政体也不会永存,总有一天要解体。途径是这样的:生长在地里的植物和生活在地面上的动物的灵魂和身体,都有繁荣期和枯萎期;根据每个物种生命周期的长短来循环。我们城邦的统治者,不管多么精明强干,在理解和计算繁荣期和枯萎期上难免偶尔失误,结果就会错过最佳怀孕期。对于人类,有一个几何数据①,它决定最坏和最佳的生育期。如果我们的统治者忽略了,让男女在不适合的季节成婚,结果他们生出的孩子就不是优秀的,不会幸福。是不称职的继承人,会背弃先辈的原则,会藐视我们,不再重视音乐(进而不重视体育),我们的年轻一代就被称为没有音乐修养的人。如果他们当中有人当上城邦的领袖,他们没有能力来按赫西俄德说的那样区分人种:金种、银种、铜种和铁种;他们会把铁和金、铜和银混杂,产生不协调,不一致;出现这些毛病的地方,就要产生敌对,爆发战争。(302)

——如果缪斯是这样说的,是对的。

——当然,因为是缪斯,就是正确的。

——我们看看,缪斯还说了些什么。

——在他们之间产生纷争后,一方面,铜和铁两个种类,开始倾向财富,要占有土地、房屋和黄金白银,而另一方面,金和银两个种类,因为不缺黄金白银,天生就是富有的,继续带领灵魂走向美德和维护传统。他们之间经过许多争斗和摩擦,最后双方妥协,分割土地和房屋,开始奴役那些原来的卫士和曾被看做朋友并养育他们的自由民。自由民现在成了他们的附属者,负责战争和保护他们的安全。

---

①　这里指的是神话般的所谓**柏拉图数**,关于这个数从古至今很多人进行过各种各样的描述和研究,没有一个精确的解释,我们翻译古希腊文时,做了省略处理。——原文注

——是这样开始变化的。

——这个新制度是不是介于贵族制和寡头制之间的产物？

——当然是。（303）

——既然体制已经发生了变化，现在是不是需要新的管理？是不是要保留一些贵族制的传统，也要有寡头制的特点，因为是介于两者之间的体制，同时，是不是还要有一些适合本身的特殊东西？

——只能这样

——贵族制时期卫士尊重统治者，不参加农业、其他体力劳动和其他职业，共餐制，共同参加体育锻炼和战争训练，等等，这些传统是不是要保持？（304）

——要的。

——但是，恐怕不敢把有智慧的人提升到掌权的高度，因为他们担心再也找不到纯洁和诚实的人，现在不都是品质混合的人吗？那些充满激情、所受教育不多的人，在本性上更适合战争，而不是和平；他们最注重的战略战术和与战争有关的事情上，不就把战争作为他们唯一的职业了吗？

——是的。

——所以，就像在贵族制下的人们那样，他们是贪财者，偷偷而疯狂地崇拜黄金白银，把得来的财宝放在自己的库房和藏宝室里保管，他们的住宅独门独户，真正是自己的巢窝，在那里花费巨资，和妻子及其他他们喜欢的人挥霍浪费。

——这样。

——他们崇拜金钱，爱钱，偷偷藏匿钱，却大手大脚挥霍他人的财富来满足自己的私欲。他们寻欢作乐，却不敢公开，设法逃避法律，就像孩子躲避父亲。由于他们所受的教育是强迫式的而不是说服式的，忽略了缪斯文学和哲学女神，只重视体育，排斥音乐。

——这种政治体制正是好和恶的混杂体。

——混杂，没错。只有一点是清楚和显而易见的，那里占主导地位的是勇敢、权力欲和野心。

——完全正确。

——这就是这个制度的起源和形式，你理解，我们只是给予简单的描述，而没有仔细分析，只要寻求到正义之人和不正义之人就够了，如果我们要阐述所有的政治体制，一点细节都不漏掉，那将是一项没完没了的工程。（305）

——对。

——什么人适合这个制度？怎样培养他？他的性格是什么？

——我认为,——阿迪曼托斯插话进来,——这个人应该像格劳科斯,至少在野心方面。

——也许只在这一点上,而在其他许多方面,相差很大。

——哪些方面?

——他更固执,没有音乐修养,尽管他爱音乐。他也会爱文学和戏剧,但他本人无任何演说天才。对奴隶严厉,而不像那些受过高等教育的人鄙视奴隶。对自由民温和,对当权者百依百顺。有权力欲和野心,但是,追求目标不是靠演说才能,而是靠军人素质和战斗功勋。特别酷爱体育锻炼和打猎。

——这的确是那种城邦里人的特点。

——还有,这种人年轻时可能不爱财,但是,随着年龄的增长,他的爱财欲望会慢慢增加,因为他从本质上是爱钱的,美德基础不纯洁和不牢靠,开始又没有必要的防卫。

——什么样的防卫? ——阿迪曼托斯问。

——辩证法和音乐相结合的防卫。因为只有这个能保护他一生心灵里的美德。

——你说得好。（306）

——这种年轻人的性格特点符合荣誉专政制度。

——是的。

——这种性格是这样形成的:这个年轻人的父亲生活在一个管理不好的城邦里,他不爱名誉和地位,不参与任何有麻烦的纷争,宁肯在城邦里没有地位,也要保持自己平静的生活。

——这与他儿子的性格形成有关吗?

——你听啊,他母亲不满意,经常抱怨,说她丈夫不能出人头地,她在其他女人面前没有面子,她丈夫不能让家产与日俱增,利益受到损害时又不能像个男子汉那样据理力争,不参与法院的诉讼和纷争,只关心他自己,对她也不闻不问。她整天唠叨,说丈夫不争气,没出息,等等,那些女人们习以为常的喋喋不休。

——女人们习惯这样。——阿迪曼托斯说。

——你知道还有一点,就是家中的佣人,为了表现对主人的儿子爱护和关心,也偷偷对孩子说同样的话。当他们看到儿子欠债,或者干什么坏事父亲不前去帮忙时,他们就给他出主意,教唆他,对他说,等他长大后要报复仇人,不要吃亏,更不要像他父亲那样懦弱,要做一个男子汉大丈夫。他到社会上,听到的和看到的是,那些只专心于自己事业的人被看成是傻瓜,而不干自己的事到处钻营的人反而受重视,得到荣誉。这样,这个年轻人,一方面受社会的耳濡目染,另一方面又听他父亲的说教,看到他受的教育与他人的不同,感觉自己被向两个方向拉扯:一方面父亲培养,加强他灵魂里的理性部分,另一方面,他本质不坏,却受到坏的影响;在两方面的拉扯下,他选择了中间道路,激情和好胜在灵魂里占了主导地位,这也是介于理性和欲望之间的,他就成了既有野心而又善于自控的人。(307)

——我觉得,你很好地解释了这个性格的成因。

——该轮到第二种体制和体制里的人了。

——对。

——应该像埃斯库罗斯说的那样"**走向另一个城邦**",但是,为了不打乱秩序,还是先谈另一个制度。

——明白。

——这就是寡头制。

——你把什么形式的体制称为寡头制?

——那种建立在金钱基础上的制度,只有少数富人参政,穷人完全被排除在外。

——我理解。

——我们是不是应该先探讨一下,荣誉专政是怎样转向寡头制的?

——是的。

——我认为,就连瞎子也能看见是怎么发生的。

——怎么发生的?

——积累在公民个人钱柜里的黄金是毁灭制度的罪魁祸首。因为,首先他们为了自己大肆挥霍浪费,他们和夫人们践踏法律。(308)

——必然这样。

——然后,我认为,他们的坏榜样带动其他人效仿他们,不要很久,都变成了一丘之貉。

——当然。

——接下来,追求钱财的欲望越来越大,对金钱看得越重,对美德看得就越轻。因为美德和财富是有巨大差别的,就像天平两端的砝码,一端上升另一端不就下降吗?

——当然。

——在这样的城邦里金钱和富人受到尊重,美德和信奉美德的人受到鄙视。

——这是很明显的。

——受尊重的就有人吹捧,而受鄙视的则无人问津。

——是这样。

——这样,荣誉专政体制下有野心和追求荣誉的人,最后就变成了迷恋金钱和贪得无厌的人,富人广受吹捧和赞扬,把他们提升到国家重要岗位,穷人受到鄙视。

——毫无疑问。

——这时就要立法,规定参加政治的条件是财产,财产多少取决于寡头制的程度,规定从政所需财产达到的份额。他们需要通过暴力和武器,或者采取简单的恐吓手段,迫使人们接受这样的法律。是不是这样?

——是这样。

——寡头制就这样形成了。

——是的,这种体制有哪些特点? 它的主要毛病是什么?

——首先是它规定的财产条件。你说,假如只凭财产来选船长,把有航海经验的穷人排除在外,结果会怎样? (309)

——航海业将一塌糊涂。

——对其他领域的掌权者不也一样吗?

——我认为是的。

——也许除了城邦领袖外,其他也如此?

——城邦领袖比其他都更难更重要。

——这是寡头制的第一大毛病。

——看出来了。

——那你看另一个就小一点了?

——哪个?

——寡头制下的城市,看起来是一个,实际是两个,一个富人的,一个穷人的,他们同在一个城邦里,相互敌视。

——这个毛病也不小。

——还有不好的一点,寡头制无能力进行战争,因为,如果不得不武装民众的话,他们既怕民众,又怕敌人;或者干脆不用民众,那时,他们在战场上就显现出是真正的孤家寡人了。此外,富人们都视财如命,不肯为战争支付费用。

——真的,这可真不好。

——还有,我们之前一直谴责过的一人兼多职现象,即是农民,又是商人和战士,在这样的城邦出现了,你认为是正确的吗?

——当然不正确。

——现在你看,它成了这个城邦最大的毛病。

——你说的它是什么?

——允许个人抛售自己的全部财产,另一个人可以从他那里购买财产;出卖财产的人留在城邦里,落得个既不是商人,也不是手艺人;既不是骑兵,也不是步兵;被简单地称为穷人或者困难户。

——你说得对。

——在寡头制的城邦里这是不受限制的,其结果造就了富豪和极度贫穷的人。

——是的。(310)

——请你还注意一点,当一个富人大手大脚消费时,城邦受益吗? 他看上去像个城邦的领导者,实际上他既不是头领,也不是仆人,只是个资产消费者,对吗?

——如你所说,他什么也不是,只是个消费者。

——你愿意我们把他叫做城邦里的雄蜂,像蜂群里的雄蜂一样吗?

——听听,我能不愿意吗?

——但是,我的阿迪曼托斯啊,上帝把所有带翅膀的雄蜂造就成没有螫针。而对两条腿的雄蜂,有的没给螫针,有的给了螫针,还是可怕的螫针。那些没有螫针的,到老了只能穷困哭泣,而有螫针的,成了坏蛋。对吗?

——当然。

——很明显,在一个城市里,只要你看到有穷人存在,就有小偷,强盗,窃取圣物的和干各种坏事的人。

——显而易见。

——那么,在寡头制的城邦里,有穷人吗?

——除了当权者,几乎都是穷人。

——所以我们不难相信,在这样的城邦里,有一群为暴力目的受当权者关照和控制的带螫针的坏蛋。

——当然。

——除了缺乏教养,不好的教育和制度本身的毛病以外,还能找到另外的理由吗?

——找不到了。

——这就是寡头制和它的毛病,也许毛病会更多一些。

——是的。

——这就是建立在财产基础上的寡头制,我们已经阐述清楚了。下面我们来说说,这个制度下的人是怎样形成的,其性格特点是什么。(311)

——让我们看看。

——你注意到没有,人形成的方式和由荣誉专政到寡头制转变的方式是一样的吗?

——什么方式?

——儿子在青年时代热爱荣誉,效仿自己的父亲,按父亲的脚印走。但是,父亲在政治上触了礁,人财两空,在管理自己的部队或者其他领域时,落到了法院或者诽谤者手里,结果被判处死刑或者流放或者被剥夺政治权利和没收所有财产。

——有时会发生这种情况。

——当儿子看到这一切,害怕同样的命运落到自己身上,我认为,他会把灵魂宝座上的荣誉感和激情统统扔掉,为贫穷而感到卑微,只想获得财富,从少到多,设法积累,不停地工作,最后成功。你不认为到那时,他会把贪财和欲望扶到被他扔掉的荣誉感的灵魂宝座上,宣布它为国王,让它头戴波斯头巾,身穿金丝铠甲,腰挎波斯短刀吗?

——我相信会的。

——而理性和激情会被抛在脚下,除了想方设法把他的钱财变得越来越多外,什么也不允许思考,除了财富和富人外,什么都不尊重,野心只有一个,就是金钱,其结果势必走到这个地步。

——没有比这个青年从爱荣誉到爱金钱转变得这样快的了。

——他不就是寡头制的人物吗?

——至少他的转变与前面说的由荣誉专政到寡头制的转变是相像的。(312)

——那我们就看看人和制度的相似处。

——那就看吧。

——第一个相似点是不是爱钱胜过一切?

——怎么不是?

——另外,他吝啬和勤劳,只满足最基本的需要和欲望,不允许自己有其他开销,像清教徒一样抑制其他一切欲望。

——真这样。

——他贪得无厌,寸利必得,一句话,是人们所说的爱财如命的主。这不恰好符合寡头制吗?

——对,因为任何政体都认为金钱最重要,最值得尊重。

——所以,我认为这种人丝毫也不注重教育。

——我也这样认为,否则他不会找个盲人当向导,让他成为主角。

——你说得太好了。现在请你注意一点,我们说他们由于缺少教育,产生了雄蜂的欲望,或者像穷人,或者像坏蛋,只是勉强控制了这些欲望。

——是的。

——你知道他们坏蛋的特征在哪里表现出来吗?

——哪里?

——在他们监护孤儿或者处理其他类似的情况时,因为他们可以肆无忌惮,胡作非为而不被发觉。

——是的。

——还有一点也很明显,在与他人交往时,看上去忠厚和公正,他尽最大努力控制深藏于内心的野蛮欲望,不是因为他相信这样好,真正原因是他怕失掉财产。

——毫无疑问。(313)

——但是,当花别人钱的时候,我的朋友,你就会发现,他们当中大多数人的雄蜂贪欲本性就暴露出来了。

——程度很严重。

——这种人没有摆脱内心矛盾,他看起来是一个人,实际上有两重性,好的和坏的欲望在内部并存,相互争斗,最后好的总是战败,而他却能保持富有。

——是这样。

——至少在这一点,从外表上看,这种人比其他人好一些。但是,灵魂的内在和谐的真正美德对他是完全陌生的。

——我相信这一点。

——他看上去很平和,与世无争,有关荣誉的竞争、比赛他一概不参加,他爱钱,如果参加这类活动,他怕花钱参加竞赛会勾起他内部消费的欲望,请求他帮助满足消费欲望,产生矛盾;他总是拿出一小部分钱来参加竞争,可谓是寡头式的,结果当然总是失败者,但他总是富人。

——是这样。

——我们还怀疑寡头制与爱钱和吝啬人之间的相像处吗？

——一点也不怀疑。

——现在轮到民主制了，我们看看它的形成和特点，符合民主制的人的性格特点，然后再做判断。

——还是按照同样的办法。

——从寡头制到民主制的过渡，就是从贪婪到更大规模的集中财富——这个被寡头制认为最大的善——引起的。（314）

——怎么引起的？

——在这里当权者为了自己的既得利益和巨大财富，反对制定法律来限制纨绔子弟挥霍浪费。因为只有这样，当权者才能够购买他们的资产或者以高利贷款给他们。这样，当权者的财富越积越多。

——毫无疑问。

——很明显，在一个城邦里，崇尚金钱和克制节俭不能并存，根据需要，两者必选其一。

——没错。

——寡头制城邦的当权者不限制挥霍浪费，结果使许多家境富裕的子弟变得一无所有。

——是的。

——这些人在城邦里沦落为或者一贫如洗，或者无政治权利，或者两者兼之，他们准备好雄蜂螫针，内心充满对剥夺他们财产人的敌意，酝酿着推翻现有一切的计划。

——是这样。

——另一方面，那些有钱的人一股脑儿钻在钱眼里，对这些人视而不见，只等其他人落入他们的魔掌来借债，增加自己的资本，同时也就在城邦里造就了越来越多的穷人和雄蜂。

——只能越来越多。

——他们根本不想遏制滑向罪恶的趋势，不采取任何限制私人扩张财产等措施。（315）

——什么措施？

——立法，强迫所有公民在人际关系上要忠诚，规定贷款的风险，不允许高利贷在城邦任意横行，减少我们所说的各种丑恶现象等。

——这是对的。

——由于上述原因,城邦的掌权者放任自己的臣民处在苦难中。而他们自己和他们的孩子们养尊处优,既不锻炼身体,也不磨炼灵魂,结果软弱无力,既应付不了享乐,也克服不了困难。

——是这样。

——由于父亲们只关心财富,像对穷人一样,根本不关心自己孩子的道德教育,对吗?

——当然不关心。

——在这种条件下,如果当权者和臣民偶然碰到一起,或者在行军中,或者在执行任务时,或者作为战士或者后备力量在海上或者陆地上作战,或者任何一种场合,他们在危险中相识,富人就没有理由藐视穷人。相反,一个瘦瘦的、被太阳晒得黑黑的穷人,如果在战争中偶遇一个富人,这个富人从来没有被太阳晒过,身上有很多肥肉,穷人看到富人气喘吁吁,不知怎样关照自己,他一定会想,富人依靠的是穷人的勇敢,他们一文不值。会这样吗?

——我认为会这样。

——正像一个有病的躯体,只要受外界一点干扰就病倒,就是没有外因,整个状态也不好一样,一个病态的城邦,只要一有风吹草动,就会动乱,爆发内战。那时,穷人会请求民主制城邦的帮助,富人则会从寡头制引进帮手。有时即使没有外因,也会发生内讧。对吗?(316)

——是的。

——穷人胜利后,把敌对的人或者杀死,或者流放,在取胜者之间分配城邦的权利(通过抽签选举领导人),我想,民主制就这样诞生了。

——民主制是这样诞生的,或者穷人通过武装斗争,或者富人由于恐惧自动退出城邦。

——民主制的城邦管理形式是什么?城邦有哪些特点?通过研究这些问题就能找到民主人士的特点。

——当然。

——首先,所有的人都是自由的,城邦里有充分的自由,言论自由和行动自由,每个人渴望按自己的意愿行事。

——至少是这样说的。

——在这样的制度下,每个公民可以按自己的喜好安排生活。

——这是明显的。

——这样,在这个城邦里有形形色色的人,也就有形形色色的性格特点。

——理所当然。

——真的存在着把这种制度看做最美政治体制的危险,就像一件刺绣着多彩花朵的衣服一样,城邦是用各种各样性格的人装扮起来的。

——我不难理解这点。

——这里也是个人选择制度适合的地方。(317)

——这是怎么回事?

——这里有按个人意愿生活的自由,包含所有的政治体制。如果有人像我们那样也要设计一个城邦,只要来到民主制城邦,正如一个人到市场或者百货公司去挑选自己喜爱的东西一样,根据所选完成图纸就行了。

——大概他不会找不到样板。

——第一眼看上去,这个制度实在妙不可言,随人心意,尽管你有从政的天赋,你没有义务必须去参加民主活动;如果你不乐意,可以不参政;其他人去参战,你可以不去;其他人要和平,只要你不喜欢,你可以不要;假如有法律不允许你成为领导人或者法官,只要你头脑有想法,你就可以如愿以偿,不好吗?

——第一眼看上去确实很美。

——你再看那些受审判的人怎样? 或者,你也许看到在这个城邦被判处死刑或者流放的人生活在其他公民之间,人们不注意他,视而不见,他在市场无拘无束地转来转去,仿佛是个英雄似的。你见过吗?

——见过很多。

——迁就退让,摆脱对琐碎小事的追究,藐视我们设计城邦时用严肃认真的态度和尊严确定的原则,我们说过,除非天分极高的人,假如从小玩耍时没有良好的榜样,开始学习时也一样的话,不可能成为一个善良的人和好人。民主制度轻易地践踏了这些原则。不问一个人对建立民主制的贡献,只要这个人宣称是人民的朋友和人民利益的保护者,就会受到尊重和支持。(318)

——豪爽的谦让!

——民主制还有许多优点,你会看到,是美好的制度,多种多样,完全的无政府,让平等和不平等的一律平等。

——像你说的那样。

——请注意,民主制下人的性格,或者你希望用讨论政治体制的方式来研究人的性格是如何形成的?

——可以。

——我是这样想的,爱财的寡头政治人物有儿子,父亲按自己的模式培养孩子。

——可能。

——儿子强迫控制自己的不能带来利润、只耗资的欲望,认为那是不必要的欲望。

——对。

——你看要不要先确定一下,什么是必要的欲望,什么是不必要的欲望?

——需要。

——必要的欲望,一是我们不能回避的,二是满足这种欲望对我们是有益的;很明显,这两种情况都是人的本能需要。

——很对。

——我们就把它称为必要的欲望。

——另外的呢?那种欲望如果从小可以摆脱,如果存在,对我们没有好处,相反会有害处,我们称其为不必要的欲望,正确吗?(319)

——非常正确。

——我们举例分别说这两种欲望。

——应该。

——我们的食欲是为了身体和健康,依赖食物的欲望不是必要的吗?

——是必要的。

——必要有两个原因,有益,无此欲望我们无法生存。

——对。

——依赖食物对我们的健康有益。

——很正确。

——超出这点,那种对格外和异乎寻常的对饭菜的欲望,对身体有害,有碍于心灵节制和智慧的发育,这种欲望通过教育,很多人在年轻时能够摆脱;把这种欲望称为不必要的有道理吗?

——很有道理。

——我们可以把这种欲望称为挥霍浪费。而第一种是有利的,因为它让我们得以劳作。

——完全正确。

——色欲和其他的欲望不都可以以此类推吗?

——可以。

——我们前面所说的雄蜂不就沉醉于不必要的欲望里,而爱财者和寡头人士则相反,只有必要的欲望吗?

——怎么不是?

——现在,回过头来看,寡头人士是怎样转变成民主人士的。我看大多数是这样的:

——怎样?

——当一个年轻人在崇尚利润的土壤里培养出来,如我们前面说的那样,没有见过世面,突然一下子像雄蜂吃蜜一样尝到了甜头,如果再有机会和那些危险和可怕的野兽们为伍,他们可以为他提供多种多样形式的寻欢作乐,从那一刻起,你看,他的寡头本性就开始转向民主了。(320)

——这是必然的。

——正如寡头制内的民主成分得到外部民主制的帮助,城邦体制发生变化一样,青年人的外部欲望正好与他内部的欲望符合并帮助他时,他就开始转变了。(320)

——完全正确。

——假如他内部的寡头式欲望成分得到外援时,他父亲或者具有同样欲望的其他亲属出来干预,他内部的两个成分之间必然发生冲突。

——怎么不会?

——有时寡头成分战胜民主成分,这时坏的欲望一部分彻底消除,另一部分被驱逐出年轻人的心灵,心灵产生羞愧感,青年又回到了正常的轨道。

——有时会这样。

——但是,很快,由于父亲教育不得法,其他更多和更强的欲望代替了被驱赶出去的欲望。

——一般会这样。

——这些拖他转向不好的过去,各种想法秘密混合,在他内心滋生了一系列的欲望。

——是的。

——最后年轻人的心灵堡垒被攻破,发现堡垒里既没有知识和理想,也没有真正的原则,这些是敬神人捍卫理智的好战士最需要的品德。

——是这样。

——虚假的判断,肤浅和狂妄的见解顶替了良好品德的位置。

——可能发生这样的情况。

——这样,他不就又回过头去,和那些吃洛托斯果的人永远混在一起了吗?

如果他的家人来增援他心灵里原来那部分,肤浅和狂妄的见解会关闭心灵王国城墙的大门,不允许援军入内,也不想听派来的使者传话;在一大堆无用的欲望帮助下取得胜利后,就非常卑鄙地把羞愧感驱除出境,说那是可悲;用这种各样污蔑迫害克制,称之为怯懦;把有节制和节俭流放,说那是乡巴佬习气和小气。(321)

——真是这样。

——把这一切从青年的心灵清除干净后,开始向心灵大进军:傲慢和无政府,放纵和厚颜无耻在庞大的辉煌队伍伴随下,头戴花环,堂而皇之地进来;还用各种美妙的名称美化和歌颂他们,把傲慢吹捧为自信,把无政府说成自由,把放纵说成尊严,把厚颜无耻说成敢作敢为。那个从小习惯于必要欲望的青年人不就发生了蜕变,心甘情愿地沉醉于不必要的和无益的享乐里了吗?

——你非常精确和生动地说明了这种蜕变。

——从此以后,他在生活中根本不去区分必要和不必要的欲望,为满足所有的欲望不惜花费金钱、精力和时间。但是,假如他还没有被他们害得病入膏肓,随着年龄的增长,在经历了形形色色欲望的风浪后,把被流放的一部分召回来,而不把自己全部交给入侵者,会在所有欲望中寻找平衡。他有时把心灵交给他喜欢的那部分管理,有时像抓阄似的,交给另一部分,不加区分,均衡对待两者。(322)

——很对。

——他不接受也不允许下面的言论进入到他的堡垒,即说什么有两种享乐,是两种欲望的结果,好的、有用的欲望和坏的、下贱的欲望;应该尊重和寻求第一种欲望,压制和驾驭第二种欲望。他排斥任何类似的解释,说两种欲望都应该尊重。

——他处在那样的位置,只能说那种话。

——他就按这个方式随心所欲地度过自己的一天又一天,今天醉酒狂欢,明天饮清水节食;有时懒散,无所事事,有时又要研究哲学;常常搞政治,信马由缰,走到哪儿说到哪儿。如果羡慕军事荣誉,就搞军事;有时羡慕商人,就从商。他生活毫无秩序,也没有任何烦心的事,他一直这样生活下去,还说这才是愉快、自由和幸福的日子。

——你精彩地描述了平等主义者的性格。

——是复合体,把各种习惯和性格混杂在一起,正如民主制城邦一样。很多人羡慕他是不奇怪的,因为是所有政治体制和人性格特点的集成。

——是这样。

——这种人与民主制相适应,我们可以称他为民主分子吗?(323)

——当然可以。

——现在就剩下最完美的体制和最完美的人了,这就是僭主制和僭主。

——对。

——让我们看看,亲爱的朋友,僭主制是怎样形成的,很明显,是从民主制演变而来的。

——当然。

——是不是像民主制来自寡头制一样,以同样方式,僭主制来自寡头制?

——怎样?

——寡头制把财富看成是最高的善,建立在财富基础上,对吗?

——对。

——不顾一切追求财富导致寡头制毁灭。

——真理。

——那么,民主制对于它认为最大的善的追求是不是也导致它的毁灭?

——是什么?

——自由!在一个民主制城邦里你会听到人们异口同声地说,最大的优越感是有自由,所以值得生活在那里,因为人的本性是自由的。

——是的,这样的话听到许多。

——正是这种绝对自由,忽略其他,导致民主制倒台,孕育了僭主制。

——怎么会?

——当一个民主制贪恋民主,可能被一个坏的斟酒人掌权,民主制可能被灌醉,因为超过酒量的极限。在这种情况下,假如掌权人开始限制自由,就会被指责为卑下,向往寡头制而受到惩罚。(324)

——真这样。

——愿意服从的公民被说成是顺从的奴隶,一文不值;统治者像服从者,服从者像统治者;外来者像主人,要求受到同样的尊重,要求得到同样的自由。结果,在这样的城邦里,不就到处充满自由了吗?

——怎么不会?

——这也会渗透到家庭内部,最后这样的毒瘤也会传染到饲养的动物身上。

——你这是什么意思?

——我想说,父亲会习惯孩子们和他平起平坐,父亲开始怕儿子,儿子则不孝敬父亲,不怕父亲,因为他们是自由的。移民和公民平等,公民和移民一样,移民已不再是外来户。

——这是实际发生的情况。

——这也蔓延到其他方面。教师怕学生,讨好学生,学生对教师和教导员丝毫不在意。年轻人把自己看成是老人中的一分子,无论在谈吐上还是在做事上,都和老人分庭抗礼;而老人们为了讨好年轻人,为了不被看成是累赘和专制,也效仿年轻人的生活方式,随便说笑,放任自己。

——是这样。

——城邦里无法忍受的乱用自由,你会看到,被买来的男女奴隶和购买者平等。我还忘告诉你了,男女之间的关系也是平等和自由的。(325)

——我们不要忘记,如同埃斯库罗斯说的,**为所欲为**。

——很好,我正想说这一点。如果不是亲眼所见,很难有人相信,这里就连被豢养的动物也有如此巨大的自由。真像谚语说的,**狗随主人,马随骑手**,它们在路上大摇大摆,如果行人不让路,会碰到谁撞谁。简言之,都享有绝对的自由。

——你好像在讲述我的梦一样,因为我在郊外经常碰到这样的情况。

——你想想,这会造成怎样的后果,会使公民的心灵非常敏感,只要感觉到有一点点被强制,就会暴怒和造反。你了解的,到最后他们毫不在乎成文的或者未成文的法律,不要任何主人了。

——我很了解。

——这个制度的外观多么美好和令人愉悦,正是这里孕育了僭主制。

——然后呢?

——正如寡头制倒塌一样,民主制的毁灭只是方式更激烈,范围更广泛,民主遭践踏。正如被年代证明的,无论是植物,人体,还是政体,都是物极必反。

——这是自然的。

——所以,对个人,对国家,还是在其他任何地方,极端的自由必然导致极端的奴役。(326)

——是这样。

——所以,僭主制只有来自民主制,来自绝对自由,变成野蛮的奴役。

——总是事出有因。

——但是,你的问题不在此,而是在民主制下出现的疾病,也和在寡头制一样,导致制度的毁灭。

——你说得对。

——我指的是那些懒惰和奢侈的人，其中大胆妄为的成为领袖，其余的成为追随者。你还记得，我们把前者比喻为带螫针的雄蜂，而后者是没有螫针的雄蜂。

——我记得。

——这两种人无论在哪个体制下，都会带来混乱，就像人体里的黏液和黑胆汁①一样。所以，好的医生和立法者总是一开始就采取预防措施，正如有经验的养蜂人一样，总是千方百计防止雄蜂入侵蜂房，一旦发现有雄蜂入侵进来，就毫不犹豫地把他们连同有害的蜂巢一起铲除出去。

——这是最好的办法。

——为了更清楚说明问题，我们采取如下的步骤。

——什么步骤？

——我们把民主制城邦的构成分成三部分，实际上也这样的。第一部分就是我们之前说的那些人，由于自由，他们比在寡头制下人数还要多。

——是这样。

——但是，他们对民主制度危害远远大于对寡头制的危害。

——为什么？

——在寡头制下，这类人不被重视，远离政权，不接受训练和培养；而在民主制下，除少数例外，大部分人掌管政权。他们演讲、办事总是强者，其余的人则尾随其后，站在讲坛旁起哄，不允许反对的意见发表出来。结果，除少数例外，大部分民主制政权掌握在他们手中。

——是这样。（327）

——第二部分人总是远离群众。

——是什么人？

——富人。城邦里所有的人都为了致富而劳作，本性聪明和善于算计的人就成为富人。

——自然。

——我认为，最坏的雄蜂被他们的蜜汁吸引，他们成了供养雄蜂的阶层。

——只能从他们那里吮吸蜂蜜，别处没有。

——他们就是富人阶级，称为雄蜂的牧草。

---

①　黏液是古代希腊医学所称的四种液体之一，能使人感觉迟钝。古希腊人认为黑胆汁是病的胆汁，使人性情忧郁。——译注

——差不多是。

——第三个阶级就是平民百姓，是手艺人和所有勉强糊口的劳动者，在一个民主制城邦里，他们如果积聚起来人数最多，是最主要的阶级。

——是的，但是他们不会轻易积聚，除非他们也获得一份蜂蜜。

——他们还真能获得，因为那些头领们会尽一切可能这样做。他们剥夺富人的财产，大部分留给自己，剩余部分分给平民百姓。

——百姓也只能依靠这个办法略有所得。

——被剥夺财产的富人不得不保护自己，在公民集会上发表演说或者采取其他可能的行动。

——怎么不会？

——尽管他们不期望任何政治变革，当权者还是指责他们是寡头派，说他们企图策划推翻民主制度。

——当然。（328）

——结果，这些人发现，民众愿望并不坏，也许出于无知，也许受诽谤者欺骗，才冤枉他们。这时，不管乐意不乐意，他们真成了寡头派。他们没有错，缘由是可恶的雄蜂，他用螯针迫害他们。

——毫无疑问。

——于是他们开始指责，进行批评和法律诉讼。

——当然。

——无论在什么政权下，平民百姓是不是总习惯找出一个自己利益的保护者？

——当然。

——很明显，正是从民众保护者这个根上，而不是从其他任何地方，滋生出了僭主。

——是很明显。

——保护者怎么开始转向僭主呢？是不是像神话中在阿卡狄亚的吕克亚宙斯神庙的故事一样？

——什么故事？

——一个人只要尝到一口混杂在其他祭品里人的内脏，就会变成狼。或者你根本没有听说过这个故事？

——我听过。

——当这个保护者找到一群甘心情愿服从他的人，他的双手不干净，沾满同胞的血,采用惯用的手段,无理控告,通过审判把人置于死地,他的舌尖尝到了同类的血,还采用流放、暗杀、剥夺他人债权和瓜分他人土地等害人手段,其结果是,命中注定落入他敌人的手中,或者被杀害,或者成为僭主,于是从人变成了狼。

——这是必然发生的。(329)

——正是他发起了反对拥有极大财富人的战争。

——他?

——假如,他被流放后,不顾他的敌人的反对又返回来,不就成了彻底的僭主吗?

——毫无疑问。

——当不能够再次流放他,或者通过公民审判处死他时,是不是要策划秘密暗杀他?

——有时会这样。

——于是就会出现那种非常著名的僭主们的把戏:当事情发展到这个程度时,他会要求派卫队保护他这个民众的保护者。

——会的。

——结果,民众答应他的要求,替他担心,却未顾及自己。

——当然。

——当事情到这个程度,每个拥有巨大财产的人都被看做城邦的敌人,他要做的就只能像给克劳索斯的神谕那样:"**沿多石的赫尔美斯之路逃跑,不停留,不羞于成为胆小鬼**。"

——因为不会再有害羞的机会了。

——是的,因为如果被抓住,一定会被处死。

——必然。

——至于那位民众的保护者,没有**宽大的臂膀着地倒下**(如诗所说),而是打倒了对手,登上了城邦的战车,不再以保护者,而是以真正的僭主身份出现了。

——有谁能阻止他?

——现在,让我们看看这个人和城邦给他带来的幸福。

——那就看吧。

——在他执政的最初日子里,他对见到的人总是笑容可掬,平易近人,不像是个僭主。他对公和对私都提出保证,实际也真做到了,取消债务,把土地分给民众和他自己的人,在民众面前显得温顺,和蔼可亲。(330)

——他必须这样。

——但是,当那些流落在外的对手中,一些人和他妥协,另一些人被他消灭,在摆平外部的敌人后,他便开始挑起战争,因为战时民众总需要首领。

——这是自然的。

——这样一来,民众一方面要满足战争的需要,另方面也要为日常生活忙碌,没有时间和精力去反对他。

——明显。

——为了找到一个冠冕堂皇摆脱反对者的理由,他发动战争,把那些有自由想法,不甘心接受他桎梏的人派往前线最危险的地方。

——是的。

——他这样做的结果不会渐渐引起民众的仇视吗?

——怎么不会?

——那些曾经帮助他登上宝座,有一定权利并在他身旁的人,就会私下议论他;而另一些大胆的人则会当面批评他。

——对。

——如果僭主想维持自己的地位,必须把这些人清除出去,不管是朋友还是敌人,一个也不留。

——这是明显的。

——所以,他必须睁大眼睛观察,谁勇敢,谁克制,谁富有。为了自己的命运,不管主观愿望如何,必须让这些人毁灭,把他们从城邦中清洗出去。

——多好的清洗啊!(331)

——好是好,但是和医生的清洗相反。医生是把有害的部分从人体清洗出去,留下好的部分,而他却反其道而行之。

——看起来这是出于需要,因为他要维持自己的首领地位。

——真的,他被这种需要困住了,或者和那些坏人,甚至是仇恨他的人生活在一起,或者死亡。

——的确,这就是他的处境。

——他的作为在民众中引起的仇恨越大,他就越需要更多和更忠实的禁卫军。

——当然。

——但是,他到哪里去召集忠于他的人呢?

——我认为,只要他肯出大钱,他们会飞过来的。

——我敢说,你指的是那些雄蜂,外国的,形形色色的。

——你猜对了。

——为什么,难道不能找本地人吗?

——怎么找?

——把奴隶从主人那里解放出来,用他们充实自己的卫队。

——你想得好。的确,这些人最效忠于他。

——真的,你描绘的僭主多么令人羡慕啊,他为了替代被我们赶走的人,竟有了这样的朋友和忠实于他的人!

——他也只有他们了。

——当然了,这些新伙伴赞扬他,和他有亲属关系的新公民和他生活在一起,而善良的人们却仇恨他,回避他。

——怎么能不这样?

——说悲剧是智库有道理,欧里庇得斯更胜人一筹。

——你说这个干什么?

——因为他在许多至理名言中说过:**"僭主因与智慧人为伍而智慧。"**这里的智慧人显然指的是他周围的人。

——他还歌颂僭主制神明,其他诗人也说过赞美的话。(332)

——我相信,既然悲剧诗人都是智慧之人,请他们原谅我和赞同我们政治体制的人,我们不会接受他们进入我们的城邦,因为他们歌颂僭主。

——我相信他们之中的明智之士会原谅我们。

——他们可以到其他城邦周游,集聚一群人,雇佣他们用最美的、最强大的和最有说服力的声音去吸引民众,赞美僭主制和民主制。

——当然。

——他们所做的这一切将得到丰厚的报酬和荣誉,首先是僭主们,然后是民主分子们的支付。但是,他们在这个完美的政治体制道路上攀登得越高,名声越下降,直到他们累得气喘吁吁,无法前行为止。

——你是对的。

——我们有点跑题了,还是回来看看僭主怎样维持他美好的、人数众多的和形形色色的庞大阵营吧。

——很明显,他要插手城邦庙宇和教堂里的财宝,只要变卖得到的钱够用,他不会增加民众的负担。

——但是,用完了这些资源怎么办?

——那时当然要靠祖辈留下的财产来养活他和他的宾客朋友们了。

——我明白了。你是说,生下僭主的人民,要用祖产来养育他和他的同伙们。

——人民当然有这个义务。

——你怎么能这样说?人民最后会被激怒,会对他说,儿子在这个年纪让父亲供养是不公平的,应该相反,儿子供养父亲才对。生下他,把他拥立为王反而要成为他奴役的奴隶,供养他、他的奴隶们和他的全部随从。当初需要他的保护,摆脱富人们和所谓的上等人的统治,现在,则要求他和他的同伙离开城邦,就像父亲从家里赶走儿子和他的狐朋狗友一样。

——但是,这时人民就会看到,他们在家里养育和培养了一头什么样的牲口,现在长大了,想赶走他办不到,因为他远比他们强大。

——你说什么呀?僭主难道敢对自己的父亲使用暴力,如果父亲不让步,还要打击他?

——当然了,只要事前解除他的武装。

——保护者变成了僭主,成了名副其实的弑父者和虐待老人的人,看起来真正是民众所说的僭主专政了。人民要脱离自由人奴役的烟熏,反而落到了被奴隶奴役的火坑里,结果脱下那件巨大的绝对自由之袍,换上了更加残酷的和更加痛苦的被奴隶奴役的衣服。

——实际情况就是这样的。

——怎么样,我们是不是把民主制向僭主制的转变和其特点说清楚了?

——很清楚了。

卷九（334）

——我们下面要讨论的是,民主人士怎样转变成寡头人士,他的性格和生活方式是什么,是痛苦的还是幸福的。

——是的,我们该讨论这个问题了。

——你知道我还想什么吗?

——什么?

——我觉得我们在欲望那一节,没有讨论透,各种欲望的本质是什么? 如果这个清楚了,更容易讨论我们现在的问题。

——现在不正是时候吗?

——当然,请你注意,我们所说的不必要的欲望和快乐中,有一些我们认为是非法的欲望和快乐。这种欲望在我们所有人身上都存在,有的人能用法律和好的欲望压制它们,或者彻底消除,或者还剩余一部分,但也会越来越弱。而在另一部分人身上,它们存在着,而且很强烈。

——你说的这是什么欲望?

——那些在梦中出现的欲望。一个人在睡眠时,心灵里理智的、驯服的和善于控制的部分入眠,而另一部分,野蛮的、兽性的,或者由于饮食过度,或者因为饮酒过量,开始蠢蠢欲动,最后赶走睡意,期望为所欲为。你知道,这时他没什么不敢干的,完全失控,抛弃了羞耻和理智的桎梏,只要想到的,不论多么不齿于人类,都毫不犹豫地去干,根本不去区分是母亲,或者是其他男人,或者是神,或者是动物,什么玷污的和不敬的勾当都敢大胆妄为。一句话,疯狂和无耻。(335)

——你说得真对。

——但是,当一个人能够用健康的和理智的规则安排自己的饮食;当他在入睡前,唤醒他的理性,用善的思想喂养理性,把所有的设想都集中在理性上;当他不是塞满各种欲望,而只留下最必要的欲望,让他心灵不受快乐或者痛苦的干扰,平静入睡,无拘无束地去探求他了解的事物,包括过去的、现在的和将来的;当他驾驭自己心灵的激情部分,心里没有怀着对任何人的怨恨入睡;最后,当他心灵的两部分安静下来,第三部分——理智——活跃起来,这时,在睡梦中,他的精神更接近真理,而不是幻想。

——我承认有这种情况。

——我们离题太远了,我们要确定的是,我们每个人,包括大多数自认为能够控制欲望的人,都有兽性的、野蛮的和非法的欲望,只是在梦中显现出来而已。你想想看有没有道理,你同意我的说法吗?

——我当然同意。

——你记得我们为民主人士描绘的图画,我们说了,年轻人受吝啬父亲的教育,父亲的欲望只是赚钱,藐视一切不必要的欲望,禁止一切娱乐和享受。是这样吗?(336)

——是的。

——但是,儿子和那些具有我们所说的欲望的人交往,开始倾向腐化和各种欲望及寻欢作乐,瞧不起父亲的吝啬。由于他的本性与那些人不同,处在两个方向的拉扯之间,最后他选择了折中的道路。生活自由而又不非法,于是,他从一个民主人士变成了寡头。

——的确,这是我们说过的。

——现在,你再想象一下,这个人随着年龄的增长,也有了儿子。还是用父亲的思想把这个儿子培养成人。

——对。

——你再想象一下,他和他父亲发生的一切又将重演,即这个儿子也受他人影响,开始追求所谓的自由。父亲和他的家人支持折中的欲望,而那些人支持他的极端欲望。当这些可怕的魔术师和满怀制造僭主目的的人绝望时,就用另外的方式控制青年,阴谋在青年的心灵里生下一个懒散和挥霍浪费的情人,我认为这个情人就是一只巨大的带翅膀的雄蜂。或者你认为这个情人什么也不是?(337)

——你的这个比喻很恰当。

——于是,另类欲望头戴花环,散发香气,在酒和香火的迷醉下,在毫无节制寻欢作乐的陪伴下,鼓噪着来到他身边,包围他,用所有手段喂养他成长,直到培养出欲望和野心的螫针;那时,被疯狂围绕和被螫针追逐的心灵保护者,如果发现内部还有一些好的欲望和会感到羞耻的情感痕迹存在的话,就把它们全部驱逐出心灵。彻底把克制清理干净后,疯狂便充满心灵。

——这是一幅令人信服的僭主式人物诞生的画面。

——因此,我们有理由把那个在他心灵培养出来的情人叫做暴君,对吗?

——看来是这样。

——还有,一个喝醉酒的人会不会有时也有暴君的脾气?

——有。

——一个疯子是不是也会幻想自己不仅要统治全人类,还要统治神界?

——会的。

——所以,我的好朋友,一个人或者由于本性,或者由于教养,或者两者兼而有之,容易醉酒,沉湎于爱情,失去理智,最后变成暴君。

——很对。

——这就形成了他的性格特征。他的生活是怎样的呢?

——还是像"你来告诉我"的游戏那样吧。

——好,我告诉你。然后他就一头扎到节日里,狂欢中,宴请和派对,和那些心灵里也是那个暴君情人主宰一切的人为伍。

——他需要。

——结果每日每夜都会有新的可怕欲望冒出来,有一大堆要求需要满足,不是吗?

——当然。

——如果没有其他收入来源,很快就会弹尽粮绝。(338)

——怎么能不会?

——然后他就开始借债,家产开始一点一点流失。

——这是自然的。

——当全部资产耗尽时,那些巢穴在他内部的很多强烈欲望不就开始鼓噪呐喊吗?那些被其他欲望螫中的,在情人首领和他的禁卫军带领下,开始左顾右盼,疯狂乱窜,看看哪里有东西,用欺骗或者暴力手段,进行掠夺。

——是这样。

——他们被迫到处搜刮,若不这样,就要忍受更大的痛苦和折磨。

——这是一定的。

——这种欲望进入他的灵魂后,驱赶走了旧的欲望,把原有的一切扫光,同时,他因为年轻,各方面优越,于是在耗尽自己的那份财产后,还要剥夺另一份。

——他会这么干。

——如果他们不允许,他会不会大胆地盗窃和欺骗他的父母?

——毫无疑问。

——如果他没能成功,他会不会采用暴力手段?

——我相信会的。

——假如父母反抗他的暴力,他会尊重他们年长而停止,而不像暴君那样对待他们吗?

——我可不敢为这样人的父母担保。

——但是,为了一个昨天的女友,为这个没有任何神圣关系的伴侣;或者为了一个年轻的男友,这个男友昨天对他还是可有可无的,你相信,阿迪曼托斯,他有勇气举起手反对老的女友——他的母亲,这个和他有神圣关系的女人,或者反对老的男友——已经年迈的父亲吗?甚至把他的情人带到家里来,为了他们而奴役自己的父母吗?(339)

——真的,我相信他会这样干的。

——看来,生下这样一个儿子真是巨大的不幸啊!

——真是。

——接下来又怎样呢?当他的家产全部消耗殆尽,而他内在的享乐蜂群越来越大,他不就开始大胆越墙盗窃邻居,进而打劫夜间行路人,最后则要洗劫庙宇吗?他儿童时代所受的荣誉和克制教育被欲望击败,被压抑的情人释放出来,组成了他的禁卫军;那些过去只在梦中出现、被父亲和法律控制的欲望,现在由于情人成了他的僭主,开始把他过去在梦中的理想变成了现实。现在,无论是可怕的暗杀,还是最肮脏的勾当,最可耻的坏事,他都敢干。在他体内生存的暴君式的情人,主宰所有的违法和无政府行为,宛如一个城邦唯一的独裁者。唆使他冒一切风险,为了养育和满足自己,也为了那群嗷嗷乱叫的欲望随从——这些欲望随从一部分来自外部,另一部分则是由于其内的自由和放任发展起来的——而生活。这不就是这种人的生活吗?

——就是这种人的生活。

——如果在一个城邦里,这种人是少数,大部分公民是遵纪守法的,迫使他们离开,去寻找另外的僭主效劳。或者到有战争的地方去充当雇佣军。如果城邦是和平时期,他们就犯一些小罪。(340)

——什么叫小罪?

——比如说小偷小摸,溜门撬锁,拦路抢劫,盗窃圣物,拐卖人口。或者,如果能言善辩,就专干诽谤、做伪证的勾当,出卖自己的良心。

——如果这类人不多,可以说是不大的罪。

——说小罪是与大罪恶相对而言的。如果一个城邦由于腐化产生一个僭主,就要饱尝这些可悲的后果,良好的习惯丧失殆尽。如果一个城邦这种罪恶数量增加,再补充进来其他同类,他们意识到已经占了优势时,就和一小部分居民合谋,在他们中间选择具有暴君心灵的人为城邦的僭主。

——这很自然,因为只有这样的人才是最大的暴君。

——假如一个城邦决定低头,毫不反抗,还算好。若不然,如果试图反抗,他们就像对待父母那样对待城邦。威逼、折磨和强迫自己的故乡——克里特人是这样称呼自己的祖国,把祖国置于他和外部引进的新朋友的奴役之下。这就是这种人欲望的结局。

——是这样。

——在他们获得统治地位前,他们的私生活就是这样的。一方面,他愿意和那些围绕他转的人和对他阿谀奉承的人为伍,另一方面,如果他本人对他人有需要,立刻表现得低三下四,丑态百出,讨好人家;但是,一旦达到目的,他就马上翻脸不认人。(341)

——你说得很对。

——他们就这样生活,不和任何人交朋友,他们或者是他人的主人,或者是他人的奴仆,僭主的本性使他们永远不会认识到什么是真正的自由,什么是真正的友谊。

——当然。

——我们是否有理由称呼他是不可靠的人?

——怎么没理由?

——如果按我们对正义的理解,他们也是最不正义的人?

——当然。

——让我们总结一下人类中最坏者。当然他们就是实际生活中最坏的人,和我们曾经不太清晰描述过的人是完全一样的。

——当然。

——即本性具有暴君特点的人,同时也会成为独裁者。这种人掌权的时间越长,危害越大。

——这是必然的。——格劳科斯插话说。

——如果是最坏的人,——我接着说,——难道不也是最不幸的人吗?他统治的时间越长,他的不幸不也越大吗?不管别人是怎样理解这一点的。

——你说的是必然的。

——受制于欲望的僭主式人不和僭主式城邦一样吗？民主人士和民主制城邦不也一样吗？以此类推。

——毫无疑问。

——在美德和幸福方面，一个城邦和另一个城邦的关系，不也和一个人和另一个人的关系一样吗？

——怎么不一样？

——那么，在美德方面，一个僭主制城邦和一个国王统治的城邦的关系，简单描述是什么样的？（342）

——完全相反，一个最坏，一个最好。

——我不问你哪个最坏，哪个最好，因为这是显而易见的。在幸福和不幸方面你对两种城邦制有什么不同的看法？为了不把事情弄混，我们还是只谈僭主，他是一个人，但是因他而受益的人可不是小数目。所以，我们还是进入到城邦里，全面考察我们看到的一切，问题就会清楚无疑了。

——你要这样做很对，因为没有一个城邦制比僭主制更悲惨，比国王制更幸福。

——所以，我要求以同样的方式来考察人，要依靠判断，通过理性深入到人的内心，而不是像小孩子那样，被僭主们在众人面前的表演而眼花缭乱。这样我们不是靠耳听，而是靠判断，要和僭主相处，看他在家里与他人的关系，没有表演，也没有随从的情况下的面目；看他在面临危险时的表现，在了解这一切后，就可以判断出僭主和其他人关系上是幸福的还是不幸的。对吗？

——没有比这个更好的判断了。

——你是否同意，我们暂时假设，我们就是那个最有能力判断的人，我们还和僭主们在一起生活过，有人回答我们的问题？（343）

——我当然同意。

——好，请注意我对你说的话。牢记城邦和个人之间的相像处，请你分别考察两者，并请告诉我两者的情况。

——什么情况？

——首先，从城邦开始，我们把一个僭主制城邦称为自由的还是被奴役的？

——是最大程度的被奴役。

——但是，在这个专制的城邦里，你还能找到自由人。

——是的，但是数量很少。实际上，在这里绝大多数人处在悲惨的和无尊严的被奴役之下。

——既然人和城邦相像，人是不是也有同样的情况？他的心灵里是不是也有最大的被奴役感和不自由，城邦最优秀和最理性的人工作，而最可悲和最疯狂的少数人却统治一切？

——必然的。

——那么，你把这样的心灵称作被奴役的还是自由的？

——毫无疑问是被奴役的。

——那么，一个被奴役的僭主制城邦能按自己的意愿行事吗？

——当然不能。

——被奴役的心灵也不能如愿以偿，我说的是整个心灵，但是，心灵总充满各种愿望，于是就永远处于混乱和忏悔之中。

——必然。

——一个僭主制城邦是富有的还是贫穷的？

——贫穷的。

——一个被奴役的心灵也是贫穷的，由于贫穷，必然同时也是不能满足的。

——是这样。

——这样的城邦和个人不总是充满恐惧吗？

——当然。

——你相信这个城邦里你会看到比任何城邦都要多的悲痛，叹息和哭丧吗？

——毫不怀疑。

——还有，你不会在任何一个人身上看到，欲望的情人会把僭主变得如此疯狂，对吗？（344）

——怎么不对？

——我认为你考虑到这些因素，就判断僭主制的城邦在所有城邦中是最不幸的。

——我的判断难道不对吗？

——非常对。同样，考虑到这些，怎样看僭主式的男人？

——他是所有人当中最不幸的。

——但是，你这就错了。

——怎么会？

——他还没有到最不幸的程度。

——他不是，那谁是？

——我相信,是我要对你说的人。

——谁?

——一个天生有僭主本性的人,没有像平常人那样生活,运气不佳,倒了大霉,偶然的机会使他成了僭主。

——据我们前面所讲的我得出的结论,你是对的。

——很好。但是,对这样重要的问题,需要确定什么生活是最幸福的,什么生活是最不幸的,不能仅凭想象,而是要严加考察。

——你说得对。

——请你注意,要很好判断一个僭主,我觉得我们应该考察他。

——怎样考察?

——把他和一个非常富有的、奴隶成群的人相比较。在拥有奴隶方面他们是相像的。只是拥有的数量不同。

——是这样。

——你知道吗,这些人生活很平静,不害怕自己的奴隶。

——有什么可怕的?

——没什么。但是,你知道为什么吗?

——当然知道,整个城堡保护每个人。

——很对。但是,假如有一位神从城邦里把一位富人,把他、他的妻子和孩子及 50 个或者更多的奴隶举家搬到荒郊野外的一个地方,那里在需要的时候,没有一个自由民来帮忙,你想象一下,他会不会充满恐惧,怕奴隶们造反杀了他、妻子和孩子?

——这不难想象。

——他会不会被迫去讨好奴隶中的一些人,给他们一大堆许诺,结果他反而成了对奴隶们阿谀奉承的人?(345)

——被迫的,不然他的生命有危险。

——假如还是这位神,在这个富人的家周围安置许多邻居,他们不允许奴役他人,其中一个人是首领,对于不守规矩的人给予惩罚,将会如何?

——他的地位会更糟,因为他受到敌人的包围。

——这个僭主式人物是不是就像被铁链锁着一样囚在家里?他具有我们描述过的本性,却活在恐惧和各种欲望控制下。尽管他心灵贪婪,却是公民中唯一一个不能出外旅行的人,看不到其他人能够看到的奇闻怪事,像个女人那样被锁在深宅大院内,只能眼巴巴羡慕其他人到处旅行,观看那么多美景。

——说得好。

——这样的人是自己贪婪和欲望的奴隶，像你描述的那样，是最不幸的人，如果不能过正常人的生活，会造更大的恶果。由于命运不佳，最后被迫沦为僭主。他不能驾驭自己，反而要统治其他的人。这就像一个病人，他本来自顾不暇，还被迫要和其他运动员去比赛，要去打仗。（346）

——你的比喻既准确又生动。

——所以，从任何一个角度看，他的处境都很坏，而他本人也像你判断的那样不幸，僭主的生活是不是很不幸啊？

——毫无疑问。

——真的，尽管有人不愿承认，真正的僭主是真正的奴隶，受到最大的奴役和鄙视，甚至对最卑微的人群阿谀奉承。他的最普通的欲望也不能满足，被剥夺了一切，如果你考察他心灵深处，就会发现，他是穷人，他的日子是在恐惧、疯癫和痛苦中度过的，完全像他统治的城邦。你说像不像？

——当然像。

——还要补充的是，由于他的本性，一天一天变得嫉妒成性，不讲信义，胡作非为，孤家寡人，无恶不作，成为一切罪恶的庇护所和养育人。他本人悲惨，也使他周围的人不幸。

——任何一个有理智的人都不会反对你的说法。

——现在，我请你做一件事，你作为裁判，在所有比赛结束后做最后的裁决，根据你的想法，谁是最幸福的，谁是第二幸福的，依此排列下去，按顺序排列出国王制的，荣誉专政的，寡头制的，民主制的和僭主制的五种人的幸福程度。（347）

——这个不难判决，我根据美德和恶，幸福和不幸，给他们排队，正如舞台上悲剧歌队那样。

——要不要雇佣一个传令官或者由我扮演这个角色来宣布，阿里斯同之子裁决：最具美德和最公正的人为最幸福的人，他就是最具有王者品德的人，即最能掌控自己的人；而最恶和最不正义的人为最不幸的人，他就是最具有僭主特点的人，即对自己和对城邦都实行最坏僭主统治的人。对吗？

——对，请代表我来宣布吧。

——我还要补充宣告：无论神和人，所有的，对他们知还是不知，他们就是这样的。

——可以这样补充。

——很好。这是我们要找的一个证明。还有其他证明,如果你需要,我可以给你。

——是什么?

——正如一个城邦分为三部分一样,我们每个人的心灵也分为三部分。我们由此可以得到另外的证明。

——愿闻其详。

——你听着,与心灵三部分相对应的是三种快乐,各对其一,三种欲望和起点也和心灵的三部分对应。

——请给我解释得清楚些。

——心灵的第一部分为学知,第二部分为记忆,第三部分形式多样,不能用一个名字来概括,根据其最强烈最占主导地位的特点,我们称之为欲望,包括食欲、酒欲、色欲和其他类似的欲望,还有钱欲,因为只有钱才能满足这个欲望。(348)

——很对。

——关于最后这部分,为了把本质说清楚,我们把心灵里的钱欲称为爱钱和爱利润,这是不是更明白些?

——我赞成。

——如果我们称它们为好胜和爱荣誉是不是更合适?

——很对。

——关于心灵学知的部分,我们都很明确,就是追求真理,到处追求真理,毫不在意财富和荣誉,等等。我们是不是可以把这部分称为爱学习和爱智慧?

——怎么不可以?

——实际情况是,这三部分之一控制一些人,控制另一些人的可能是另一部分,因人而异。

——是这样。

——据此我们说,根据三种不同的特点,分为爱智慧的、爱荣誉的和爱利润的。

——完全正确。

——三种快乐与这三种特点相对应。

——对。

——你知道吗,假如你分别问这三种人,三种生活哪种最幸福,每个人都会赞扬自己的生活。爱利润的会对我们说,爱智慧的快乐和爱荣誉的快乐与爱利

润的快乐相比一文不值,因为不能给我们带来任何物质利益。(349)

——真会这样。

——爱荣誉的会说什么呢? 他会说,爱利润的快乐卑微,爱智慧的快乐,假如不能带来名誉和地位,只是空谈和闲扯。对吗?

——是这样。

——你觉得爱智慧的面对其他快乐会说什么吗? 他会说,那些快乐与认识真理、忠实于真理的真正快乐相距甚远。只是由于本性需要,其余的快乐才称为是必须的。

——我们应该对这点确信无疑。

——既然我们对三种快乐和相对应的生活进行了比较,那么是不是可以对哪种是最正义的作出判断? 假如寻找不出哪种生活是最美的和最丑的,或者最好的和最坏的,至少也应该找到哪种是愉快的和无法忍受的吧?

——我知道吗?

——你想想看,我们怎样正确判断一个事物? 通过经验、理性和正确的逻各斯? 或者我们还有更好的判断标准?

——没有其他的了。

——请注意,我们说的三种人当中,哪种人对所有的快乐最有经验? 你认为,爱利润者在学习真理方面更有能力判断知识带来的快乐,或者爱智慧者更有能力判断利润带来的快乐吗?

——这完全不一样,因为爱智慧者从小就不需要体验其他的快乐,而爱利润者不需要学习事物的本质真理,也体会不到这种快乐多甜蜜,没有这种经验。假如他有这种愿望,愿意尝试,这也超出了他的能力范围。(350)

——就是说,就快乐的经验而言,爱智慧者胜过爱利润者。

——没错。

——那爱荣誉者呢? 荣誉给爱荣誉者带来的快乐比学知和科学给爱智慧者带来的快乐要少吗?

——一点也不。因为荣誉是三种人都可以得到的,只要他从事自己喜欢的工作。无论是富人,勇敢的人和哲学家都能得到荣誉。所以对于荣誉带来的快乐,所有的人都有经验,而探求真理带来的快乐,只有爱智慧者能够体会到。

——那就是说,就经验而言,爱智慧者比其余两者是更好的评判。

——不反对。

——他还是唯一一个把经验和学知联系在一起的人。

——是的。

——还有，我们用以正确判断的器官，不属于爱利润者和爱荣誉者，只属于爱智慧者。

——什么器官？

——我们说过，要正确判断，就要有正确的逻各斯。

——说过。

——逻各斯恰恰是爱智慧者推理的器官。

——是的。

——假如利润和财富是判断的标准，那么，对此情有独钟的爱利润者就最有发言权了。

——当然，假如荣誉、胜利和勇敢是判断的标准，那么最有发言权的爱荣誉者就是胜者了？

——显然是。

——如果判断要靠经验、理智和正确的逻各斯呢？

——那只能是爱智慧者，正确逻各斯的朋友了。（351）

——所以，在心灵三种快乐当中，学知和科学的快乐最甜蜜，这种快乐主宰的人也生活的最甜蜜。

——怎么能不是这样？爱智慧者过这种生活是理所当然的。

——裁判员把哪种生活和哪种快乐排在第二位？

——自然是爱荣誉者和战士，因为他的生活比爱利润者更接近前者。

——这样看来，最后的就是爱利润者了？

——毫无疑问。

——我们再来看看，正义接连两次战胜非正义，如果第三次还取胜，那就是奥林匹克运动式的胜利，要感谢奥林匹亚的宙斯保佑。你看这个：任何一种快乐，除了智者的，都不是真正的和清晰的，而只是快乐的一种影像，我记得我这是从一位智者那里听来的。这是第三次，当然也是不正义最大的和最后的失败。

——当然，但是你怎么来证明？

——你来回答我的问题，我们共同寻找证明。

——那你就问吧！

——我问你，我们所说的痛苦是不是与快乐相反？

——当然。

——有没有这样一种状态，我们既不高兴，也不难过。

——有。

——这种介于快乐和痛苦之间的状态,是心灵对两种情绪的平静反应。这不也是你的想法吗?

——是的。

——你还记得病人在患病时常说的话吗?

——什么话?

——没有什么比健康更快乐的了,可是,在他们患病之前却认识不到健康的价值。

——是的,我记得这些话。

——你是不是也听那些遭遇巨大痛苦的人说过,没有什么比不再遭受痛苦更幸福了。(352)

——听说过。

——我认为,人有很多类似的情况。痛苦时会赞扬不受痛苦,赞扬平安,而不去赞扬欢乐。

——因为也许那时他们认识到,最甜蜜和最快乐莫过于平安了。

——同样的道理,当一个人欢乐平安后,会引起其他痛苦的感觉。

——完全可能。

——所以,我们所说的心灵这种在快乐和痛苦之间的平安,在很多情况下是两种状态,是痛苦和快乐。

——好像这样。

——两者完全相反,可能同时在一起吗?

——我不相信。

——你是否承认,痛苦或者快乐的感觉都是心灵的一种活动?

——是的。

——那么,如果一个人既不痛苦,也不快乐,他是不是处在平安状态,一种介于两种情感中间的状态?

——是的。

——那么,怎么会有人认为对痛苦的否定是快乐,对快乐的否定是痛苦是正确的呢?

——当然不是正确的。

——就是说,这种平安状态本身既不快乐,也不痛苦。看起来只是让快乐接近痛苦,让痛苦接近快乐。在所有这些幻影中没有真正的快乐,只是某种魅力。

——至少通过推论可以证明……

——为了不让你有任何理由认为，在这个世界上，摆脱痛苦就是快乐，摆脱快乐就是痛苦，请你注意，快乐不是来自痛苦结束后。

——哪里有这样的快乐？它们有哪几种？

——有许多，各种各样。但是，请注意，你一定要理解，嗅觉带来的快乐，提前没有任何不愉快的感觉，突然在心灵引起巨大反响，结束后也不会留下任何痛苦。（353）

——这是真的。

——我们千万不要认为，真正的痛苦是摆脱快乐，真正的快乐是摆脱痛苦。

——不会。

——但是，通过人体感官抵达心灵的比较强烈的快乐大多数属于那种摆脱痛苦之后的。

——赞同。

——同样，欢乐和痛苦的感觉也不都是在事先体会到某种愉悦的或者痛苦的事情后产生的吗？

——同样。

——你知道，这是什么快乐，由什么来接受吗？

——什么？

——你一定知道，在自然界存在上、下、中。

——知道。

——由下向中行，你会认为是向上，当抵达中，回过头向下看时，会觉得已经到了上，因为还没有看到上，对吗？

——真的，我不相信会有另外的想法。

——如果向下，会认为是下行，认为是有道理的。

——当然。

——发生所有这些误解，是因为没有认识到真正的上、下和中。

——自然。

——你一定会感到奇怪，很多对真实情况缺乏认识的人，对许多事物，包括对快乐和痛苦，对我们说的中的看法是错误的。所以，当遇到某种痛苦时，认为是遭受痛苦了，实际上也在遭受痛苦。但是，当他从痛苦行驶到中间状态时，他就相信，已经到达了最满意，最完美享受快乐了。对吗？这很简单，他没有体会到真正的快乐，误认为没有痛苦就是快乐，这正如一个没有见过白色的人，把无

色当白色一样。(354)

——如果情况相反,我会感到更奇怪。

——现在,请注意我下面对你说的这点。饥和渴是自然的需要,对身体是不是一种空缺,寻求补充?

——是的。

——同样,无知和愚蠢也是心灵的空缺吧?

——毫无疑问。

——人依靠食物来填补饿的空缺,心灵的空缺不需要知识来填补吗?

——怎么不需要?

——什么是最完美的填补,是实质性多的,还是实质性少的?

——当然是实质性多的。

——你认为什么是实质性多的,是饭菜和酒等营养食物,或者真实的意见,科学,理性,一句话,所有的美德? 你这样判断:有的来自不变的、不朽的和真实客观存在的;有的来自可变的,易耗损的和客观的一些事物,哪个具有更多的实质性?

——当然是来自不变的。

——可变的客观事物是不是包含更多的实在和知识?

——一点也不。

——包含真理呢?

——不。

——既然没有真理,也就有很少的实在,对吗?

——根据需要。

——一般说来,凡是提供维持身体的东西,如果没有实质性东西,只能供养心灵,对吗?(355)

——毫无疑问。

——那么,心灵的实质性是不是多于身体的?

——对。

——这样看来,对心灵空缺的填充比对身体空缺的填充需要更多的实质性。

——是这样。

——所以,快乐也取决于填充物的本性,假如是具有较多实质性的填充,那么这种快乐就更真实和实在;如果具有较少实质性的填充,快乐就不够真实和确定。

——这是绝对能发生的。

——所以，那些对智慧和美德一无所知的人，仅限于满足口福和享受其他物质的快乐，总是徘徊在下和中之间，一生就在这两点之间活动，总也跳不出去，没有能力抬起目光，看到真实的上，也不能享受到真正的客观存在，体会到纯粹的和清新的快乐。他总是向下看，像动物一样，俯首在土地和餐桌上，野蛮放牧，填饱肚子，满足肉体欲望；为了满足这些欲望，他们之间蹄子踹，犄角顶，最后发疯，用尖角和铁蹄相互残杀，因为不能用具有实质性的东西来填充他们的空缺。（356）

——你像神谕发布者那样令人信服地描述了他们的生活。

——所以，没有必要只认识混合着痛苦的快乐，那不过是真实快乐的幻象和没有完成的影子绘画，只有两者相互对比时，才富有色彩和强烈，并使那些无知的人产生强烈的欲望，并为之争斗。这就像斯忒西科洛斯①描述那样，在特洛伊进行的一场大战只是为了海伦的影子，因为他们并不认识真正的海伦。对吗？

——事情必然是这样的。（356）

——激情部分是不是也必然这样？当嫉妒激发的野心，任意所为的好胜特点和愤怒引起的野性推动人缺乏理智和判断去追求满足、荣誉、胜利和义气时，怎样？

——也必然如此。

——那我们就可以大胆地说，属于心灵这两部分的欲望，好胜和爱利润，在知识和理智指引下，不去寻求其他的快乐，满足于理智所指的快乐，就会体会到真正的快乐，这是符合其本性的，能够体会得到，一方面是由于真理的指引，另一方面是本性的一部分。

——真是这样。

——所以，当整个心灵在理智指引下行驶，内部没有分歧，每一部分都根据正义的要求只完成自己的工作，就会得到属于自己的快乐，能享受到最纯洁和最真实的快乐。（357）

——毫无疑问。

——在相反的情况下，心灵的两个部分之一占上风，结果是，首先找不到应有的快乐，其次各自去寻找非本性的快乐，结果是不真实的快乐。

——是这样。

——所以，离哲学和正确的逻各斯越远，越能产生错误的后果。

——没错。

---

① 斯忒西科洛斯，希腊公元前七世纪抒情诗人。——译注

——同样,远离正确逻各斯的,不也是远离法律和秩序的吗?

——明显。

——我们发现,距离最远的是色欲和僭主的欲望,对吗?

——对。

——距离较近的是国王的和正常的欲望。

——必然。

——所以,最不幸和最厌恶的生活是僭主的,最幸福和最快乐的生活是国王的。

——不反对。

——你知道,僭主和国王相比,生活有多么不幸吗?

——如果你告诉我……

——正如我们赞同的,有三种快乐,其中之一为真正的,另外两种是虚假的。僭主是法律和正确逻各斯的敌人,永远处在奴役性欲望的随从的包围之中,置于极端虚假的快乐之下,和国王的幸福相比相距多么遥远,只能用一种方式来描绘。

——哪种方式?

——僭主按顺序排列出于第三级,在寡头之后,在他们之间还有民主人士。

——对。

——所以,假如我们上述是正确的话,僭主得到的快乐幻影,与真正的快乐比,也是寡头后的第三级。(358)

——对。

——寡头在国王和贵族之后排在第三级,假如我们承认,国王和贵族是一样的话。

——是第三级。

——那就是说,僭主距离真正的快乐是三的三倍。

——看来如此。

——在此基础上,僭主的快乐幻影与真正快乐的距离是这个数字在平面上的延长。

——对。

——如果把这个数字平方,然后再立方,就可以清楚看出,距离真正的快乐有多远了。

——当然,对一位数学家来说是容易计算的。

——如果反过来计算,我们可以得出的数据是,国王的快乐真实程度是僭主

的 729 倍,就是说,国王的生活比僭主幸福 729 倍,僭主的生活比国王不幸
729 倍。①

——这个关于正义和不正义,关于幸福和不幸差别的计算太精彩了。(358)

——是正确的数字,反映了属于那些人的生活,正像属于他们的日、夜、月和
年一样。(359)

——是的。

——既然在幸福方面,善的和正义的人与恶的和不正义的人有如此巨大的
差距,你可以想象,关于生活的礼仪和美好方面的差距值可以说是无限的!

——对。

——这样的话,既然我们到了这里,还是让我们重复一下开始的开始,那正
是这个话题的缘由。那时我们说过,不正义如果以正义面孔出现,对不正义的人
是有益的。是这样吗?

——是的。

——我们再重新考察一下,因为我们现在对于心灵、不正义和正义有了一致
的结论。

——怎么考察?

——我们用幻想描绘一幅心灵的画面,看看心灵的看法。

——什么画面?

——就像喀迈拉,斯库拉和刻耳柏洛斯②那样神话故事中的怪物,它们是自
然界中真实存在的各种动物的综合体。

——对。

——首先制造出一个怪物,奇特,多头,周围还长出家畜和野兽的头,它们又
可以按意愿生出其他的头来。

——这可需要能工巧匠。既然用想象比用蜂蜡制作容易得多,我们就假设
制成了你要的怪物。

——你再做一幅狮子像,一幅人像。注意,第一个心灵的画像要大于后来制

---

① 柏拉图用毕达哥拉斯派的这个计算数字基于这样的假设,即最高人的道德幸福——哲学
之王的——与一般人的幸福相比,高出两个等级。就是说,寡头的与僭主的相比也高出两个等级。
这个值限于快乐幻影的平面数字,9,(3X3),得出如下比例:9 : 81 = 81 : 729。由此得出美德和幸福
五个等级,与 3 的 9,27,81,243,729 相对应。——原文注

② 这三者都是希腊神话中的怪物。喀迈拉是狮子头、羊身、蛇尾的怪物,斯库拉是奥德赛史
诗中西西里岛附近的海妖,刻耳柏洛斯是百首怪犬。——译注

作的两幅画像,而第二幅狮子的画像大于最后那个人的画像。

——这个容易,已经制成。

——你把三幅画叠合在一起,要结合很好,仿佛是一幅一样。(360)

——这也做好了。

——然后你在它们周围用人像画围住,就像给穿上衣服一样。当人看到时,不知道里面是什么,他会觉得这只是一个人。

——这样做完了。

——现在,让我们对主张行不正义对行者有利、行正义对行者不利的人说,他的主张等于喂养怪物、使狮子和狮子类长大对他有益,而却让人忍受饥饿,虚弱下去,任其他两个野兽拖来拽去,也不让它们和谐相处,任它们争夺,相互撕咬,最后相互蚕食。

——赞成不正义的人是这样说的。

——相反,主张正义有益的人会说,我们的所有言论和行为都应该控制人的内心,不去依靠多头怪物,而是像有经验的农民那样,寻求狮子的帮助,控制野兽,以便让家畜繁育增加。最后都能和睦相处。

——赞成正义的人是这样说的。

——所以,赞成正义的人说的都是真理,而赞成不正义的人说的都是谎言。实际上,无论是快乐,还是荣誉,还是利益,赞成正义的人是对的,反对的人,无论有多少反对的理由,都是错的,他根本不了解他反对的东西。

——我也觉得,他不了解。

——让我们把他从迷惘中解脱出来,因为他不是有意这样做的。我们要说,可爱的朋友,什么是区别善和恶的基础? 善是不是我们本能中的兽性被人性控制,而恶则相反,是人性,或者说神性,被野蛮和兽性左右? 你说,他会同意吗?

——如果他听我的。(361)

——基于此,假如一个人不正义地获得金钱,因获得金钱使他最善的部分受到恶的奴役,对他有什么益处呢? 你想想! 假如他为了钱,把自己的儿子或者女儿卖给一个凶恶的坏人为奴,尽管能获得金银财宝,对他也是不利的。当他神圣的部分被不神圣和被玷污的部分奴役时,不是很可悲吗? 他接受的金银不只能给他带来不幸吗? 这不正和厄律费勒①接受了金项链而断送了自己丈夫的生命

---

①　厄律费勒,是著名卜师安菲阿剌俄斯的妻子,他本不乐意参加攻打忒拜的远征,妻子接受礼物后,鼓动他前往,结果丧命战场。——译注

一样吗?

——我将代替他回答你,这当然太可怕了。

——为此,我请你永远谴责奢侈的生活,因为奢侈就是放任那个可怕的多头怪兽。

——这是对的。

——谴责肆意妄为和偏狂固执的性格,这种性格不就是把人本能中的狮性和蛇性部分提升到破坏和谐的高度了吗?

——毫无疑问。

——不赞成娇生惯养和柔弱的生活,不就是因为这些贬低人勇敢的本性吗?

——怎么不是?

——还要指责阿谀奉承和奴性,它使激情屈从于不安的野兽性,因为金钱和贪婪,从很小年纪习惯忍受,结果不是把狮子变成猴子了吗?(362)

——是这样。

——为什么手工艺职业和体力劳动不受重视? 因为从事这类职业的人本性中心灵杰出的部分——理智——太弱,不能驾驭和控制体内的野兽,而是服侍它们,结果他们没有学会别的本事,只善于投他人所好。

——看来是这样的。

——所以,这样的人群需要一个完美的人来统治,他们不要成为这位完美人物的臣民和奴隶吗? 这个人内部接受的是神性的统治。这种统治并不像司拉西马霍斯坚持的那样,损害臣民的利益,智者和圣者的统治总是为了人的利益。统治者的智慧和神性或者来自其内部,或者来自外部,被管理者不都是像朋友一样共同遵守这一原则吗?

——正确。

——如果得到城邦公民毫无任何例外的支持,立法能达到同样的目标。这个原则也适于孩子们,我们不会放任孩子们自由所为。因为城邦已经有了稳固的政治体制,我们为他们培养了理智,他们已经能够独立接受和安排自己的教育。

——的确,这是立法的原则。

——所以,亲爱的格劳科斯,怎么能够说,一个人通过阿谀奉承,或者某种卑鄙行为行不正义获得金钱是有益的吗?(363)

——不能这样说。

——假如这种不正义是隐蔽的,没有受到惩罚,后果是怎样的? 不惩罚不是会使恶更加恶吗？相反的情况是,当罪恶被揭发出来和受到惩罚,心灵里的兽性疏导压制,加以驯服,温顺部分得到弘扬,整个心灵的理智和克制提升了,高于肉体,寻求力量、美和健康,心灵就驾驭了肉体。

——这是对的。

——所以,一个人要通过奴斯尽一切努力达到这样完美的境界,首先要重视完善心灵的学识而藐视其他的。

——我没有异议。

——其次,要注意节制食欲,不要使自己陷入野兽般和马的快乐中去,只为享受这种快乐而活着。再次,不要把特别关注身体作为目标,而是要有力,健康和美地活着,同时要善于自制,依靠心灵的和谐保持身体的平衡。

——这很正确,至少对于想成为音乐家的人如此。

——所以,在获得金钱方面也要保持和谐和一定的尺度,不要被财富的规模迷乱眼睛,也不要为他人恭维迷惑,而去无限追求,反之势必带来无限的恶果。

——我不相信他会那样做。

——他会坚守自己内心的信仰,注意到过多的财产和不满足造成的混乱,会根据自己的能力安排收入和支出。

——毫无疑问。

——他也基于这个原则对待荣誉和地位,他会愉快地去完成他认为是善的事,无论在私人生活和公共事务中,尽量避免破坏他心灵和谐的事情。

——如果他这样关心自己心灵的和谐,他不会参政。

——不,他想,非常想,只是在他理想的城邦里,但是,至少不会在他的祖国……

——啊,明白了,你指的是我们设计的城邦,但是,那只是一个靠幻想存在的城邦。我相信大地上没有任何地方有那样的城邦。

——也许在天国有这样的样板,至少对那些想看到按他们心灵期盼的制度运行的城邦的人。不然就没有意义,无论是存在或者不存在。因为完美的智者和完美的人只有在这样的城邦里,而非任何它处,才参政。

——这是很自然的。

卷十（365）

—— 确实，我还有许多和其他的理由来判断，我们建立的城邦比任何一个其他的城邦都完美，不亚于诗歌对美的赞扬。

—— 你指的是什么？

—— 我们都不接受任何方式的模仿部分。尤其现在，我觉得，在我们明确心灵的三部分后，更有必要杜绝模仿。

—— 这是什么意思？

—— 我们私下说，当然我不相信你们会向悲剧诗人和其他的模仿者们出卖我，对于没有真正了解客观事物的那些人来说，他们那类所谓的诗，只能败坏听众的奴斯。

—— 你怎么会得出这样的结论？

—— 我要告诉你，假如我从小对荷马的热爱和尊敬能够管住我的舌头的话。尽管看来他是我们悲剧诗人的鼻祖和首领，但是，因为人应该在真理前让步，我不得不说出我想说的话。

—— 这当然是对的。

—— 你听着，或者，最好你回答我。

—— 那就问吧。

—— 你能告诉我，一般说来，模仿是什么？因为我不能够很好理解模仿指的到底是什么。

—— 那好啊，让我来解释好了！

—— 这不奇怪，因为视力好的人总是比视力差的人看得更清楚些。（366）

—— 这倒是实话，但是，我在你面前总是没有胆量说出我对于事情的看法。还是你自己看吧。

—— 你愿意让我们按照习惯的方式开始探讨吗？你知道，我们习惯用一个概念来涵盖许多客观事物,给予它们名称。你理解吗?

——理解。

——那就让我们从这许多开始。比如说存在许多床和许多桌子。

——存在。

——我们认为,制造这两种家具之一的工匠不会同时具有这两种家具的理念,即我们赋予的理念。因为这个理念不是任何一个工匠制造出来的,对吗?

——当然不是。

——请注意,你把我给你的工匠叫什么?

——哪个工匠?

——那个能制作他人分别制造的所有家具的人?

——你说的这个人应该是惊人的能工巧匠。

——等等,你还要更对他吃惊。因为这个工匠不仅能制造所有的家具和设备,还能制造出自然界的一切,包括动物,植物,所有的东西,甚至他自己,此外,天、地和下面的冥府。

——你跟我们说的简直是神奇的智者了!

——你不相信?请你告诉我,你是不是觉得根本不可能有这样的工匠,或者你认为在某种情况下一个工匠可以制造这一切,而在另一种情况下不能?或者,你是否认识到,你本人就可以用某种方法来制造这一切?(367)

——这是什么方法?

——不难,轻而易举和手到擒来。就在这一刻,假如你想做的话,拿一面镜子来,用镜子照周围存在的一切。你马上会制造出太阳和天上的一切,你马上会制造出大地,同样制造出你本人,动物,家具,植物,和我们先前说的一切。

——是的,但是,那只是影子,而不是真实的存在。

——你说得很对,你正谈到了我们需要讨论的话题。你看,画家,我认为,也是这类工匠,对不对?

——当然。

——但是,我认为,你会说,他制造的不是真实的东西。但是,从某一个角度看,画家是不是也能造出床?

——能,只是画出来的床。

——那么制作床的人呢?你是不是承认,他制作的是一张具体的床,而不是我们所说的床的理念①？

——我会说是的。

——既然没有造出实质存在的东西，就是说没有造出任何实际的东西。而造出了与实质相似的、但不是实际的东西。如果说，那就是造床的木匠或者其他什么匠人的实际作品，是不是明显弄错了？

——这至少是探讨这类问题的人能够接受的。

——假如有人说，这只不过是真实的模糊影子，我们也不要感到奇怪。

——对。

——你想在此基础上探讨什么是模仿者吗？

——如果你想的话。

——那好，有三种床。一种是自然中存在的，我认为我们可以说这是神造出的。因为除此之外，我们将它归功于什么力量？

——我觉得没有了。

——第二种是木匠造出的床。（368）

——没错。

——第三种是画家画出来的，对吗？

——是这样的。

——画家，木匠和神是三类工匠，三种不同的床分别属于他们。

——对，三类。

——先说神，他不想，也没有必要再去造一个床，那唯一的床早就造出来了，是唯一的，两张或者两张以上的床从来没有造过，也不可能再造。

——为什么？

——如果他想造出两张床，马上就会出现第三张，这第三张床与前两张床的理念完全一样，那时，这张就是真正的床，前两张就不是了。

——完全正确。

——我认为，神认识到了这一点，神要求自己作为真正的制造者制造了现有的床，而不是某一个木匠或者其他什么工匠造出的床。

——应该是这样的。

---

① 原文是 IΔEA，用在史诗中的意思为（1）形式；（2）外形，外表；（3）样子，方式；（4）种类，类别。在柏拉图的哲学里表示原型，理想的形式，理式，理念，观念，概念。现代希腊语还表示思想，想法，主意。有把它译成"型"的。——译注

——你同意我们把他称为床的原创始者吗？

——当然，因为正是神创造出了床和自然界中的万物。

——那么木匠呢？我们不可以称他为造床的人吗？

——可以。

——也能把画家称作床的制造者和创作者吗？

——完全不能。

——那我们称他为床的什么呢？

——可是，我假设，最好的，也是最能说明他的，就称呼他为床制造者的模仿者。

——很好。那就是说，你把与自然界相距两层的制造者称为模仿者？

——完全正确。

——按此方法，悲剧诗人也和其他模仿者一样，他与描写的国王和客观真实也相距两层。

——看来如此。

——关于模仿者我们已经意见一致。现在说说画家。你认为，画家模仿的作品是自然界真实存在的呢，还是其他匠人创作的呢？（369）

——匠人的作品。

——那么，这样的作品是真实的呢，还是看起来是真实的？需要你为我澄清。

——你这是指什么？

——我指的是，一张床，你从侧面、正面或者任何一个角度看，都没有什么变化，或者有点不同，对吗？其他的东西不都如此吗？

——只是看去不同，没有变化。

——就请你注意这点，绘画的目的是什么？绘画的作品是要模仿客观真实存在的物体，还是物体的影像？换句话说，是模仿影像还是实在？

——影像。

——那看起来，这种模仿离真实的存在有很大的差距。所以模仿者只要掌握一个事物影像的一小部分，就能制造出许多许多。比如，画家尽管不懂任何技艺，却能为我们画出鞋匠、木匠及其他匠人。所以，一个好的画家，如果把他的作品摆放在较远的地方，对天真的孩子们或者无知的大人们说，那就是木匠，他们还真会信以为真。

——真是这样。

——所以,朋友,我们对所有的事物都要有这样的意识。假如有人来告诉我们,说碰到一个精通所有技艺的人,这些技艺一般只能一人精通一门,而这个人胜过所有的人,我们就毫不犹豫地回答他说,他头脑简单,容易轻信,或者,他遇见了一个魔术师或者模仿者,上当受骗了。他认为那个人万能,是因为他本人不能识别科学、无知和模仿。(370)

——太对了。

——现在我们要讨论悲剧和悲剧的鼻祖荷马了。因为我们听一些人说,这些诗人精通所有的技艺,深知人类关于善恶的学问,甚至知道神能看到的一切。因为一个好的诗人要想使自己的作品有真实的价值,就必须很好地认识所有发生的一切,不然将一事无成。我们需要考察一下,说这些话的人,是不是被那些模仿者蒙蔽了,在读他们的作品时没有能力识别,他们描写的东西距离真实存在有两层,他们的作品对于不了解真实存在的人能轻而易举骗过,因为都是幻影,无任何真实可言。或者他们也有道理,真正好的诗人,对于他们用美妙的词汇展现的东西是有深刻理解的。

——这是需要认真考察。

——那么,你相信一个人既能制造客观实在东西的影像、又能制造那个东西本身,宁愿把毕生的精力献给制造空虚的影像,把这个作为他生活的目标吗?

——我不相信。

——但是,如果他对模仿的客观存在有真知灼见,我认为,他更愿意去制造真实的东西,而不去模仿它,他会努力留下很多很好的制品作为纪念。很自然,他宁愿做被赞美者,而不愿做赞美他人的人。

——我也这样想,因为两种不同的情况有两种不同的荣誉和利益。(371)

——那我们就不要向荷马或者任何一个诗人去寻找解释。也不要问,他们之中是不是有人是真正的医生,而不是模仿医生的言谈;他们中哪一位年老的或者年轻的曾经像阿斯克里比奥斯那样医治好过病人,是不是像他一样留下过后代的医学学生;更不要去问他们其他的技艺,让我们把那些暂时放到一边。既然荷马敢于大谈重大和杰出的事情,关于战争和战略,关于城邦管理和对人的教育,也许我们这样问他是合乎情理的:哎,朋友荷马,假如你距离真理不是两层的话,假如你不单是影像的制造者,不是我们所界定的模仿者;而距离真理只有一层,而且你能掌握使人们无论在私人生活还是在公共活动变好或者变坏的知识,请告诉我们,有哪一个城邦是因得益于你而管理成功,正如拉刻代蒙得益于吕枯耳戈斯或者像其他许多大大小小的城邦得益于某位政治家一样?有哪一个城邦为你树碑立传，称赞你为英明的立法者、为他们带来过幸福？意大利和西西里有哈朗德斯，我们雅典人有梭伦，哪个地方有你？能列举出个地方吗？

——我不相信会有这样的地方。就连荷马的崇拜者也找不到一个。

——也许有某个值得怀念的战役是荷马指挥的或者是某个将领由于听了荷马的参谋而取胜的？

——没有。

——也许人们提到过他作为一个有智慧的人，曾经在某种技艺或和工作中有过发明创造，像米利都的泰勒斯和斯库西亚的阿那哈尔西德斯那样？

——绝对没听说过。

——那就是说，荷马没有对社会有过这样的贡献。那么是不是听说过，他在世时曾经办过学，培养过信徒，为后来人提供一种生活模式，荷马模式，像毕达哥拉斯那样，受人尊敬，直到今天还以他留下的生活模式而为人称颂？（372）

——没有听说过。因为，至少，对荷马的朋友克莱奥费罗斯——也许他本人比他的名字更可笑①——来说，假如那些传言是真实的话，在荷马活着时，从来没有关心过他。

——是有过这样的传言。但是，你想想，格劳科斯，假如荷马因为他确实深刻了解那些事物而能教育人，使他们变得更好的话，他不就会有很多朋友，人们不就会用爱包围他吗？阿弗迪拉人普洛塔戈拉斯②和凯亚人婆罗迪克斯③，还有另外一些人，对他们同时代人的精神都有很大的影响，他们在自己的演讲中说服人们相信，如果不接受他们的教育，无论是家庭还是国家，都不能管理好。他们的信徒是那样尊敬和热爱他们，几乎要把他们扛在脑袋上周游。假如荷马和赫西俄德能留给人们真实的美德教义，他们同时代的人怎么会让他们到处流浪、靠吟唱自己的诗歌为生呢？人们不会像爱黄金一样爱他们吗？人们不会尽一切努力把他们留在身边，如果做不到不也会作为忠实的信徒，到处跟随他们，以便接受完美的教育吗？（373）

——我觉得你说得太对了，苏格拉底。

——一般来说，从荷马到所有的诗人，都只是美德和其他事物幻影的模仿

---

① 这个名字在希腊语中的意思是"食肉族人"。——译注

② 阿弗拉迪是位于现在色雷斯附近的一个古城邦，普洛塔戈拉斯是公元前 5 世纪的哲学家。——译注

③ 凯亚是位于爱琴海迪克拉斯群岛中的一个，婆罗迪克斯是和苏格拉底同时代的哲人，曾在雅典办学。——译注

者,这些幻影在他们的诗歌中活灵活现,实际上却触摸不到他们。正如我们之前说过的画家,尽管他对制鞋职业一窍不通,却可以制造一个完全像鞋匠的幻影,以至于那些看到的人被图形和色彩蒙蔽,误以为看到的是真正的鞋匠。

——是这样。

——据此,我认为,尽管诗人除了模仿一无所知,还是有能力使用缤纷的色彩,华丽的辞藻,生动的画面等各种技巧,善于有板有眼、语言和谐地,或者大谈制鞋技术,或者再现战争场面,或者描写其他什么,结果使听众误认为他对所表现的客观有深刻的认识。这就是诗歌的自然魅力! 我认为你能想象得到,假如剥掉音乐色彩,赤裸裸的诗会是什么样子。

——是的。

——是不是正如那些虽然不漂亮、但处在花季年龄的人,你知道,当花季过去、人老珠黄时是什么样子吗?

——明白。

——请注意下面的话,影像诗人,即模仿者,所了解的只是表面现象,而对客观真实事物毫无真知。是这样吗?

——是的。

——让我们不要停留在简单的不完整的考察上,而要深刻探讨。(374)

——请说。

——我们说,画家能够画出马缰和马嚼子。

——对。

——皮匠和铜匠能制造这两样东西。

——对。

——那么,难道画家知道什么样的马缰和马嚼子最好用吗? 或者制造它们的皮匠和铜匠知道? 或者只有骑士才能真正知道?

——只有骑士。

——我们是不是得承认,这个道理适合于所有的事物?

——什么意思?

——就是说,无论什么事物都有三种技术:使用的技术,制造的技术和模仿的技术。

——对。

——但是,所有的特性,一个器皿,或者一个动物,或者一个行为的尽善尽美,不是要看实用性吗? 不管它们是人造的还是自然形成的。

——是这样。

——实际上,只有使用者才对使用的物件真正了解,能够告诉制造者,这个物件在使用过程中的方便之处和不足之处,以便改进。比如一个双簧管演奏者会建议制造者,怎样的双簧管适用于他,他要订做什么样的双簧管。

——怎样做?

——演奏者会告诉制造者什么是好的,什么是不好的双簧管,制造者就依靠他的经验和建议来制造。

——当然。

——就是说,关于一件作品优缺点的认识只是一个简单的建议,是从和使用者的对话中得知的,制造者不得不把这种认识当做自己制作的指南。而使用者只拥有对这件作品的认识。

——完全正确。

——模仿者是通过使用被模仿物件认识它,判断它好与坏、对与错吗? 或者至少他是通过学习才对这些物件有一个正确认识以便于了解这个物件的人商谈,并按他的命令工作吗? (375)

——两者都不是。

——那就是说,模仿者对于模仿对象的美德和丑恶是一无所知的。

——看来是这样的。

——所以,诗人作为模仿者,对于他所描绘事物的智慧是非常值得赞美的了!

——我可不相信。

——尽管如此,他还是在不知善与恶的情况下去模仿,看来,很多无知的人认为是善的东西,就成为他模仿的对象。

——那还能是什么?

——我觉得,我们用此方法证明了两点:第一,模仿者对其模仿的对象没有任何真知,模仿只是一种游戏,毫无严肃性。第二,悲剧诗人,无论是采用讽刺诗体或者史诗诗体,全都是模仿者,都要尽量模仿得最好。

——毫无疑问。

——所以,看在上帝的分上,你说这种模仿离真实不相距两层吗?

——是的。

——模仿对人体的哪部分有作用力?

——你指的是什么?

——我来解释给你听。一件物体，由于你观看的远近不同，看上去大小不一样。

——是这样。

——同样，我们在水里和水外看到的东西也是曲直不同的，彩色也会引起视力凸凹不同的错觉。这种视力的错觉会引起心灵的很大混乱。画家、魔术师或者其他一些类似的技艺，正是利用了我们自身这种自然敏感点，使迷惑的魅力发生作用。(376)

——有道理。

——能不能用量、数和秤来对付这种错觉，不受看起来大或小、多或少的迷惑，而依靠量、数和秤的结果来确定呢？

——当然可以。

——所有这些不是我们心灵的计量部分吗？

——这个当然是。

——但是，当经过反复计量，结果认定事物或大或小或相同时，那时就会承认，这些事物的本性同时也是相反的。

——是的。

——但是，我们不是说过吗，我们心灵的这部分不可能对一个事物构成相反的判断？

——我们说过。

——那就是说，我们心灵判断这部分没有考虑到计量，和计量的结果不一致。

——是不一致。

——可以说，心灵里依靠计量和计算的部分高贵一些。

——对。

——所以，与此相反的那部分，在心灵里就低一些。

——看来如此。

——我正想要得出这个结论。我说的绘画技艺或任何一种模仿技艺都与被模仿的真实存在相距很远，它们恰好作用在我们心灵里这个远离真实的低下部分。

——我同意。(377)

——所以，恶性循环，低下的模仿生下低下的孩子。

——是这样。

——难道这只适用于视觉,或者同样也适用于听觉艺术,我们称之为诗歌吗?

——我看也适用于诗歌。

——让我们不要根据对绘画探讨那样的"好像",我们要准确探讨,诗歌对心灵发生作用的那部分是不是有价值。

——我们应该这样做。

——让我们用这样的方法来探索:我们所说的模仿,诗,在模仿人的时候,无论是被迫的还是无意的,都要表现他们是幸福的或者不幸的,进而表现他们的欢乐或者痛苦。除此之外还有别的吗?

——没有了。

——在这种情况下,人是否和自己一致? 或者相反,正如我们所说的在视觉上造成反差,即这个人在行动上是否和自己有分歧,或者自相矛盾? 我的奴斯现在又有了新的想法:完全没有必要讨论这点,因为我们通过上面的讨论,在这点上已经取得一致意见了,即我们的心灵总是充满矛盾的。

——很对。

——当然很对,但是,我觉得,现在有必要探讨我们忽略的东西。

——什么?

——你是否记得,我们说过,当一个有节制的人遇到不幸时,比如丧子或者失掉他最心爱的东西,他会比一般人更理智地面对。(378)

——我们说过。

——我们现在来讨论这个问题。你说,他一点也不感到痛苦吗? 这是不可能的,或者他只是控制自己的痛苦?

——当然是后者。

——还请你告诉我,你觉得在那种情况下,是在公众面前还是在他独处的时候,他更能努力克制自己战胜悲痛呢?

——这两种情况当然是完全不同的。

——我认为,在他独处的时候,他会放开自己,发泄痛苦和悲伤,会做许多不希望他人看到或者听到的事情。

——是这样。

——那命令他克制悲痛的不是正确的逻各斯和理智吗? 相反,那任其痛苦的不是感情吗?

——对。

——当一个人面对同一个客观事物有两种相反的反应时,他本身必然有两个相应的部分。

——怎能没有?

——其中一部分准备遵循逻各斯,按逻各斯行事。

——怎样做?

——逻各斯说,面对不幸时要尽量保持冷静,不要发怒,因为那无助于我们识别善与恶,过度的悲伤不会有任何益处,也没有必要过于看重人类发生的一般事件。另外,在那种情况下,悲痛会阻碍我们尽快获得帮助。

——什么帮助?

——理智,要冷静地判断发生的不幸,正如在投掷骰子来了一个不顺的点时,我们要根据实际情况采取下一步行动一样,理智会告诉我们怎样做更好,而不是像小孩子那样,摔倒在地,就抱着被磕坏的地方大哭大叫。我们要让心灵习惯尽快修复创伤,度过不幸,同时通过医疗手段医治毫无益处的疼痛。(379)

——这真是我们面对不幸的最好办法。

——所以说,我们本身最好的部分是理智。

——明显。

——而另外那一部分,不断拖我们去回忆痛苦,把我们扔进哭嚎不止的深渊,我们是不是有充分的理由说这部分是毫无理智、有害无益和胆小怯懦呢?

——当然有理由这样说。

——所以,悲伤和愤怒为模仿提供许多和各式各样的理由,而理智和平静的状态相反,他只与自己相像,很难模仿,即使模仿也不能被人理解,尤其是在那些在庆典活动上和剧场里聚会的各色人群,因为对他们来说,这种心灵情感的模仿完全是陌生的。

——你说得很对。

——再说了,靠模仿的诗人天生下来就不能表现心灵这一部分,他的智慧达不到这一点;如果他想反复尝试,也只能被动地局限在人的性格里,因为这是比较容易模仿的。

——可以理解。

——我们是不是有理由谴责他们,把他们和画家放在同等的位置上?因为他们有共同的特点:和真实相比,他们的作品毫无价值。还有,他们的工作不适合心灵高贵的部分,而只和低下的部分打交道。所以,我们有充分的理由拒绝他们到来我们管理很好的城邦,因为他们培育和教养的是心灵不好的部分,这部分越强势,越能破坏心灵的理智部分。这正如在一个城邦里,假如坏人强势,由他们管理城邦,有用的人才就会被排挤出去。靠模仿的诗人在心灵里建立的是恶的城邦,讨好心灵低下的部分,不能分辨大和小,制造一些远离实际、模糊不清的大小影像。(380)

——是这样。

——尽管如此,我们还没有涉及诗歌的最大罪状呢。我们非常恐惧地看到,除了其他坏事,诗歌是不是能腐蚀有智慧的人?

——如果他们能够做到,实在太可怕了。

——你听听并来判断:你知道,就是我们当中最杰出的人,聆听荷马或者任何一个悲剧诗人的作品,作品通过大段悲痛欲绝的吟唱来表现英雄的极度悲伤,他边哭丧边拍打胸膛,这时我们一方面同情英雄的遭遇,同时又赞赏诗人,赞赏他深深打动了我们。(381)

——这我是知道的,又怎样?

——但是,当他们中有的人遇到巨大的悲痛时,他知道要以有尊严的和上面看到的表现相反的方式来对待,即保持冷静,容忍,如果我们能够做到的话,因为这是我们的教养,是男子汉,而诗歌中表现的却是妇道人家的作为。

——这个我也知道。

——所以,你想想,当我们看到那个男人在舞台上的表现时,我们不是感到可憎,反而会同情,会赞扬,这是正确的吗?

——看来真是没有道理。

——毫无疑问,如果你能从另一个角度看待这个问题的话。

——哪个角度?

——你想想,悲痛时刻,心灵一部分本来是不知所措,痛哭哀号不止的,因为这是它的本性,只是由于我们强行克制,心灵这部分才得以保持平静。我认为,诗人们正好与我们相反,他们讨好这部分,满足这部分的欲望。而心灵里本性高贵的部分,因某种原因和习惯还不够强势,放任低下部分任其所为,还借口说,它只是外部不幸的旁观者,因此赞扬和怜悯他人毫不为耻,尽管自己是男子汉,还是陷到了悲痛中。同时,它认为感觉上得到的愉悦至少也是收获,所以,无论如何不同意全盘否定诗歌。很少有人想到,外部情感对我们的影响有多么巨大,如果一个人培育了对外部不幸的敏感和怜悯,在他自己遭受不幸时,就难以驾驭这种情感了。

——这是确定无疑的。

——这是不是也适用于笑呢？尽管你不是一个喜欢插科打诨的人,当遇到模仿嘲笑感到兴奋时,当你身处剧院观看喜剧时,当你和人愉快相聚时,也觉得那不低俗,这和观看悲剧的感动是一样的。由于理智,由于怕被人看成职业小丑,你内心那种插科打诨的倾向受到压制。但是,在喜剧和其他场合,如果这种倾向被释放,被培育,最终你就变成了真正喜欢说笑话的人了。(382)

——有道理。

——模仿在关系到爱和恨,所有的欲望,痛苦和欢乐的所有情感方面,在我们心灵产生的效果不是一样的吗？不是让它们枯萎和接受我们的控制,反而浇灌它们,任其生长;我们有能力控制它们,使自身变得更好,而不是更坏;变得更幸福,而不是更不幸。

——我只能完全赞同你。

——所以,我的朋友格劳科斯,假如荷马的崇拜者对你说,这位诗人培育了希腊,值得你向他学习,用这位诗人的教导来统治和管理人间所有的事物,来安排你全部的私人生活;你应该尊重和爱护这些人,因为他们最充分理解荷马的价值,你要同意他们的看法,承认荷马是诗人当中最伟大的,是悲剧第一人。但是,同时你要认识到,在我们的城邦里,除了歌颂神和英雄,其他的诗歌我们是一概不接受的。如果你为了讨得缪斯的喜欢,允许挽歌或抒情诗,让欢乐和悲伤的情感充满你的城邦,那时它们就将代替法律和人们已经公认的正确的逻各斯。(383)

——你说得完全正确。

——既然涉及我们初建城邦时忽略的话题,我们才重新谈起了对诗歌的看法,正确的逻各斯要求我们这样做。但是,为了防止指责我们残忍和粗野,我们要说明,哲学和诗歌自古至今就有纷争,那个**冲主人狂吠的狗**,那个**蠢人空话中的大人物**,和那个**天花乱坠迷惑群氓**,那个**贫穷刺激精神的人**,等等①。这些都是古来敌对的证明。但是,我们还要再次宣布,如果为娱乐的诗歌和模仿在我们管理良好的城邦有足够存在的理由,我们非常欢迎他们重返城邦,因为无法拒绝它们的魅力,背弃真理是不允许的。真的,我的好朋友,你真的没有感到这种魅力吗？尤其当荷马本人向你吟唱他的诗歌时。

——当然感受到了。

---

① 原文的黑体字摘自不同喜剧的诗句,证明诗歌和哲学的敌对。头两句是讥讽哲学家的,诗人把哲学家比喻成狗,第三四句是讽刺诗人的。——原文注

——所以,让他们出现在我们面前,让他们用抒情诗或者其他任何一种诗体证明自己是有理由存在的。

——对。

——我们当然要允许诗的辩护者——他们不是诗人,而爱诗——捍卫诗歌,当然不是用诗,而是用散文向我们证明①,诗歌不仅使人愉悦,而且,对城邦和人们的生活是有益的。(384)

——这样我们也一定有所得。

——但是,我亲爱的朋友,我们也要像恋人那样,如果最后发现爱对他是有害的,就要从心里割舍掉这个爱,尽管非常困难。为了感谢我们在自己光辉的城邦里通过诗歌受到的教育,那个时代对诗歌的热爱,我们当然期望他们能够证明诗歌是善的和真的。假如他们不能按需要做到这一点,我们还是要听诗歌的,只是在内心要反复叨念我们关于诗歌的评判和论据,作为抵御诗歌魅力的驱逐妖魔的箴言,防止像许多人那样,再次堕入对诗歌的爱河中。我们的意思是,我们不要认为诗歌对真实有任何价值和关系,而听诗歌吟唱的人应担心自己制度的灵魂,采取所有的预防措施,而且要坚信,我们对于诗歌的看法是正确的。

——我百分之百赞成。

——因为这是一场重大的斗争,我的朋友格劳科斯,比我们想象的还要重大,事关一个人成为善人还是恶人。无论名誉,无论财富,无论地位,也包括这个诗歌,都不能让我们偏离正义和美德。

——在我们说了这么多后,我不得不赞同你。我相信,没有人会有不同的认识。

——可是,我们还没有谈到美德蕴藏的回报和奖赏呢。

——如果比我们说过的还要大的话,那应该是无法想象的巨大。(385)

——一个短时间存在的东西能有多大? 真的,从童年到老年这段时间和永恒比较起来,真是瞬间啊。

——这实在是无话可说。

——所以,你认为一个不朽的事物会把自己的努力局限在短暂的瞬间而不是永恒吗?

——我不这样认为,但是你这是想说明什么?

---

①　在柏拉图时代习惯用诗体写文章,柏拉图反对这种做法,他本人就改变过去的习惯,用散文形式发表文章。——译注

——你是否知道,我们的灵魂是不死的,永远不会消失?

说到这里,格劳科斯惊讶地看着我,说:

——不,真的,我不知道。难道你能向我证明吗?

——当然,假如我没有弄错的话。我认为,你自己也能做到,因为一点也不难。

——至少对我是难的。如果你能证明这个不难,对我是最大的恩惠。

——那你就听着。

——说吧!

——你承认存在着善与恶吗?

——承认。

——你的看法和我的一样吗?

——什么意思?

——我的看法是,一切带来堕落和毁灭的是恶,一切带来拯救和益处的是善。

——对。

——你是否承认,每一个事物都存在善与恶? 比如,眼睛会发炎,人体会生病,木材会腐烂,铜和铁会生锈。简言之,自然界所有的东西与生俱来就有恶和独特的疾病。

——是这样。

——当这个恶在一件东西上发作,是不是损害这个东西,最后完全破坏了它?

——怎么不会?

——所以说,生就带来的这个恶和病是毁灭的缘由,假如没有这个缘由,一切事物就不会消亡。因为善,包括既不善也不恶,永远不会导致消亡。

——当然不能。

——所以,假如我们找到一样东西,它天生就没有病,不能把它变坏,不能分解它,更不能破坏它,我们是否应该承认,这样的东西生来就不能被毁灭。

——对这个东西本身无疑是的。(386)

——所以嘛! 有能够损害灵魂的恶吗?

——当然有。我们提到过的不正义、放纵、怯懦和愚昧。

——难道其中有能够分解和破坏灵魂的吗? 请注意,我们不要被蒙蔽,认为一个不正义和无知的人因行不正义被审判时,受损是不正义,即灵魂的疾病造成的后果。那你该如何看待呢？正如毁坏人体的疾病一样，它是一小块一小块地吞噬和消耗人体，最后才彻底消灭人体。我们说过的所有事物都一样，都有自己独特的疾病，是这种疾病消耗它、破坏它，最后消灭它。不是这样吗？

——是的。

——我们用同样的方法来看灵魂。当不正义和其他疾病侵入到灵魂里，并在那里落户，开始腐蚀它，消耗它，最后导致灵魂死亡，和肉体分离，是这样吗？

——不，对灵魂是不可能的。

——那么，假如我们说，一个事物不是由于本身的、而是因为外界的毛病而毁灭是没有道理的。

——当然没有道理。

——我亲爱的格劳科斯，你想想，关于人体，我们承认，坏的食物，或者因存放时间过长，或已经腐败，或者其他原因，只是毁坏身体的直接原因。但是，坏的食物在人体内产生疾病，我们说，身体是因为疾病而毁坏的，疾病是身体内在的恶，是身体本身的恶。我们不会说，与身体完全不相干的食物毁坏了身体。假如这个坏食物没有在人体内部产生疾病，就不会有毁灭的后果。

——你说得完全正确。

——以此类推，如果人体的疾病不产生灵魂的疾病，我们就不要说，灵魂在自己没有疾病的情况下会因外界的恶而毁灭。（387）

——这是有道理的。

——或者，我们应该检查这些论据，认为它们是不合理的，因为没有经过论证。我们也不要大胆地说，无论高烧，无论任何一种疾病，还是用铁器把人体分割成小块，都不能毁灭灵魂。除非有人向我们证明，由于肉体的疾病，灵魂也生病，而且病得更严重。所以，我们不允许说什么，无论是灵魂，还是其他任何事物，如果本身不发生疾病，会因外界的恶而消亡。

——当然，没有人能够证明，一个临死人的灵魂由于死亡而变得更不正义。

——如果有人否定这个真理，不承认灵魂是不死的，说什么死亡使人变得更坏和更不正义；我们就会强迫他承认，如果他这话是真理，那么，不正义，就如同疾病一样，能导致死亡，即不正义天生就有巨大的力量，能够杀死行不正义的人，根据其行不正义的程度，有的马上杀死，有的慢一些时候杀死，而不是像生活经验证明的那样，行不正义的人的死是受到惩罚的结果。

——说实话，如果不正义能使坏人致死，那就不可怕了，因为能摆脱所有的恶。但是，我认为恰好相反，不正义杀死的是他人，只要有可能，反而会使行不正义的本人活得更有朝气和警觉。好像离死亡还很远。

——你说得很对。因为,假如灵魂的腐败,假如这个特殊的恶,不能致死和毁坏灵魂的话,它怎么能为灵魂本身,或者其他事物,带来会导致它们毁灭的后果?(388)

——不可能,违反常规。

——既然一个东西不会因为任何的恶,无论是本身的,还是外部的,而毁坏,很明显,就是一种永远存在的东西,是不朽的。

——这必然。

——那就让我们把它作为不容置疑的真理来研究。据此,你想想,灵魂永远是灵魂本身,不会消失,不会少些,也不会多一些。如果不朽的东西不断增加,那新增加的东西必定是来自凡间之物,这样的结果,所有的存在都变成不朽的了。

——你说得对。

——但是,正确逻各斯不允许我们相信这个,也不能承认,灵魂就其本性而言,形式多种多样,充满不相像和差异。

——你这话是什么意思?

——一个由许多成分组成的东西是不容易不朽的,除非它的组成像我们证明的,与灵魂一样完美。

——的确不可能。

——我们说的这些理由和其他许多理由都迫使我们确信,灵魂是不死的。但是要认识真实的灵魂本性,我们不应该像现在这样,看到的是与肉体及和其他的恶结合在一起受损的灵魂,而要通过思维仔细观察,观察灵魂本身,摆脱所有的外部因素,那时,我们就会发现,灵魂是多么美丽;那时也就能够更准确地认识正义和不正义及其他我们说过的许多事物的本质。我们对于灵魂的认识是正确的,但是仅限于目前的状态。这就像我们看到的女海神格劳刻,其他人看到海水里的格劳刻,根本认不出她的真面目,因为她的身体有的地方损坏了,有的变形了,有的完全被波浪腐蚀了,上面还布满了贝壳、海草和石块,看上去像个怪物,怎么也看不到海神的本来面目。灵魂就是以这样的面目、被无数恶包围着出现在我们面前的。所以,格劳科斯,我们需要在那里去看灵魂。(389)

——哪里?

——对真理的爱,我们还要考虑到那些灵魂与之沟通的事物,与所有不朽的、神圣的和永恒的事物的亲缘,我们就能够理解,就像海神,当它以巨大的力量从现在的地方冲到海面上来,抖掉身上的石块和贝壳——这些附着在身上并由大地用野蛮晚餐喂养的东西——那时,你就会看到她本来的面目,或者是全面的,或者单一方面的,也就能够认识到她的本像和沉积物。到此为止,我觉得,我们已经把灵魂在人类生活的遭遇和变化都陈列出来了。

——很好。

——我们是不是还没有完成你们遵循荷马和赫西俄德提出的,正义能带来什么样回报、奖赏和名誉的探索? 也没有证明,正义本身就是灵魂最大的财富,灵魂应该行正义,不管有没有古格斯的戒指和哈得斯的隐身帽,对吗?

——是的。

——朋友格劳科斯,会不会有人指责我们,除了正义本身具有的优点外,说我们把所有的回报都给予了正义和其他的美德,以便人或者神在生与死时把这些回报赋予灵魂?

——我认为完全不会。

——你想把我们开始讨论时借我的东西还回来吗?

——什么东西?

——当时,我同意让步,说能够把正义的人看做不正义的,把不正义的人看做正义的。因为你们要求说,尽管这点不能欺骗神和人,为了讨论,辨明真正的正义和不正义,我们还是要做这种假设。你不记得了吗?(390)

——假如我不记得的话,是不公道的。

——既然我们已经辨明了这个问题,为了公正,我要求把从神和人得来的荣誉交给正义,恢复正义的权利;既然我们证明了正义使他的信徒受益,从来没有辜负过饱含正义的人,我们就要承认,行正义的人得到的荣誉和财富要高于不正义,值得为他戴上胜利的花环。

——你的要求非常合理。

——首先要还给我的是,谁是正义的人和谁是不正义的人,这个问题不能欺骗神灵。

——我把它还给你。

——既然如此,那么第一种人就是为神灵所爱的,第二种人就是为神灵所恨的。讨论开始时我们不就这样说过吗?

——是这样。

——我们是不是也得承认,神灵所爱的人如果没有欠下什么罪恶的债务,必然会得到神赐予的最大财富?

——毫无疑问。

——我们还应该相信，一个正义的人，无论饥饿、疾病或者任何灾难折磨他，无论他活着或者死后，最终这些坏事都将变成好事。因为神永远不会抛弃他，他总是不断完善自己，为了神尽量实施美德，追求正义。

——这种像神一样的人是不会被神抛弃的。

——不正义的人是不是与此正好相反？

——理所当然。

——这样，神灵要把胜利的桂冠赋予正义的人。

——这至少也是我的意见。

——在一切都归于正确位置后，人类是不是也会这样做？狡诈的人和不正义的人是不是像那些长跑的人开始得势最后失势一样？这种人开始时猛力冲出，到最后却耷拉着耳朵，被嘲笑地离开赛场。而真正的长跑运动员会胜利地到达终点，获得所有的奖励，戴上桂冠。这和正义的人是不是完全一样？在他们长跑的终点，即他们生活的终点，他们会得到获得本来就属于他们的全部幸福、奖赏和回报？

——对。（391）

——如果你同意，我可以把你对不正义人说过的赋予正义的人吗？我将说，正义的人在到达成熟的年龄后，将在城邦里获得他期望的职位，选娶他中意的女人做妻子，当他们的孩子长大后，和他期望的人家结亲家。即你对不正义的人说的一切，我全部赋给正义的人。相反，那些不正义的人，开始时可能得以不被人们识破，最后被揭去面具，就像长跑那些被嘲笑的人一样，年老时受到公民和外人的唾弃，我不便用更可怕的言辞。

——有道理。

——当时你还谈到鞭笞、拉肢和烙烫，一句话，各种刑罚和折磨，等等，你要承认这些都是出自你的口。

——我很愿意承认，因为你是对的。

——我说的那些都是正义的人在活着时从神灵和人那里获得的奖赏、礼物、报酬和回报，除此之外，还有公正。

——这是美好和保险的。

——但是，这些和死后等待正义的人和不正义的人的东西无论在质量上，还是在数量上，都无法相比，他们都有权听听我们这个谈话。

——那你就说吧。因为没有很多事情能让我听起来更为高兴。（392）

——你现在要听到的不是阿尔基诺斯讲的故事，但也是关于一个名叫伊洛斯·阿尔迈尼奥斯勇士的故事,他来自盘福利亚地区的阿尔孔家族。在战争中阵亡。10 天后人们来为死者收尸,几乎所有的尸体都已经腐烂变形,只有他还如刚刚战死一样,完整无缺。人们把他运回家乡,这已经是在他战死 12 天后的事了。当人们把遗体架到火上,准备火葬时,他复活了,并向人们讲述了他在另一个世界的经历。他说,他的灵魂离开躯体后,和其他许多人的灵魂一起出发,来到一个非常美丽的地方。那里的地上并排有两个空洞,和这两个空洞相对,天上也有两个空洞。在洞之间坐着法官,审判到来的灵魂。凡是正义的人,法官们在他们胸前挂一块牌子,上面写的是法官的判处:从右侧走向通往天上的路。对于不正义的人,则把写有他们生前的所有行为和判决的牌子挂在背后,他们由左侧走向地下。轮到伊洛斯时,法官们告诉他不用接受审判,让他站在旁边看和听,然后回到人间,把那里发生的一切传达给人们。

——他首先看到经过审判的灵魂通过两空洞或者走上天,或者下到地里;同时看到,从地上的那个洞里,升上来一些灵魂,满身布满灰尘,肮脏无比。而从天上那个洞下来一些灵魂,各个英俊美丽,干干净净。看得出来,从这两个相反方面来到的灵魂都经过了长途跋涉,来到这个作为集会地的草场非常高兴,搭起了帐篷。那些来自天上的和来自地下的,只要认识,都热情地相互打招呼,交流各自的遭遇。那些来自地下的灵魂眼含泪水讲述他们的地下旅程中的所见所闻,而来自天上的灵魂,经过了千年的旅程,他们的经历只有欢乐,享受,看到过无数美景。(393)我的朋友格劳科斯,需要很长时间我才能把伊洛斯的故事讲完。他讲述的最后结论是,人活着时所行的每一件不正义,他的灵魂就要受到 10 倍的惩罚。每一件不正义的惩罚期限是一百年,恰好是人自然生命的期限,才能偿还所行的不正义。因此,那些人或者因为出卖城邦和军营,或者因为自己的行为造成他人被奴役,或者因为是某种罪行的首犯而导致许多人死亡,都要为每一件罪恶分别接受 10 倍的刑罚折磨。而那些生前做好事行正义的人,也按同样的比例接受奖赏。至于那些刚刚出生不久就夭折的,他还说了许多,没有必要花费力气来复述。对于生前敬神和孝顺双亲的人还有特别的奖励,而对亵渎神灵、忤逆父母和行凶杀人的,则有特别的刑法。

——伊洛斯还听到有的灵魂问,大阿迪爱奥斯在何处? 这个阿迪爱奥斯在一千年前是盘福利亚地区一个城邦的僭主,他杀死了自己年迈的父亲和兄长,据说还做了许多恶事。"他没有来,永远也来不了啦。"回答说。"我们看到了一个可怕的情景。当我们得到了所有的报应来到地下出口时,我们看见了阿迪爱奥斯和其他一些灵魂,他们大部分也曾是暴君。那些生前犯过大罪的,都不允许经过洞口。每当一个罪不容赦的灵魂来到洞口企图通过时,洞口就会发出可怕的吼声。听到吼声,马上跑过来一些凶猛的怪物,他们看上去像火焰一样红,他们把那些人抓走,阿迪爱奥斯和及其他几个还被捆上手脚和脑袋,把他们扔在地上,剥他们的皮,然后把他们拉到道旁,在有荆棘的地上拖他们,残酷地把肉拉成一块一块的。还要对不知情的灵魂说明他们被如此折磨的原因,将把他们扔到何处,等等。对我们来说,最可怕的是经过洞口时听到吼声。如果能够平安经过洞口,就算万幸了。"(394)

——这就是他讲述的审判,与惩罚相对应的是奖赏。在草场上度过 7 天后,第 8 天上路,再经过 4 天的行程,到达一个地方,在那里他们看到一道贯通天和地的光,笔直,仿佛是一根立柱,又像彩虹,但是比彩虹还要亮,还要清晰。又走了一天后,来到光柱附近。在那里,看到光柱的中间是天的末端,光柱是连接天空的纽带,就像捆绑三层桨船的绳子一样,天围着柱子旋转。在天空的末端挂着**阿南基**①纺锤,推动整个天旋转。纺锤和它的挂钩是钢的,而纺锤上的转轮是钢和其他金属的合金。

——至于转轮的形状,与我们这里的整速轮相仿。他说,为了让你们更明白,你们应该想象一个巨大的空心转轮,内周都是经过雕刻的,里面紧附着是较小的轮,正如一个缸体,一个套一个。(395)除了第二个,是第三个,接下来是第四个,还有另外四个。总共是八个。从上面看,每个轮子的边缘都有像嘴唇一样的环,外边则是一个连续的平面。那个纺锤正好穿过第八个轮子的中心。第一个轮子的外环比所有的轮子都宽大,第二宽大的是第六个轮子,然后是第四个,依次是第八个,第七个,第五个,第三个,最后是第二个。由这巨大轮子构成的环五彩缤纷。最亮的是第七个轮子,第八个轮子是从第七个轮子的色彩中获得的光亮;第二个和第五个轮子颜色相同,近乎金黄色;第三个轮子的环最白;第四个轮子微红;第六个次白。整个纺锤沿轴心正面旋转,而里面的七个轮子有的正面旋转,有的反面旋转。其中,第八个旋转最快,第七、第六和第五个几乎同时转动,转速仅次于第八个轮子;第四个轮子转速看起来排第三,第三个轮子转速排第四,第二个轮子转速排第五。这个纺锤是在**阿南基**的膝盖上旋转。在每一个轮子的环上都站着一个塞壬②,她们和轮子一起旋转,每一个塞壬发一个音调,

----

① 希腊原文为 ΑΝΑΓΚΗ,表示威力、必然、自然规律、命运等。在以往的翻译中有译成"需要"的,"必然"的。原文大写表示是神的名字。译者认为还是尊重原文,按人格化的神的名字音译更确切。——译注

② 塞壬是希腊神话中以歌声引诱航海者的女妖。——译注

八个音调合起来构成完美的和谐音。

——在纺锤外相等距离的三个方向坐着三位命运之神,是**阿南基**神的三个女儿,拉赫西斯,克罗索和阿特洛泊斯;她们身穿洁白长袍,头戴花冠。她们伴随塞壬的和谐音调唱着抒情歌曲。拉赫西斯歌唱过去,克罗索歌唱现在,阿特洛泊斯歌唱未来。同时,克罗索不时用右手触动纺锤的外圆缘,帮助它转动;阿特洛泊斯用左手推动纺锤的内圆,而拉赫西斯有时用右手,有时用左手,推动纺锤和轮子旋转。(396)

——灵魂们到达那里后,必需马上来到拉赫西斯面前。首先,预言神把他们按次序排列好,到拉赫西斯膝下拾起签和生活模式,然后,预言神登上一个高高的台阶,宣布说:"拉赫西斯处女,**阿南基**之女,对你们说,来自人世间的灵魂们,你们就要再回到人世间,开始另一个轮回的生活。不是命运选择你们,是你们选择命运。得到第一个签的,将首先选择自己的生活,不能改变,必须按选择生活。美德是公正的田野,根据每个灵魂对她的敬重或藐视的程度,将获得对应的大一些或者小一些的份额。每个灵魂对自己的选择负责,神无权干涉。"说完,预言神把签扔给他们,每个人拾起落在他面前的那个签。只是不允许伊洛斯拿签。签上写着自己挑选的顺序号码。最后,预言神把生活模式散在地上,数量比签的数量多得多,而且种类繁多,各种各样,包括所有动物和人的,无一例外。其中有僭主式生活,有的是终身的,也有半途下台的,有的忍饥挨饿,有的遭到流放,有的沦为乞丐;有地位显赫的男人的生活:他们当中有的有英俊的外表和漂亮的身材,有的投生豪门,具有先人的美德;还有默默无闻的人和女人的生活,各种各样,不必累述。灵魂的等级是不能选择的,因为是**阿南基**决定的。

——另外,财富和饥饿,疾病和健康对所有生活都一样,混合存在,对一些生活有不同的区别,对另一些生活公正分配。这里,亲爱的格劳科斯,对人蕴藏着最大的危险。所以我们每个人可以忽略任何学问,却要全心全意寻找能够帮助我们区分善与恶生活的人,随时随地选择尽可能好的生活,过最幸福的日子。同时要认识到,美貌和贫穷或富又混合在一起,在多大程度上影响灵魂的善或恶;高贵和贫贱的出身、私人生活和社会地位、身体的强壮和疾病、学习敏捷和迟钝,一句话,灵魂的各种相互关联的先天的或者后天的个性,会有什么结果;在考虑了这一切之后,就能看到灵魂的天性,有能力选择比较恶的或者比较善的生活,确信,比较恶的能使人变得更不正义,而比较好的能使人变得很正义。而其他的一切,都可以看做是无所谓的,因为,无论对于现世的生活,还是来世的生活,这都是最好的选择。应该把这种信念一直保持到进坟墓为止,不要让下面世界的财富和其他的恶所迷惑,不要陷入僭主和其他类似的行为中,否则,将会为他人造成不可治愈的痛苦,本人也不能幸免。最好认识到,无论在现世还是在来世,永远要选择两种生活的中间道路,避免两个极端。只有这样的人才能得到最大的幸福。

——被派回来的伊洛斯讲述说,预言神对灵魂们说:"最后一个选择的也没有关系,只要他认真选择,他的生活还是可以的,他的良好愿望决定他不是恶的。祝愿第一个选择的要小心谨慎,最后选择的不要绝望。"(398)说完后,得到第一个签的人径直冲过去,什么都不顾及,由于愚蠢和贪婪,选择了大僭主的生活。稍后他花时间想了想,看到自己要命中注定吃掉自己的孩子们,还要犯下许多可怕的罪行,开始为自己的选择捶胸顿足,哭天喊地,忘记了预言神的警告,怨命,怨神,怨鬼,怨所有的人,就不怨他自己。但是,他是从天上下来的,前世生活在一个管理良好的城邦里,也具有美德,但那是由于习惯形成的,而不是通过哲学做到的。还有其他一些从天上下来的灵魂也选择错了,因为他们没有恶生活的经历。相反,那些从地下道路上来的,有些自己遭遇过,有些看到他人的遭遇,就不会不加思索地轻易选择。所以,不管命运之签如何,大多数灵魂选择的生活会发生变化,善变成恶,恶变成善。根据伊洛斯·阿尔迈尼奥斯的讲述,一个人每次来到这个世界,献身于健康的哲学,只要不是最后一个选择,最有可能不仅现世生活幸福,当返回去时,也是走平坦的天国之路,而不是崎岖的地下之路。

——他还讲述说,应该看看每个灵魂选择的场景。奇怪的事情会引起你怜悯和嘲笑,因为他们大多是依据生前的生活习惯来选择。他突然看到一个灵魂,是俄耳甫斯①,他选择投生成天鹅,因为他死于女人手里,仇恨女人,不想生为女人。而塔蜜里斯②选择了夜莺的生活。一只天鹅把自己生活换成了人的生活,还有一些善于鸣唱的鸟类也做了同样的选择。(399)抓到第 20 号签的灵魂选择了狮子的生活。他是埃阿斯·忒拉蒙③,因为他记得那次关于武器的裁决,拒绝再次投生为人。然后轮到阿伽门农。由于对人类的敌意,由于自己的种种不幸遭遇,选择了雄鹰的生活。选择进行一半时轮到奥特兰蒂丝,她羡慕运动员的巨大荣誉,无法抗拒,选择了运动员的生活。然后,伊洛斯看到了帕诺佩奥斯之子俄佩尔斯,他选择投生为一个心灵手巧的女人。在最后的队伍中,远远的是小

---

① 俄耳甫斯是古代著名乐手。——译注
② 塔蜜里斯是色雷斯游吟诗人。——译注
③ 埃阿斯·特拉蒙是特洛伊战争中希腊军队中的猛将。——译注

丑塞尔西托斯,他给自己套上了猴子的躯体。命运的安排,奥德赛竟然是最后一个选择。

——他记得前世经历的千辛万苦,摆脱了对名誉地位的追逐,经过长时间找寻,终于在最后发现了一个普通人的平静生活。其他灵魂看到他后呐喊,说他本应该第一个选择,他回答说,即使那样,他也不会改变自己的选择。还有许多动物选择变成人类的生活,其中凶猛的野兽变成不正义的人,温顺驯服的动物变成正义的人,以及一些混合,等等。

——在所有的灵魂按抽签的顺序选择完毕后,他们又按这个顺序排队来到拉赫西斯面前。女神根据他们的选择,给每个灵魂分配一个神灵,在新的生活中使用,帮助它完成自己一生选择的目标。神灵把灵魂引领到克罗索面前,她手转一下纺锤,批准了灵魂的选择。然后把灵魂带到阿特洛泊斯面前,女神手捻线,克罗索批准的命运之线已经不可更改。从此再也不能回头了,他们向前走,从**阿南基**宝座下经过,来到忘河边的田野,笼罩着可怕的和令人窒息的炙热,地上没有树木,寸草不生。傍晚在阿麦利托斯河岸①的帐篷里住下。不能用任何器皿盛这条河的水。每个灵魂被强迫饮用一定量的水,有些灵魂缺乏理智,不能自控,喝下了比规定还多的水。喝完水后,他们就把前生的一切忘得干干净净。然后他们就深深入睡了。半夜时分突然听到可怕的雷声,同时发生了地震。所有的灵魂被抛起来,像流星一样弹向各方,落到不同的地点,各自就在那里开始了新的生活。至于伊洛斯本人,据他说,禁止他饮用忘河水,他的灵魂是从哪里和怎么样回到肉体里的,本人也不知道。黎明时分睁开眼睛,发现自己躺在准备火葬的架子上。

——就这样,我亲爱的格劳科斯,这个传说一直保留到现在,没有失传。假如我们相信它,它有助于我们幸运地渡过忘河,保持灵魂不受任何污染。如果你愿意,请相信灵魂是不死的,它本性能够同时接受所有的恶和所有的善。我们就要永远不偏离向上的洁净之路,尽我们所有的能力和智慧行正义。我们自己要永远与人为友,与神为友,在大地上生活能像获胜的运动员那样获得美德的奖赏,在未来的、我们提到的千年行程中也一样幸福如意。

---

① 这里的原文用了两个词:ληθη 和 Αμελιτος,ληθη 为小写,说明那个地方,习惯译法为"忘河边的田野"。Αμελιτος 为大写,表示河的名称,原意为不关心,不值得关心,忽略。这里用音译。——译注

责任编辑:洪 琼

图书在版编目(CIP)数据

理想国/(古希腊)柏拉图著;李成贵译. —北京:人民出版社,2021.7
(法哲学学术译丛)
ISBN 978－7－01－022742－9

Ⅰ.①理… Ⅱ.①柏… ②李… Ⅲ.①古希腊罗马哲学 Ⅳ.①B502.232

中国版本图书馆 CIP 数据核字(2020)第 241020 号

理想国
LIXIANGGUO

[古希腊]柏拉图 著 李成贵 译

人民出版社 出版发行
(100706 北京市东城区隆福寺街 99 号)

北京汇林印务有限公司印刷 新华书店经销

2021 年 7 月第 1 版 2021 年 7 月北京第 1 次印刷
开本:710 毫米×1000 毫米 1/16 印张:16.75
字数:280 千字

ISBN 978－7－01－022742－9 定价:69.00 元

邮购地址 100706 北京市东城区隆福寺街 99 号
人民东方图书销售中心 电话 (010)65250042 65289539